U0802649

西北大学学术著作出版基金资助

世界经济前沿专题

王　珏/编著

科学出版社
北　京

内 容 简 介

本书将世界经济学科的研究对象划分为六大领域：国际贸易理论前沿、国际贸易政策演变、环境与贸易、要素的国际流动与世界经济增长、世界金融发展与演进及空间因素与世界经济发展，并以此进行了全书的章节划分。鉴于要素的国际流动中资本流动所引起的跨国直接投资对世界经济的重要影响，本书专门设置了“国际直接投资与跨国经营”一章，以结合现实的发展与变化对传统理论进行补充与修正。

本书可作为国际贸易、世界经济及其他相关学科的硕士研究生和博士研究生学习的教材，也可作为延展阅读资料，还可供相关学者研究，以及有兴趣于相关领域并有一定理论基础的读者阅读使用。

图书在版编目（CIP）数据

世界经济前沿专题 / 王珏编著. —北京：科学出版社，2018.6

ISBN 978-7-03-057090-1

Ⅰ. ①世… Ⅱ. ①王… Ⅲ. ①世界经济–研究 Ⅳ. ①F11

中国版本图书馆 CIP 数据核字（2018）第 067916 号

责任编辑：陶 璇 / 责任校对：贾娜娜
责任印制：吴兆东 / 封面设计：无极书装

科学出版社 出版
北京东黄城根北街 16 号
邮政编码：100717
http://www sciencep com
固安县铭成印刷有限公司印刷
科学出版社发行 各地新华书店经销
*
2018 年 6 月第 一 版 开本：720 × 1000 1/16
2025 年 1 月第五次印刷 印张：11 3/4
字数：226 000

定价：82.00 元

（如有印装质量问题，我社负责调换）

目　　录

第一章　国际贸易理论前沿

第一节　新兴古典贸易理论及其发展

20 世纪 50 年代，数学家发展了线性规划和非线性规划等方法，为处理分工与专业化问题涉及的角点解提供了有力的武器，古典经济学的核心思想也终于露出了复兴的曙光。新兴古典经济学（new classical economics）正是在这种背景下诞生的。

一、新兴古典贸易理论的发展背景与发展阶段

1. 20 世纪 80 年代以前的新古典贸易理论

1980 年以前，大多数经济学家认为以李嘉图为代表的外生比较优势说比斯密的绝对优势说更具有一般性，而绝对优势是比较优势的一个特例。即有绝对优势时，一定有比较优势；而有比较优势时，却不一定有绝对优势。比较利益说在发展中以李嘉图的技术比较优势说和资源禀赋比较优势说为翘楚，但这两种比较利益都以两国之间天生的生产条件（技术或资源的）差别为贸易的基础，而新贸易理论则突破了这种基础的限制。

1977 年，Dixit 和 Stiglitz[1]联名发表了一篇文章，他们发现，即使两国的初始条件完全相同，没有李嘉图所说的外生比较优势，但如果存在规模经济，则两国也可以选择不同的专业，从而产生内生的（后天的）绝对优势。人们将迪克西特-斯蒂格利茨模型（D-S 模型）称为新贸易理论。

克鲁格曼正是看到了 D-S 模型分析国际贸易的潜力，将其应用到国际贸易分析方面而大有收获。1979 年 12 月，他的代表作《报酬递增、垄断竞争与国际贸易》[2]正式发表，在该文中他用规模经济与差别化产品解释了产业内贸易的发生，也很好地解释了林达贸易模式，即为什么国际贸易主要发生在先天条件相近的发达国家之间，而比较利益较多的发达国家与发展中国家之间的贸易，反而大大少于条件相互类似的发达国家之间的贸易。

但 D-S 模型有一个很大的不足，它不能内生地解释国内贸易向国际贸易转变，它无法解释为何国际贸易优于国内贸易，却偏要从国内贸易开始。研究者只能将人们最开始会拒绝国际贸易的原因归结于某种“障碍”，这种“障碍”使得国际自

由贸易无法进行，人们被迫拒绝国际贸易。但在其模型中，没有代表这种“障碍”的变量或参数。因此，斯迈思称 D-S 模型为外生贸易模型。同时，尽管 D-S 模型能很好地解释很多以前不能解释的发展现象，但其预见的人口规模效应和厂商规模效应与经验证据不符合[3-5]。

在这种研究背景下，以杨小凯为代表的一批经济学者发展的新兴古典贸易理论，放弃了 D-S 模型中的新古典分析框架，引入消费者-生产者-交易费用的分析框架，并用专业化经济代替规模经济，从而克服了新古典分析框架的局限，因此该理论又被称为内生贸易理论。

2. 1980～2000 年的新古典贸易理论

20 世纪 80 年代，以罗森、贝克尔、杨小凯、博兰和黄有光等为代表的经济学家，用超边际分析的方法，重新将古典经济学中关于分工和专业化的精彩思想变成决策和均衡模型，掀起了一股用现代分析工具复活古典经济学的思潮。他们认为，用超边际分析方法内生个人选择专业化的决策，来分析市场和价格制度如何决定全社会分工水平，可以克服马歇尔新古典经济学的缺点。事实上，新兴古典经济学就是运用超边际分析（inframarginal analysis）的方法，将被新古典经济学遗弃的古典经济学的灵魂在一个现代躯体中复活。它虽比新古典经济学的思想更古老，但却比新古典经济学的身躯更年轻。它是在一个新的分析框架下，将现代经济理论进行重新组织，去掉新古典微观经济学中消费者与生产者绝对分离的假定，抛弃规模经济而改用专业化经济的概念，并考虑各种交易费用的一般均衡意义。在这种研究框架下，很多经济现象和问题可以共享一个统一的分析框架，使宏观和微观联系了起来。

新兴古典经济学的研究框架假设经济系统中有 4 个消费者-生产者，每个人必须消费 4 种产品，且可以选择生产 1、2、3 或 4 种产品。根据分工程度，经济可分为自给自足、局部分工和完全分工三种类型。在自给自足经济状态下，每个人自己生产 4 种产品，并满足自我消费需求，没有市场存在，整个经济分成 4 个互不往来的部分，经济没有一体化、缺乏商业化，生产集中程度低，每个人的专业化水平低，生产力也很低，但却完全没有交易及交易中产生的交易费用。由于所有人的生产消费结构相同，经济结构的多样化程度很低。而局部分工状态中，每个人生产的产品种类从 4 种减少为 3 种，即专业化水平上升，生产力上升，市场也从无到有，每人的交易次数从 0 次增加到 2 次，交易费用也从无到有。经济分为两个互不往来的部分，市场一体化程度上升。产品 1 或 2 的生产者人数也从 4 个减少到 2 个，生产集中度上升，出现两类生产贸易结构不同的专业，生产结构多样化程度有所提高。人与人之间的依赖性、每个人的贸易依存度、社会的商业化程度及市场个数都增加。在完全分工状态下，每个人的专业化程度、社会结构的多样化程度、贸易依存度、社会的商品化程度、市场个数、经济一体化程度、生产集中度、交易次数及总交易费用、每个人的生产率都比局部分工时增加。这几个分工状态不是割裂的，而是逐渐演进的，演进的动力来自交易效率的提高，而演进的阻力则来自交易费用的增加。这种与传统理论脉络不一样的研究思路和演进模式及其分析结果，均使理论界耳目一新。

从亚当·斯密提出绝对优势论和地域分工论算起，国际贸易理论历经了 200 余年的历史。在理论发展道路上，出现了两种发展思路，一种是以斯密为代表的绝对优势说，当代经济学称其为内生比较利益说；另一种是 Ricardo[6]的外生技术比较优势说及以 Heckscheｅ 和 Ohlin[7]为代表的禀赋比较优势说。这两条思路的差别并不是简单的外生与内生比较利益的差别，它们本质上代表着经济学的不同研究方法和手段。前者关注分工网络、经济组织的变化，而后者则关注资源的分配。第二次世界大战以来，外生比较利益说一直是国际贸易理论的主流，并在其发展过程中得到了很多学者的追捧，大量学者试图从数理和经验上去验证其理论的正确性，因而从数理和经验的角度或深或浅地对比较利益说进行了证伪。

1）关于理论证伪的文献述评。对李嘉图的比较利益说比较容易证伪。该理论的假设是两个国家两种产品，一种生产要素模型，当出现两种生产要素时，比较利益说不成立的例子就比较容易找到。为弥补李嘉图模型的不足，赫克歇尔-俄林（H-O）模型改变了李嘉图模型中的假设条件，变一种生产要素为两种生产要素，并假设生产为不变规模报酬，并提出影响了一代经济学者的要素禀赋论。随后的经济学发展历史中，经济学家对 H-O 定理又做了进一步发展，先后提出了相关的三个主要的贸易定理：要素价格均等化（factor price equalization，FPE）定理、Stolper-Samuelson[8]定理（SS 定理）和 Rybczynski（鲁宾辛斯基）定理（简称鲁氏定理）[9]，以期完善外生比较利益说。在他们的推动下，外生比较优势说逐渐成为经济学的主流。因系统的复杂性，对该理论体系的证伪存在一定的困难。

1961 年，数理经济学家 Arrow 等[10]和 Bhagwati[11]等指出，对于生产函数是不变替代弹性（constant elasticity of substitution，CES）的模型，即使生产函数在两国之间相同，但只要替代弹性在生产 X 商品和 Y 商品中不一样，就有可能产生要素密集度逆转（factor intensity reversal），即 X 在 A 国为劳动密集产品，在 B 国却为资本密集产品。只要有要素密集度逆转，即使不变规模报酬的生产函数在两国完全一样，也一定会有一个国家违反比较禀赋优势理论，出口其相对要素禀赋稀缺的产品。因为当替代弹性在两个产业之间不同时，生产 X 的相对要素密集度是否大于生产 Y 的相对要素密集度，与相对要素价格有关。而均衡的相对要素价格由资源禀赋、嗜好及两个产业替代弹性的差别决定，如果每人对两种产品的嗜好差别很大，和要素替代弹性在行业之间差别很大，相对要素价格之间的差别总有可能使得某一个行业在一国是劳动密集的，而在另一国是资本密集的。因此，在一个标准的 H-O 模型中，均衡的贸易模式完全可能违反比较利益原则。程文利、萨克斯和杨小凯的模型[12]用超边际分析推翻了 SS 定理支持的保护关税政策对保护发达国家劳工利益的作用。该模型证明了保护关税虽有可能在一定程度上改善发达国家的劳工地位，但有可能降低国际分工水平，使这些劳工最终受损。Dixit 和 Norman[13]，程文利、萨克斯和杨小凯的模型[14]还找到了鲁氏定理在所有其他的假设条件下不成立的例子，例如，若生产函数是 Cobb-Douglas 型，当劳动增加时，劳动密集产品和资本密集产品都会同时增加，而不会如鲁氏定理预见的那样前者增加、后者减少。迪克西特和诺曼则在其教科书中进一步列出了几个反例[13]，证明即使没有资源密度逆转，且每个国家生产所有产品，比较利益说在产品和要素都多于 2 个时也不可能总是成立。程文利等[12]也证明，哪怕没有要素密集度逆转、没有技术比较优势，每国都生产两种产品，在一定参数值范围内 SS 定理也不成立。

程文利等将李嘉图的技术比较优势引进 H-O 模型，严格证明了比较利益说的局限性。他们在 Cobb-Douglas 生产函数中引入了全要素生产率参数在国家之间的差别。他们证明，如果 A 国既有生产 X 产品的技术比较优势，又有生产 X 产品的资源禀赋的比较劣势，当技术比较优势超过资源比较劣势时，则 A 国会出口有资源比较劣势的产品。他们的模型证明，即使替代弹性在不同产业中完全一样，即要素密度逆转不发生时，资源比较优势说也可能被推翻。

2）关于经验证据证伪的文献述评。早在 20 世纪 50 年代，经济学家就发现了否定 H-O 定理的经验证据。里昂惕夫之谜（Leontief paradox）就是其中的一个著名例子。Leontief[15]发现，如果用同等生产力的方法测量劳动，则有着高技术装备的美国工人一人一年的劳动力相当于技术落后的他国劳动力的几个人一年的劳动力。因此，美国是劳动力资源丰富的国家。Leontief 分析美国 1947 年的数据发现，美国进口产品的资本/劳动比率要大于其出口产品的资本/劳动比率。

否定 H-O 定理的经验证据还包括 Leontief[15]、Minhas[16]、Maskus[17]、Brecher 和 Choudhri[18]、Staiger[19]，等等。要素价格均等化的假说也同大量的经验证据不符。

1962 年，明翰斯在《政治经济学期刊》上发表了一篇论文，从理论和经验两个方面否定了 H-O 定理和萨缪尔森的要素价格均等化定理。此文以阿罗和明翰斯等引入的新 CES 生产函数形式为基础。用这个新生产函数形式得出的结论同以往的理论研究结论是一致的，即无论是贸易的流向，还是贸易对于要素价格的影响都是不确定的。而且经验研究还显示，否定 H-O 定理的经验证据并不仅仅是一个例外的情形。Minhas[16]证明，当两个行业的资本和劳动替代弹性不相等时，CES 生产函数就存在这样一种可能性，即在工资利率比达到某一临界点时，行业 X 和 Y 的相对要素密集度会发生逆转。因此，不考虑工资利率比而将某个行业的特征定义为资本密集型或劳动密集型是不可能的。

明翰斯的经验证据显示，当造纸行业工资利率比大于2136美元时，相对奶制品行业是资本密集型的，而当其工资利率比小于2136美元时，则是相对劳动密集型行业。在逆转点上，与工资利率比2136美元相对应的资本劳力比值为4117美元。当工资相对资本成本提高时，有更高资本/劳动替代弹性的行业，要比有更低替代弹性的行业变得更加资本密集，即使是此时二者的资本密集度都在上升。

此外，明翰斯还对强要素密集的假定进行了更为广泛的检验。他的证据显示，与强要素密集假定相矛盾的证据绝不仅仅是一个例外，而是具有广泛性。如果萨缪尔森的第二个假定即强要素密集度假定为真，则一定可以发现，即使在任意两个劳动和资本相对成本相差很大的国家，根据资本密集度进行的产业排序一定是相当一致的。明翰斯根据美国1947年和日本1951年的投入产出表计算出了它们各自的产业密集度排序表，进一步支持了要素密集度逆转的证据。例如，在日本，食品加工业比造纸业的资本密集度高出8位，但在美国，造纸业的资本密集度比食品加工业高。明翰斯还证明了要素价格均等化定理在H-O模型的假定下可能不成立。

Trefler[20]提供了系统的经验证据来否定H-O定理。他用了33个国家、9种要素即297个观察点的数据经验证据说明，要素禀赋论正确预见贸易方向的比例只有50%，其成功率正好同抛掷硬币的概率相当。Trefler[21]用美国数据证实了程文利等[14]的既有技术比较优势又有资源比较劣势的模型，而否定了只有资源比较优势的H-O模型。

3.2000年后新兴古典贸易理论的发展

程文利等[12]将超边际分析用到李嘉图模型中，解释了很多国家在发展的早期都采用保护关税，而发达国家则单方面追求自由贸易的现象。该模型证明，当交易效率从低向高变化时，一般均衡会从完全自给自足非连续地跳到不完全分工。不完全分工意味着交易效率较低的国家分工水平比交易效率较高的国家低。此落后国的国内相对价格就是国际市场相对价格。因此，落后国家的人均收入与自给自足时相同，即贸易和分工的好处完全被发达国家独占，而落后国得不到太多好处。这时，落后国就有意愿通过关税来改变贸易品的相对价格，由此得到较多的贸易好处。而发达国家却倾向于单方面的自由贸易政策，因为关税只会使进口品更贵而减少本国福利。但是，如果交易效率进一步提高，则一般均衡会非连续地跳到两国分工水平都很高的状态。这时贸易品相对价格就不由任一国国内生产条件决定，而由两国的生产条件和消费偏好共同决定。这时，每个国家都可以通过增加的关税从对方那里争取更多的分工好处，因此关税战有可能使贸易的好处完全消耗掉。这时，两国都有意愿参加纳什关税谈判，而纳什关税谈判的结果是双边自由贸易。

程文利等[12]利用超边际分析将李嘉图模型由两个国家、两种商品扩展到三个国家、两种商品的情形后，证明其中一个国家同其他国家相比虽存在比较优势，但如果交易效率低于其他国家，也可能被排除在国际贸易之外。这个模型解释了仅仅具有比较优势并不是得到贸易好处的充分条件，一个国家即使对另一个国家有比较优势，但是如果其交易效率很低，或对其他潜在的贸易伙伴并不都是具有比较优势，它将被排除在贸易之外。同时模型也证明，通过贸易自由化政策可以提高交易效率，能够使一般均衡从低分工水平非连续地跳到高分工水平。

张定胜和杨小凯[22]将内生比较利益引入李嘉图模型，将刘易斯早期的二元经济思想大大发扬。张定胜用超边际分析证明，当交易效率极低时，所有国家都处在非商业化的自给自足状态。如果 *A* 国交易效率提高，*B* 国交易效率仍低，则 *A* 国出现国内分工和贸易，*B* 国仍处于自给自足状态。当 *B* 国交易效率稍微提高，部分居民可以卷入国际贸易，但这种微小提高不足以将所有居民卷入国际分工，所以部分居民仍处在自给自足状态。这就形成了一国内有两部分人，一部分人与外国贸易，生产力较高，大部分收入来自市场；而另一部分人自给自足，没有来自市场的收入，生产力低，看起来像潜在失业或不充分就业。由于这种二元经济的存在，贸易条件对 *B* 国不利，大部分国际贸易的好处被 *A* 国获取。收入分配的不平等度在这两类二元经济中相对于自给自足上升。随着两国交易效率的进一步提高，*A*、*B* 两国都完全卷入国际和国内分工，所有人的生产活动完全商业化，二元经济消失，收入分配的不平等度下降。张定胜还证明，二元经济消失时，发展中国家变成发达国家，这时发展中国家的国际贸易条件有可能恶化，但其从分工中得到的好处及人均真实收入会上升。

杨小凯和张定胜又进一步证明，在一个既有外生又有内生比较利益的模型中，当先天条件不同的人先后在不同时间卷入越来越高的分工水平时，收入分配不平等度会发生非单调的波动。

Sachs 和 Yang[23]将交易效率和生产函数在国家之间的差别引入 D-S 模型，并证明在这种有规模经济和垄断竞争的一般均衡模型中，随着交易效率的提高，两国生产的资本品种会越来越多，因此最终消费品的资本密集度会上升。但若一国人口相对于另一国较多（劳动力较多），则该国有可能也生产很多资本品（资本较多），而且即使该国劳动与资本的比率仍比他国高，该国仍可能进口劳动相对密集的消费品和出口资本密集的消费品。即其证明了，只要模型中由规模报酬递增所产生专业化生产带来的内生比较优势和交易效率优势超过外生比较劣势，有可能出口有外生技术比较劣势的产品。因此，每个国家都会尽量充分利用外生、内生的生产和交易效率的综合比较优势，而避免交易有交易效率比较劣势的产品。

张定胜和杨小凯[24]把交易成本和内生比较优势引入李嘉图模型中，考察了政府对不同的贸易政策机制的选择。模型证明均衡的贸易政策和国际劳动分工水平之间有密切关系。随着外生交易条件的改进，均衡的结构从自给自足先跳到部分国际劳动分工，此时不发达国家的单边贸易保护和发达国家的单边贸易自由化共存，存在内生交易费用，一旦达到了完全国际分工，贸易谈判就会导致贸易自由化，内生交易费用不存在。这个模型为贸易政策机制的演化提供了一个理论依据，也为发展中国家的贸易政策变化提供了解释。

二、新贸易理论发展的局限性

内生贸易理论是第一个脱离新古典经济学框架，用分工和专业化来解释贸易现象及其本质的理论体系。该理论能够解释一些传统贸易理论无法解释的现象，同时澄清了传统贸易理论带给我们的一些错误观念。新兴古典贸易理论与传统贸易理论的不同点就在于其所依托的经济学分析框架存在很大的不同，具体来说体现在以下五点。

1. 理论的思想渊源不同

以斯密为代表的古典经济学的思想精华可以概括为两个方面：①市场竞争在资源配置过程中能使社会福利最大化；②劳动分工能使生产率提高并受到市场范围的限制。新古典经济学成功地描述了古典经济学的第一个思想，却与第二个思想冲突。新古典经济学在将市场竞争的作用形式化时，最初采用了无规模报酬的生产函数这种最简单的数学工具，它使古典经济学的分工思想与市场竞争不相容。因为按照斯密的分工理论，分工能够提高劳动生产率，是基于专业化能够提高生产率的原理，而这一原理与递增规模报酬有关。新古典贸易理论也采用无规模报酬的假设，从而先天不足，以致企业的组织结构、规模、市场竞争地位及其相应的市场结构都对贸易的模式、成因、结构、得益等没有影响。造成这种问题的原因就在于新古典贸易理论的生产函数只表明一种投入产出的纯技术关系，不允许递增报酬存在，并且忽视了社会经济组织的演进与生产率的互动关系。

事实上，古典经济学家的研究重点是专业化、劳动分工和交换的关系，在斯密和马克思看来，劳动分工是经济生活的核心现象，社会经济组织结构是经济学研究的中心，马克思更将其归结为生产关系的研究。杨格的经典论文指出："在全部经济学文献中，最富有启发、富有成果的一般法则就是斯密定理（劳动分工受到市场范围的限制）。"然而，由于后来德布鲁把新古典经济学变成公理化体系，用斯密的分工思想来解释国际贸易的理论逐渐为人们所抛弃。20 世纪 70 年代以来，依托于新古典框架的新贸易理论逐步产生和发展，尽管在一定程度上弥补了其不足，但始终难逃"旧瓶装新酒"之嫌。杨小凯用现代数学分析工具将古典经济学的思想精华充分发挥并加以形式化，创立了以古典经济学的分工思想为基础的新兴古典贸易理论，堪称贸易理论领域的一次革命。

2. 前提假设、分析方法不同

从前提假设和分析方法来看，新古典经济学存在三个致命缺陷：①采用消费者-生产者的两分法，消费者不生产，必须从厂商处购买所有消费品，因此国内贸易必然存在，消费者不能选择自给自足，也不能选择专业化的水平和方向，而厂商的存在是给定的，所以导致新古典经济学的研究重点是给定经济组织结构下的最优资源配置问题。这种两分法，使得新古典贸易理论无法解释经济组织如何从自给自足变得越来越专业化，也无法解释国际贸易如何从国内贸易中产生等现象。②新古典经济学用规模经济概念替代专业化经济概念，而规模经济概念只能表明投入产出间的纯技术关系，却不能反映专业化水平、经济组织结构的演进对生产率的影响。③新古典经济学采用的是马歇尔开创的边际分析方法。边际分析主要用于处理内点解问题，而现实生活中的经济决策往往是角点解问题。

新兴古典经济学克服了上述缺陷：①在该体系中，每个决策者既是消费者又是生产者，这意味着每个决策者可以选择专业化方向和水平。厂商也不是外生给定的，而是从模型中内生而来的。②用专业化经济来替代规模经济那种纯技术概念，并且引入交易费用的概念，从而产生专业化经济与交易费用的两难冲突，即一方面专业化提高生产率，使决策者拥有更高的生产能力；另一方面由于多样化消费的偏好，专业化必然意味着要从其他专业的决策者手中购买更多的商品，这就需要支付更大的交易费用。③新兴古典经济学采用超边际分析方法，即对每一角点进行边际分析，然后在角点之间用总效益费用分析，这是处理最优决策的角点解所必需的。

3. 对贸易基础的认识不同

当代贸易理论公认的一个事实是：李嘉图的比较优势是对斯密的绝对优势的一种发展。如果静态地看，情况确实如此。但是，如果允许比较优势在模型中内生，并且随着分工的发展而不断演进，那么斯密基于分工和专业化的绝对优势概念，比李嘉图的比较优势概念更为宽泛和重要。

许多经济学家曾指出，个人之间生产各种物品的生产率的先天性差异远不如个人之间由于分工和专业化而产生的生产率差异重要。正如斯密所说："人们天赋才能的差异，实际上并不像我们所感觉的那么大。人们壮年在不同职业上表现出来的极不相同的才能，在多数场合，与其说是分工的原因，倒不如说是分工的结果。"如果我们接受先天的生产率差异（即外生比较优势）作为分工的条件，那么就会导致贸易产品、方向和格局的静态化，这也是在一定程度上存在比较利益陷阱的根本原因。而作为分工的结果出现的内生比较优势的演进，则预示着一国贸易动态发展和经济持续增长的可能性。

基于分工造成生产率差异的内生比较优势能够随着分工的逐步发展而不断演进，而且内生比较优势的演进是加速知识积累和生产率内生进展的动力。杨格定理告诉我们，分工存在自我繁殖的机制，因此基于分工和专业化的内生比较优势的演进，就成为一国贸易发展和经济增长的持续不断的源泉。而外生比较优势不能内生地演进，对于分工、生产率进步和加速知识积累没有什么影响，因此一国的贸易发展和经济增长就只能归功于新古典经济学无法解释的外生技术进步，这是新古典贸易理论无法解释很多现象的根本原因。

根据新兴古典贸易理论，如果事前相同的个人，选择不同的专业化水平，生产不同的产品，只要专业化报酬递增，就可能存在比较优势。这就是说，按照斯密的定义，比较优势可能存在于所有个人事前相同的场合，而根据李嘉图的定义，在这种场合比较利益不可能存在。换句话说，这种比较优势的存在与否取决于人们对于专业化程度的决策。这种由选择不同专业方向的决策造成的事后生产率差别称为内生比较优势，而以外生给定的个人之间的技术和禀赋差异为基础的比较优势称为外生比较优势。

新贸易理论也对此做出了相似的研究，Krugman[26]把以规模报酬递增为基础的比较优势称为后天获得的比较优势，而把李嘉图的比较优势概念称为先天自然的比较优势。

4. 对贸易利益的主张不同

按照新古典贸易理论，如果国与国之间存在外生比较优势，则在没有政府干预的情况下，国际贸易必定会产生，而且进行自由贸易能够提高一国的福利水平。新贸易理论中的规模报酬递增的贸易模型预言，国际贸易总是优于自给自足，因为世界市场上，一个经济联合体的规模总比一个国家的经济规模大得多。因此，没有政府干预不可能出现自给自足。那么，国际贸易的存在一定会带来贸易利益吗？它一定高于自给自足的封闭经济状态下的福利水平吗？

新兴古典贸易理论通过引入交易效率的概念，能够解释国际贸易从国内贸易中产生，是因为一国的交易效率的提高。交易效率与交易费用负相关，各种交易费用（内生或外生）越高则交易效率越低。如果交易效率极低，则自给自足是均衡结果，因而无需国际贸易和国内贸易。如果交易效率得到提高，则国内贸易将因一国之内的分工水平提高而产生；但如果交易效率提高的幅度不是很大，则在没有形成全国统一市场时，贸易可能在各个地方性市场内进行。随着交易效率的进一步提高，全国性市场因分工水平的提高而产生。如果交易效率继续提高，则高效率的分工水平便会要求更大的市场规模与其适应，此时局限于一国市场之内的贸易和产品交换无法充分利用高水平的分工经济，因此国际贸易会从国内贸易中产生。总之，国际贸易给一国带来贸易利益的先决条件是该国的交易效率应当足够高，以便适应分工水平的提高，而分工水平的提高需要更大规模的市场与之适应，由此国际贸易才成为必要。

相反，当一国的交易效率很低时，分工水平也很低，因此无需国际贸易来利用大规模的国际市场。在这种情况下，自给自足的封闭经济状态下的福利水平，反而会高于实行自由贸易的开放经济下的福利水平。所以，在交易效率很低的情况下，即便存在外生比较优势，相对于开放贸易来说，自给自足也是最优的选择。

5. 理论的解释力度不同

新古典贸易理论认为国际贸易产生的基础是外生的比较利益，因而从理论上讲，发达国家和发展中国家具有各自不同的生产和禀赋条件，它们之间的贸易量应该比具有相同生产条件的发达国家之间的贸易量更大。但理论的推导无法得到经验的证明，著名的林德贸易模式（Linder pattern of trade）提出了反例，事实上，发达国家同发展中国家之间的贸易量远远小于发达国家之间的贸易量。

新贸易理论则推翻以上观点，提出即使两国的初始条件完全相同，没有李嘉图所说的比较优势，但如果存在规模经济，则两国也可选择不同的专业，从而产生内生的（后天的）绝对优势。该理论成功地解释了林德贸易模式的存在。这种有规模经济的模型由于去掉了传统的不变规模报酬的假定，所以能解释生产力和贸易依存度同时提高，以及贸易量比收入增长更快的现象。但其得出的人口的增加会使折中规模经济与多样化消费之间两难冲突的余地增加，从而提高生产率和消费品种类的推论，却并不是在所有国家都适用的，如与非洲一些国家、印度和改革开放前的中国的现实不符。同时，其最大的不足就在于，它不能内生地解释国内贸易向国际贸易的演变。

而新兴古典贸易理论则利用专业分工产生的交易效率与交易费用之间的相互作用，解释了林德贸易模式产生的真正原因在于发展中国家的交易效率比发达国家低。当一国内部的专业分工促进的交易效率提高到使一国内部的相互分割的局部市场逐渐发展到一体化的市场的时候，一个大市场为折中分工好处与交易费用之间的两难提供了更大的余地。而发展中国家因为专业分工水平低，国内为二元市场结构，交易效率低下，国际贸易中的交易费用因关税、运输成本等远高于国内贸易，因而其更多地选择国内贸易，而不是国际贸易。当交易效率逐步提高，并足以克服国际贸易的交易费用时，国际贸易就从国内贸易中内生出来了。

三、对新兴古典贸易理论的评价与借鉴

新兴古典贸易理论对贸易理论的研究做出了突出的贡献，其影响是巨大的。它使我们重新思考传统贸易理论中一些已有定论的命题，同时也提供给我们许多新的视角和观点。有学者认为，新兴古典贸易理论可能代表未来贸易理论发展的主流方向。

1. 重新阐释了绝对优势、比较优势等贸易理论中的核心概念，在一定程度上将贸易理论整合到统一框架下

如果以事前和事后的生产率差别来区分不同的比较优势，那么不同贸易模型中的比较优势就可以划分为内生比较优势和外生比较优势。其中，李嘉图模型的比较优势称为外生的技术比较优势，H-O 模型的比较优势称为外生的资源比较优势，新贸易理论中的比较优势称为内生的规模经济比较优势，而新兴古典贸易理论中的比较优势称为内生的专业化经济比较优势。

从劳动分工的角度看，国际贸易赖以产生的分工有两种：一种是基于技术和资源不同的外生比较利益的劳动分工；另一种是基于规模经济和专业化经济的内生比较利益的劳动分工。也就是说，从贸易产生的原因看，传统贸易理论的核心是比较利益，而新贸易理论和新兴古典贸易理论的核心是递增规模报酬。当然，实际经济是两者的混合体，既有比较利益，又有递增规模报酬。如果能够将传统贸易理论与新兴古典贸易理论进行有机的整合，则存在着将现有贸易理论纳入统一框架下的可能性。很显然，传统贸易理论不可能包含新兴古典贸易理论，因为按照新古典理论，普遍的递增规模报酬会使一般均衡不存在或不是帕累托最优。相反，新兴古典贸易理论却能够包含传统贸易理论，杨小凯和张永生[25]将外生比较利益因素引入基于递增规模报酬的新兴古典贸易模型，从而将传统贸易理论的基本思想纳入新兴古典贸易理论的框架下，在一定程度上将现有的贸易理论整合到统一框架下。

2. 纠正了新贸易理论的错误结论，为其完善和发展指出了一条可行之路

首先，新贸易理论假定存在规模经济与多样化消费的两难冲突，如一国生产很多种产品，则各种产品的生产规模很小，难以充分利用规模经济，因此生产率低下。也就是说，规模经济的充分利用，要求与更大规模的市场相适应。如果一国的人口或经济规模很大，则能够更充分地利用规模经济的好处，因此人口的增加会带来生产率的上升。这与日本、中国香港的经验是一致的，但是与印度和改革开放前的中国的经验相悖，因为对于后者而言，人口增长率高对经济增长并无

积极作用。按照新兴古典贸易理论，贸易发展和经济增长的决定因素是交易效率，人口增长率对于一国贸易发展和经济增长的影响是中性的。在印度和改革开放前的中国，政府对微观经济活动的直接干预、各种纷繁复杂的行业进入壁垒、国内市场“诸侯割据”、法律法规不健全等因素，导致交易效率低下，均衡的分工水平很低，因此出现高人口增长率与低生产率并存的现象。而在中国香港等地，由于高效率的政府、健全的法制等因素保证了高交易效率，所以高人口增长率与高经济增长率并存。

其次，新贸易理论的最大弱点在于根本不存在一个为经济学界广泛认可的不完全竞争模型，所以必须按照不同的市场结构、不同的产品差异性来构造相应的贸易模型，导致新贸易理论的各种模型纷繁复杂、难于统一，无法替代传统贸易理论。其原因在于，新贸易理论认为递增规模报酬必须导致垄断，因此一个为经济学界广泛认可的不完全竞争模型，成为统一新贸易理论各种不同模型的必要条件。然而，在新兴古典贸易理论中，以专业化为基础的递增规模报酬与竞争性市场是相容的。因此，如果新贸易理论能够正确地解释其递增规模报酬的微观基础，不再基于规模经济，而是基于分工和专业化来建立相应的新贸易理论模型，就完全可以避开对于不完全竞争市场结构的处理问题，从而为其蓬勃发展提供一种新的发展思路。

3. 解决了递增规模报酬与竞争市场的相容性问题，存在竞争均衡和帕累托最优的一致性

新古典贸易理论中，多样化消费偏好意味着一种产品的消费者数目必定很大；规模报酬递增则使得在均衡状态时，该种产品的生产者数目必定很小。一种产品的消费者众而生产者寡，即消费者与生产者地位上的不对称，使得厂商有能力根据向下倾斜的需求曲线操纵价格，而消费者无法影响价格。当规模经济普遍存在时，由此所产生的递增规模报酬与斯密的“看不见的手”（即竞争性市场）难以相容。新兴古典贸易理论成功地解决了这一问题，使得贸易理论的发展不必再纠缠于递增规模报酬是否与竞争性市场相容的问题。首先，生产的专业化需要每个人付出自己的劳动时间，而这种时间显然不能在人与人之间转移和代替，所以对专业化经济而言，劳动时间的规模总是有限的，因此专业化经济所产生的递增规模报酬存在一个界限，即专业化经济产生的是有限度、有范围的递增规模报酬。其次，采用每个人既是消费者又是生产者的框架，则每个人都可以选择一种职业，这就决定了他买什么和卖什么，即每个人的需求是由其供给决定的，这被杨格称为倒数需求律。在新兴古典贸易模型中，杨格的倒数需求律一直保持着，即消费需求和生产供给总是同时决定的。由于倒数需求律的作用，分工中专业化生产者对其产品价格的操纵能力会相互抵消，因此在新兴古典贸易理论中，以专业化为

基础的递增规模报酬与竞争性市场即“看不见的手”是相容的。这与当代西方的经济实践是一致的，在美国，利用规模经济并不会导致市场失败，因此不需要政府的干预。私人企业在市场竞争的压力下总是争着合并成最优规模的大企业，这不但不会限制竞争、形成垄断，相反会加剧竞争。因此，存在自由进入的自然垄断并不像新古典经济学描述的那样可怕，而真正可怕的却是由政府干预造成的限制贸易自由和行业进入自由贸易的行政强制性垄断。

新兴古典贸易理论对递增报酬的处理为我们提供了一种新的思路，以往的模型一旦引入报酬递增，就意味着要么不存在竞争均衡，要么不能达到帕累托最优，而新兴古典贸易理论则由于其递增的报酬是基于分工和专业化而在模型中内生，因而存在竞争均衡和帕累托最优的一致性。

需要指出的是，新兴古典贸易理论也存在一些缺陷和不足。为达到数学上的严谨和理论上的完美，新兴古典框架往往做出了一些较强的假定，其中有些是不合理的，有的甚至会导出极不现实的结论。这种无奈从杨小凯的论文中所做的一些脚注就能看出来。这在一定程度上限制了新兴古典贸易模型的实际应用。此外，关于劳动分工演进的许多数据口径，无法从现有的统计资料中获得，因此很难用历史数据验证新兴古典贸易理论，更不要说进行经济预测。而且由于劳动分工演进的过程是如此缓慢，新兴古典贸易理论在解释较为长期的贸易现象上具有优势，符合人们几千年来对国内贸易和国际贸易发展轨迹的直觉和观察，但对于实际经济问题它可能缺乏足够的解释力。由此来看，新兴古典贸易理论的理论意义大于实践意义，它至少开辟了一条新的研究贸易理论的途径，相信随着这一理论的进一步完善和发展，贸易理论的研究必将进入一片崭新的天地。

第二节 “新”新贸易理论及其最新研究进展

19 世纪初，英国经济学家李嘉图提出的比较优势理论，20 世纪 20～30 年代瑞典经济学家赫克歇尔和俄林创立的要素禀赋定理等传统国际贸易理论认为，一国对外贸易是建立在各国国家层面的差异基础之上的，而国家差异产生的原因，则或者是技术差异，或者是要素禀赋差异。

然而，自 20 世纪 60 年代以来，研究人员注意到，国际贸易中出现了与李嘉图模型和 H-O 模型所预测的传统贸易模式不断偏离的现象，即大部分国际贸易发生在结构相似的贸易伙伴国之间，产业内贸易不断扩大。其中，在发达国家相互之间表现得尤为明显。例如，美国、德国和日本等发达国家之间相互进出口汽车。对此，20 世纪 70 年代末期，Krugman[26, 27]、Dixit 和 Norman[13]及 Lancaster[28]等先后各自独立形成了一系列新思想：即使不存在传统的比较优势，规模经济和不完全竞争也可以促进国际贸易的产生，新贸易理论开始形成。新贸易理论文献中，

Krugman[26]的文章具有里程碑意义，其用十分简单的、基于规模报酬递增和垄断竞争假设的数学模型，清晰地论证了国际贸易不仅可能在资源相似的各国之间（如美国和加拿大）发生，还可以在各国间同一产业内进行。新贸易理论简单明了地解释了产业内贸易现象，很好地吻合了现实中的贸易模式，彻底改变了国际贸易理论的面貌。但是，该贸易理论对贸易模式的一些重要特征事实，如贸易自由化对产业间净就业变化和各要素收入分配的影响，以及发生在发达国家之间，常为跨国公司所掌控的知识密集型产品之间的产业内贸易等，也难以提供完美的解释。对此，产业间贸易和产业内贸易的联合模型应运而生。该模型最早由 Krugman[29]提出，并由 Helpman[30]和 Markusen[31]进一步扩展。Helpman 和 Krugman[32]将上述模型及其他扩展模型进行了有机整合，并进行了新的扩展，构建了 H-K 模型。

可见，传统贸易理论及新贸易理论，都将“产业”（industry）作为研究单位。新古典贸易理论研究的是产业间贸易，新贸易理论研究的是不完全竞争和规模报酬递增条件下的产业内贸易。原有理论假设所有的企业都是同质的（homogeneous），即所有企业都从事出口。尽管这一假定便于研究，但与现实中所观察到的产业内各企业间生产率、生产规模等多样性现象有一定出入。自 20 世纪 90 年代中期以来，大量基于企业层面生产和贸易数据的微观经验研究发现，出口企业与非出口企业大不相同，较之后者，前者表现出生产规模更大、生产率和工资水平更高、技术和资本更密集等各种显著特征。这方面研究影响较大且最早的是 Bernard 等[33]，他们针对美国企业的研究发现了上述部分现象和规律。随后，Richardson 和 Rindal[34]，Bernard 等[35]及 Helpman 等[36]对美国企业，Bernard 和 Wagner[37]对德国企业，Cleride 等[38]对哥伦比亚、墨西哥和摩洛哥企业，Aw 等[39]对韩国和中国台湾企业，以及 Pavcnik[40]对智利企业，Eaton 等[41]对法国企业等都进行了类似研究并得出相似结论。上述这些产业内各企业间生产规模、生产率等各方面特征的显著差异被称为企业的异质性（heterogeneous）。Wagner[42]则认为，从实证的角度，企业的异质性除了体现在生产规模和生产率有差异之外，还应体现在企业历史、人力资本、资本密集度、所有权等各个方面。同时，其对其他的一些特征事实，如贸易自由化通过资源重新配置促进产业生产率提高等现象，也难以解释。因此，原有的贸易理论再一次遇到了新的挑战。

实证领域中探讨的企业异质性为进一步研究和发展国际贸易理论打开了一扇大门，很多研究人员发现考虑企业间的差异对于理解国际贸易的动因至关重要。最新的贸易理论将“企业”（firm）作为研究单位，通过建立和拓展异质企业贸易模型，将企业异质性、企业组织引入国际贸易理论模型，从企业的微观层面解释企业的贸易行为、对外投资行为及国际化生产组织行为，开创了新的国际贸易理论和实证研究领域。

21 世纪国际学界对贸易模式和贸易流量的解释已经日渐进入企业层次的微

观研究，这些研究将原来的 CES 偏好假设放松为异质企业的假设，并且运用企业层面数据展开实证分析。其最新进展主要体现为异质企业贸易模型（trade models with heterogeneous firms，HFTM）和企业内生边界模型（endogenous boundary model of the firm）。Baldwin 和 Okubo[43]、Qiu[44]等学者将关于异质企业贸易模型和企业内生边界模型的理论称为“新”新贸易理论（new-new trade theory）。

一、异质企业贸易理论的基础框架——梅里兹模型

2003 年，哈佛大学的 Melitz[45]在著名的 *Econometrica* 杂志上发表了《贸易对行业内重新配置和总行业生产率的影响》一文，提出了异质企业贸易模型［也称梅里兹（Melitz）模型］，终于打破了国际贸易研究的长期沉寂。梅里兹模型吸引了众多研究者的兴趣，随之涌现了一批扩展的模型和实证研究，形成了以梅里兹模型为基本框架的异质企业贸易理论。

该模型的理论基础来源有两个：Hopenhayn[46]提出的一般均衡框架下的垄断竞争动态产业模型和 Krugman[27]提出的垄断竞争贸易模型。梅里兹模型运用一般均衡框架下的动态产业分析方法扩展了 Krugman 的垄断竞争贸易模型，从而成功地将企业生产率内生到垄断竞争贸易模型中，将贸易理论研究对象扩展到企业层面。

1. 基本假设及研究思路

梅里兹模型沿用了新贸易理论垄断竞争市场结构和规模报酬递增的假定，但放松了同质企业的假定，同时假定了对称性国家、单一要素投入。其基本逻辑思路为：由于企业异质性的存在，贸易会导致市场份额在产业内企业间重新配置，市场份额向高生产率企业靠近，而那些最低生产率的企业被迫退出，从而提高了行业生产率水平，这一效应在封闭经济中是无法实现的。

2. 封闭经济条件下企业行为和均衡

企业生产率差异是企业异质性的主要表现，并与其他异质性来源紧密联系，从而可以用生产率差异来反映企业异质性对贸易的影响。该模型正是通过内生企业生产率来解释为什么参与贸易的企业具有更高生产率。为了讨论开放经济中贸易与生产率之间的关系，异质企业模型首先在封闭经济模型中内生了生产率变量。

与垄断竞争模型相比，异质企业贸易模型采用的需求函数与垄断竞争模型相同，供给函数也基本一致。异质企业贸易模型的不同之处也是模型的关键之处：提出了一个考虑企业生产率（φ）的总成本函数 T_C。企业生产率不同，且面临着

不同的边际成本 $1/\varphi$，那么企业的总成本为

$$T_C(\varphi) = f + \frac{q(\varphi)}{\varphi} \tag{1-1}$$

式中，f 为固定成本；q 为产出。异质企业模型认为，行业中的企业和新进入企业面临着不同但相互联系的约束。对于原有企业来说，他们有一个企业关门生产率（或零利润生产率），这个约束被称为关门条件，或零利润条件，使得企业的利润刚好为零。如果生产率高于关门生产率，企业就可以获得利润，如果低于这个水平，企业就会退出市场。关门条件为

$$\pi(\varphi^*) = 0, \quad \bar{\pi} = fk(\varphi^*) \tag{1-2}$$

对于新进入企业来说，它们面临着同样的关门条件，所不同的是，新进入企业需要承担一个沉没成本，因此在做出是否进入的决策时，它们需要用预期利润流来决定是否值得进入。新进入企业的预期利润折现值必须至少等于沉没成本，即新进入企业的净价值必须至少等于零。这就是新进入企业的约束条件：

$$V_e = 0, \quad \bar{\pi} = \frac{\delta f_e}{1 - G(\varphi^*)} \tag{1-3}$$

梅里兹通过数学证明发现，关门条件中平均利润是关门生产率的减函数，而新进入企业约束条件中，平均利润是关门生产率的增函数，在两条曲线的交点上，就确定了行业平均利润水平和行业关门生产率，这就是封闭经济条件下的均衡点，是行业中两类企业对关门生产率不同反应的共同作用的结果。对于行业中原有企业，关门生产率越高，其他因素不变的情况下，利润水平会越低。关门生产率的提高降低了企业利润，从而降低了行业平均利润。对于新进入企业来说，关门生产率越高，能够成功进入的企业越少，一旦成功进入，它们将会获得较多的利润，从而提高行业平均利润。关门条件实际上可以视为退出条件，在退出与进入双方力量的共同作用下，形成了行业的均衡状态。在均衡状态下，确定了企业关门生产率，从而确定了行业平均生产率、平均利润水平。在仅有劳动要素投入这一假定下，封闭经济中劳动投入水平一定（也说明国家规模和市场规模一定），并且收入水平和利润水平独立于国家规模。关门生产率的提高会减少行业中企业的数量，一旦关门生产率一定，行业中的企业数量就不会变化。所以，由于封闭经济中的市场规模一定，均衡条件表明，一旦加权企业平均生产率确定，企业数量、价格水平和人均财富就都被确定，因此行业总生产率只能通过其他途径得以提高，尤其是依靠企业技术水平提高。

3. 开放经济条件下企业行为和均衡

在开放经济中，行业生产率的变化有了另一条路径，即贸易可以通过市场份额的重新配置来提高行业的生产率。一旦引入国际贸易，产品成本将发生变化，

产品运往销售国需要支付额外的成本（如运输成本、关税或其他贸易壁垒带来的成本），从而影响企业在国际市场中的产品价格、收入和利润。异质企业模型用冰山成本（iceberg cost）来概括从事出口面临的额外边际成本，同时参与贸易的企业也面临着一个固定进入成本。如果用 τ 表示从事国际业务产生的单位产品额外边际成本，用下标 x 表示各变量在国际市场中的值，用下标 d 表示国内市场业务，这时企业收益函数发生了变化：

$$r(\varphi)=\begin{cases}r_{\mathrm{d}}(\varphi)\\ r_{\mathrm{d}}(\varphi)+nr_{x}(\varphi)=(1+n\tau^{1-\delta})r_{\mathrm{d}}(\varphi)\end{cases} \tag{1-4}$$

当企业只进行出口而不在国内销售产品时，出口企业收入中的国内部分为零，其中，假定企业产品出口国特征一致，即企业向任何一个国家出口面临同样的收入函数，n 表示企业产品出口国家的数量，即贸易伙伴的数量。通过收入与成本 $r(\varphi)=\begin{cases}r_{\mathrm{d}}(\varphi)\\ r_{\mathrm{d}}(\varphi)+nr_{x}(\varphi)=(1+n\tau^{1-\delta})r_{\mathrm{d}}(\varphi)\end{cases}$ 的分解，可以得到开放经济中的企业利润函数：

$$\pi_{\mathrm{d}}(\varphi)=\frac{r_{\mathrm{d}}(\varphi)}{\sigma}-f,\quad \pi_{x}(\varphi)=\frac{r_{x}(\varphi)}{\sigma}-f_{x} \tag{1-5}$$

产品出口面临着与国内产品销售不一样的成本问题，收入和固定进入成本都发生了改变，所以在国内市场和国外市场体现出不同的停止运营点生产率，在国内市场，停止运营条件是 $\pi_{\mathrm{d}}(\varphi^{*})=0$，而在国际市场中，企业停止运营条件是 $\pi_{x}(\varphi_{x}^{*})=0$，综合考虑国际国内市场，停止运营条件则变为 $\pi(\varphi^{*})=\pi_{\mathrm{d}}(\varphi^{*})+n\pi_{x}(\varphi^{*})=0$。

值得注意的是，企业进入国际业务面临的成本大于进入国内市场成本总是普遍存在的，所以假设 $\tau^{\sigma-1}f_{x}>f$ 具有合理性（间接反映在 $\varphi_{x}^{*}>\varphi^{*}$），事实上，也只有在这种情况下，才表现出一部分企业能够从事出口业务，而另一部分企业只能在国内进行销售。引入企业成功进入国际业务的概率后，得到了企业的平均收入和平均利润函数。同样地，可以得到开放经济的停止运营条件（zero cutoff profit，ZCP），但开放经济中的自由进入条件并没有发生变化：

$$\text{ZCP:}\quad \bar{\pi}=\pi_{\mathrm{d}}(\varphi)+p_{x}n\pi_{x}(\varphi_{x})=fk(\varphi^{*})+p_{x}nf_{x}k(\varphi_{x}^{*}) \tag{1-6}$$

从以上企业行为分析中可以看出，对于一个行业，开放经济下被分为国内市场和国际市场两部分，由于贸易成本和进入国际市场沉没成本的影响，关门生产率体现出三部分：封闭经济关门生产率、开放经济关门生产率和国际市场关门生产率。理论模型和现实状况都可以说明，封闭经济关门生产率最低，而国际市场关门生产率最高，开放经济关门生产率介于两者之间。那些生产率低于封闭经济关门生产率的企业会退出所在行业，生产率高于封闭经济关门生产率但低于开放经济关门生产率的企业，在没有贸易的情况下，它们因为生产率超过了封闭经济关门生产率水平而得以生存，但在开放经济中，由于关门生产率被提高，这部分企业也会被迫退出市场。生产率高于开放经济关门生产率但低于国际市场关门生产率的企业只能从事国内业务（这里也可能存在两种情况，如果企业国际市场损失能够得到国内市场利润的弥补，在考虑其他动机下，这部分企业也可能进入国际市场，尽管这会降低它们的综合利润水平；如果企业进入国际业务带来的损失不能得到国内市场利润的弥补，就会出现总体亏损，因此这部分企业是绝不会从事国际业务的）。对于生产率高于国际市场关门生产率的企业来说，它们将获得国际市场份额，从而大大提高利润水平。这就可以解释一部分企业只能从事国内业务，而另一部分企业可以从事出口业务，从而产生了市场份额在产业内的重新配置效应。所以贸易提高行业生产率的逻辑可表述为：贸易提高了行业关门生产率，使得那些在封闭经济中本可以继续生产的企业被迫退出市场，市场份额向更高生产率企业转移，关门生产率的提高和低生产率企业的退出，使行业总体生产率水平提高，这也是梅里兹模型的核心观点。梅里兹模型认为，自由贸易拓宽了提高行业生产率的途径，即使企业技术水平等其他因素不变（单个企业生产率不变），通过自由贸易也可以提高产业生产率水平，自由贸易通过市场份额重新配置和行业生产率的提高而提高社会福利。但是，自由贸易同样会引起国内企业数量减少，但这并不会降低国内消费者福利，因为国外企业可以提供价格更低且种类更丰富的产品。

4. 梅里兹模型的局限性

梅里兹模型虽然讨论了生产率与贸易之间的关系，但仍然建立在一些严格的假定基础之上，同时还没有将其他一些重要的因素考虑在内，尤其是企业异质性不仅仅体现在生产率差异上，还体现在诸如组织结构等其他方面。同时，一旦对模型做一些更改，如仅允许一个国家贸易自由化，一个特定行业的产品自由进入国际市场，则会因为不会引起其他国家的贸易量发生变化，而导致没有出口收益产生，对该行业均衡不会产生影响，也不会导致行业生产率发生变动。所以，在梅里兹模型提出之后，众多学者对该模型进行了扩展。

二、梅里兹模型的扩展研究

梅里兹模型的创建为国际贸易理论的研究提供了一个新的视角。研究不再仅仅局限于行业层面，而开始从微观角度关注企业行为及企业行为对贸易福利的影响。更多的研究人员在梅里兹模型的基础上，对其假设进行了一定的放松，并在后续的研究中，引入了更多的考虑因素，不仅仅丰富了研究内容，也为贸易的发展提供了更多的理论及政策依据。Helpman 等[36]在梅里兹模型框架下分析了企业进入国际市场选择的形式；Melitz 和 Ottaviano[47]放松了异质企业模型中的 CES 函数假定，考虑了一个线性产品需求函数，同时还内生化了最初模型没有讨论的市场规模和利润加成（mark-ups）；Helpman 等[48]在非对称国家假定下应用贸易引力模型对梅里兹模型进行了扩展和实证检验；Manava 运用梅里兹模型讨论了金融发展对比较优势的影响。此外，还产生了一些实证研究成果，例如，Keller 和 Yeaple[49]利用美国公司数据来分析跨国企业的国际贸易决策和生产率的变化，发现外国直接投资（foreign direct investment，FDI）同样具有溢出效应，能够提高本国企业的生产率，这就推翻了传统的 FDI 导致资本外流而无益于本国经济的观点。Baldwin 和 Ito[50]还利用异质企业贸易模型分析了出口产品在国际市场的竞争形式，发现主要欧盟国家出口产品中质量竞争产品（quality-competition goods）比例高，而加拿大、澳大利亚和中国出口产品中价格竞争产品（price-competition goods）比例高。以下选择比较有影响力的模型做介绍。

1. BRS 模型

Bernard 等[51]，Chaney[52]提出了一个异质企业的国际贸易模型，该模型考虑了国家间相对禀赋差异和消费者对多样化的偏好。该模型将国际贸易的两个分支相结合。一支由 Helpman 和 Krugman[32]建立，他们将 H-O 模型中的要素禀赋与新贸易理论不完全竞争及规模经济假设相结合；另一支由 Bernard[35]和 Melitz[45]开创，他们将企业在生产力方面的异质性纳入一种要素、一个产业的产业内模型。该模型则将这两个分支扩展到了更一般的情形，建立了一个由异质企业、多种生产要素及非对称产业和国家相结合的模型。此模型有力地揭示了以下现象：某些国家在给定行业比其他国家出口更多（禀赋驱动的比较优势）；产业内存在双边贸易（企业层面的产品差异化和规模收益递增）；产业中从事生产的企业有些进行出口，而有些没有（贸易成本所导致的自我选择效应）。

Bernard，Redding 和 Sehott 假设了一个企业异质性的两要素、两部门和两个国家（南方国家和北方国家）的世界经济模型，并反映了要素比例对比较优势的影响。

两部门下，模型的需求假设消费者的效用函数依旧保持 CES 函数形式，从而形成的消费水平和价格水平如下：

$$U = C_1^{\alpha_1} C_2^{\alpha_2}, \alpha_1 + \alpha_2 = 1, C_i = \left[\int_{w \in \Omega} q_i(w)^{\rho} \mathrm{d}w \right]^{1/\rho}, 0 < \rho < 1, \sigma = 1/(1-\rho)$$

$$P_i = \left[\int_{w \in \Omega} p_i(w)^{1-\sigma} \mathrm{d}w \right]^{1/(1-\sigma)} \tag{1-7}$$

式中，C_i为商品i的消费量；U为消费者总效用；P_i为商品i的价格；其他与梅里兹模型相同。

在供给方面，模型假设需要考虑一国的要素禀赋，并认为生产需要技术性劳动和非技术性劳动两种生产要素，在不同部门，生产耗费的要素比例是不同的。因此模型对梅里兹模型中生产成本函数进行了一定扩展，变为如下形式：

$$TC_i(\varphi)=\left(f_i+\frac{q_i}{\varphi}\right)(w_{\mathrm{s}})^{\beta_i}(w_{\mathrm{L}})^{1-\beta_i},\quad i=1,2 \tag{1-8}$$

利用梅里兹模型中的方法，Bernard，Redding 和 Schott[52]分析了自由贸易对生产率的影响。研究发现，在考虑成本的贸易中，具有比较优势的部门出口生产率最高、行业内重新配置效应最强，并且行业生产率提高最快。具有比较优势的部门使低生产率企业进入国际市场的概率更小，停止运营点生产率也更高，所以促成了更多低生产率企业退出。研究还发现，当贸易成本下降时，处于比较优势部门（来源于要素禀赋）的企业更倾向于出口，并且会扩大这一部门的企业规模和数量，创造了比较劣势部门更多的工作机会，同时也提高了该国丰裕要素的相对报酬。

2. Chaney 模型

Chaney[53]对 Melitz[45]模型做了一定的微调。其在建立相关模型时，对假设做了如下修正。

需求方面，增加一个部门，该部门雇佣劳动生产同质的产品。则消费者的效用函数有了如下的变化：

$$U=q_0^{1-\mu}\left[\int_{w\in\Omega}q(w)^{\rho}\mathrm{d}w\right]^{\mu/\rho},\quad 0<\rho<1,0<\mu<1 \tag{1-9}$$

供给方面：有n个非对称国家参与贸易。i国与j国运输成本由两部分构成，一部分为可变的运输成本τ_{ij}，另一部分为固定的运输成本f_{ij}。而生产同质产品的部门每生产 1 单位产品将耗费相同单位的劳动。若将同质产品当作标准单位，则各国的工资率均为 1。

在这些假设条件下，i国异质企业生产的产品出口到j国获得的收益函数将发生如下变化：

$$r_{ij}(\varphi)=\begin{cases}\lambda_3\left(\dfrac{\varphi\theta_j}{\tau_{ij}}\right)^{\sigma-1}\left(\dfrac{Y_J}{Y}\right)^{(\sigma-1)/\gamma}, & \text{如果}\phi\geqslant\phi_{ij}^{*}\\ 0, & \text{其他条件}\end{cases} \tag{1-10}$$

通过模型分析，我们看到所有 i 国的生产者在将产品出口至 j 国时，如果生产率低于一定的生产率门槛，将无利可图。

同时，模型将运输成本分为可变运输成本和固定运输成本两部分后，得出 i 国某一厂商出口到 j 国获得的利润大小与可变运输成本有关的结论。可变运输成本对出口贸易的影响的弹性是 $-(\delta-1)$，因此，弹性越高，可变运输成本对贸易量的影响就越大。当考虑两国总的贸易流量时，其不仅与可变运输成本有关，还和固定运输成本有关。与同质厂商贸易模型不同，该模型得出产品的替代弹性越高，贸易流量对贸易壁垒的反应越不灵敏。这个结论是很重要的，因为包含了贸易壁垒对贸易的广延边际的影响，而这个影响在 Krugman[27]的模型中是没有被提出的。在替代弹性较高的行业中，贸易壁垒对贸易的广延边际的影响是比较温和的。原因是当替代弹性高时，较小的生产率差异就能转化为较大的出口利润差异。贸易壁垒下降时，新的厂商就会进入出口市场，但其相对较小，因此其对总的贸易量影响很小。另外，当替代弹性低时，降低贸易壁垒将导致具有较大市场份额的厂商进入出口市场，因此其对总贸易量的影响也较大。而在同质的部门中，贸易流量对贸易壁垒的反应较大。Chaney 推导证明，广延边际的效应是占主导地位的。在一定程度上，Chaney 推翻了克鲁格曼在 1980 年的预言，有效的贸易保护能提高具有差异性产品特性部门的贸易竞争力。

3. BEJK 模型

Bernard 等[35]也共同开发了一个国际贸易异质企业贸易模型，该模型采用的是 Bertrand 竞争而非垄断竞争的市场结构，主要关注即使没有出口固定成本时企业的生产率和出口之间的关系。研究认为，具有更高效率的企业比其竞争者倾向于获得相对更高的成本比较优势，并获得更高的利润，且在出口中，具有更高效率的企业倾向于压低产品价格，并在国内市场中占领更大的份额。这是因为具有更高效率的企业容易遇到更具有效率的竞争者，从而被迫压低价格；更具有效率的企业在国际市场上更可能打败竞争者而占领国际市场。基于出口企业占企业总数的比例较低、出口企业规模更大并且生产率更高，出口对提高生产率的作用较小等事实，Bernard 等模拟了全球范围内贸易壁垒削减 5%的情形，结果是贸易额上涨 39%，总生产率也由于低生产率企业倒闭而高生产率企业扩张并出口而上升。在同一产业内，较低的贸易成本和产品差异会导致企业产生不同的反应，生产率最低的企业将可能倒闭，生产率相对较高的企业则开始选择出口。其得出的结论与 Melitz[45]模型相同，即贸易产业合理化效应和重新配置效应。但与梅里兹模型不同的是，Bernard 等认为合理化效应是进口竞争驱动的，而重新配置效应是出口企业进入更多的市场驱动的。

与梅里兹模型不同的是，BEJK 模型对需求和供给方面的假设有了一定的变化。在需求方面，假设产品是同质的，则 n 国在产品 j 的支出为

$$X_n(j) = x_n\left(\frac{P_n(j)}{p_n}\right)^{1-\sigma} \tag{1-11}$$

式中，$P_n(j)$为 n 国商品 j 的价格；x_n 为 n 国的总支出；p_n 为价格指数。

在供给方面，假设每个国家都有很多潜在的生产产品 j 的企业，这些企业的差异表现在技术效率的水平上，则在国家 i 中，第 k 个最有效率的企业需要雇佣 $1/Z_{ki}(j)$个唯一的生产要素来生产一个单位的产品 j。模型中不存在生产的固定成本，所以技术保持规模报酬不变。生产投入品在国家内可以自由流动，但在国家间不可以。因此投入品的生产成本在国家间是有差异的，被定义为 w_i。因为在投入品上有差异，所以国家 i 中第 k 个最有效率的企业若将产品运送到国家 n，面临的成本是：$C_{kni}(j) = \dfrac{w_i}{Z_{ki}(j)} d_{ni}$。假设国家 n 中潜在的生产者遇到的是 Bertrand 竞争。在完全竞争中，最有效率（价格最低）的企业占领市场，并能成为市场中唯一的生产者。但由于生产力存在异质性，一般价格将高于边际成本。因此其最佳的价格选择为：$P_n(j) = \min\{C_{2n}(j), \bar{m}C_{1n}(j)\}$。从以上假设中可以得出公司的生产率的差异没有表现在技术上，而是表现在获得利润的能力上。因此模型暗示具有较高生产能力的企业能获得较高的利润。

同时，模型假设国家 i 最低成本的企业若想在国内进行销售，则需要满足：

$$Z_i(j) \geqslant \varphi^* = \max_{k \neq i}\left\{Z_k(j)\frac{w_i}{w_k d_{ik}}\right\} \tag{1-12}$$

而如果要销售到其他国家 n，则需要满足

$$Z_i(j) \geqslant \varphi_x^* = \max_{k \neq i}\left\{Z_k(j)\frac{w_i d_{ni}}{w_k d_{nk}}\right\} \tag{1-13}$$

因为 $\varphi_x^* > \varphi^*$，所以只有一部分国内企业可以出口产品到国外。而出口企业一般来说都比只在国内销售的企业具有较高的生产率。因为替代弹性大于 1，一般出口商比非出口商规模大。

4. Melitz 和 Ottaviano 模型

Melitz 和 Ottaviano[47]研究了市场规模、生产率和贸易的关系，不完全竞争市场竞争的激烈程度是由该市场中企业的疏密程度和平均生产率水平内生决定的，市场规模和贸易会影响其竞争的激烈程度和异质企业的市场决策。总生产率水平取决于市场规模和贸易带来的市场一体化的双重作用，市场的一体化程度越高，生产率水平越高，而利润越低。该模型对于研究区域贸易一体化的影响有一定价值。

Melitz 和 Ottaviano[47]模型与梅里兹模型最大的不同表现在需求方面。该模型放松了最初梅里兹模型中的效用函数的假定，考虑一个连续的线性产品需求系统[54]，从而在 Melitz[45]的框架下讨论行业内重新配置效应，同时还引入低成本加成（lower markups）变量。在线性产品需求系统下，效用函数和需求函数分别为

$$U = q_0 + \alpha \int_{i\in\Omega} q_i \mathrm{d}i - \frac{1}{2}\gamma \int_{i\in\Omega} (q_i)^2 \mathrm{d}i - \frac{1}{2}\mu\left(\int_{i\in\Omega} q_i \mathrm{d}i\right)^2 \tag{1-14}$$

$$q_i = \frac{1}{\gamma}(\alpha - p_i - \eta Q), \quad Q = \int_{i\in\Omega} q_i \mathrm{d}i \tag{1-15}$$

式中，参数γ、α、η影响消费者消费多样性产品的偏好，α越高，γ和η越低，表示消费者越倾向于消费多样化产品。

模型结论显示，在更大的市场规模或无成本自由贸易下一体化的世界经济中，产品的成本加成和价格更低，企业规模更大且社会福利更高，同时生产率、价格和成本加成的差异更小，出口企业和非出口企业之间规模差异更大。在考虑贸易成本的情况下，市场规模越大，越能吸引企业进入，并且造就更激烈的竞争环境。在该模型中，贸易利得不但来源于更多的产品种类和更高的行业生产率，还来源于更低的成本加成和产品价格。

5. HMY 模型

引入异质企业的垄断竞争模型可以扩展到与对外直接投资相结合。Helpman 等[36]拓展了梅里兹模型，考虑了建立海外分公司的决策，即企业以出口还是 FDI 的形式进行国际化。Brainard[55]认为，当外国市场规模扩大并且出口成本上升时，与出口相比 FDI 就变得更为有利；而当海外投资设厂的成本持续上升时，FDI 就变得相对不利，这就是出口与 FDI 的接近-集中的替代关系。

Helpman，Melitz 和 Yeaple 则对其进行了进一步的探讨。该模型对梅里兹模型进行了一定的改造，认为企业在选择决策时，会遇到五类成本：固定的进入成本f_{E}、固定的营销成本f_{D}、固定的出口成本f_{X}、固定的 FDI 成本f_{I}及企业在出口产品时遭受的冰山成本τ_{ij}。企业的异质性表现在所面临的边际成本a是不同的。边际成本的大小可以间接体现企业的生产率高低。在有如下行为选择时，企业的盈利函数也有了变化。

企业的国内运营利润函数为

$$\pi_{\mathrm{D}}^i = a^{1-\varepsilon} B^i - f_{\mathrm{D}} \tag{1-16}$$

企业出口至国家j的利润函数为

$$\pi_{\mathrm{X}}^{ij} = (\tau^{ij} a)^{1-\varepsilon} B^j - f_{\mathrm{X}} \tag{1-17}$$

企业向国家 j 的 FDI 的利润函数为

$$\pi_{\mathrm{I}}^{ij} = a^{1-\varepsilon} B^{j} - f_{\mathrm{I}} \tag{1-18}$$

式中，$f_{\mathrm{I}} > (\tau^{ij})^{\varepsilon-1} f_{\mathrm{X}} > f_{\mathrm{D}}$。

研究表明，究竟是选择出口还是 FDI 是由企业根据其生产率预先决定的。生产率最低的企业，会在考察了其生产率后直接退出行业；生产率高于国内行业生产率，却低于国际市场生产率的企业，只能在国内市场进行销售；生产率高于国际市场生产率，却低于国际直接投资生产率的企业，只能选择产品出口；而只有生产率高于国际直接投资生产率的企业，才会选择占领国内市场及向海外直接投资。同时，他们又将其分析引入了实证领域，从实证经验看，采用离差的方法提高了模型的预测能力，有助于更好地理解企业的全球化战略及进出口成本的变化，或 FDI 成本的变化是如何影响各国国内产业内生产模式的。Helpman 等[36]对出口和 FDI 关系研究的贡献与 Melitz[45]对异质企业贸易的贡献一样杰出。

对该角度的扩展还有以下学者：Head 和 Ries[56]建立模型，用生产率差异解释了一些企业只提供国内市场而其他企业会通过出口和 FDI 提供国外市场，得到如果对外直接投资并不能从东道国获取成本优势，则直接投资的企业生产率比出口企业更高。Head 和 Ries 还用 1070 个日本大企业数据证实了其结论。Nocke 和 Yeaple[57]建立了一个包含异质企业的一般均衡框架分析企业进入国际市场的方式，包括出口、绿地投资（green-field investment）和跨国并购（cross-border M&A），结果证明，企业的异质性尤其是企业移动能力在此发挥主要作用，跨国并购的企业既包含最高生产率企业也包含最低生产率企业，且模型得出绿地投资方式对于本国经济发展更有利，而跨国并购对东道国更有利。

6. HMR 模型

Helpman 等[48]观察发现，很多国家不进行双边贸易、单边贸易和不进行贸易的比例很大。基于这样的事实，他们通过假定非对称国家并利用贸易引力模型对异质企业模型进行了扩展。给定产品需求函数：

$$x_j(l) = \frac{\hat{p}_j(l)^{-\varepsilon} Y_j}{P_j^{1-\varepsilon}} \tag{1-19}$$

用生产率的倒数来反映单位产出的投入水平：$a = 1/\varphi$，其中，l 为产品，$p_j(l)$为 j 国产品 l 的价格，P 为一国的价格指数，$\varepsilon = 1/(1-\alpha)$，为固定弹性系数，所有国家都相同，$Y$ 为收入水平，其他参数含义与之前一致，对于向 i 国出口产品的 j 国企业来说，其利润函数由式（1-20）确定：

$$\pi_{ij}(a)=(1-a)\left(\frac{\tau_{ij}c_j a}{aP_j}\right)^{1-\varepsilon}Y_i-c_j f_{ij} \quad (1\text{-}20)$$

式中，c 为要素成本。存在一个 a^*，使得 $\pi_{ij}(a)=0$，所以，只有企业的单位产品投入小于 a^* 时，企业向 i 国出口产品才会获得利润，即只有那些单位产品投入更低的企业才会从事出口业务，而那些单位产品投入高的企业则不会从事出口业务。

假设 j 国有 N_j 个企业进行出口，那么出口到 i 国的产品总量为 $M_{ij}=\left(\frac{c_j\tau_{ij}}{\alpha p_i}\right)^{1-\varepsilon}Y_iN_jV_{ij}$，其中，$V$ 为企业价值（不对称假定下，$V_{ij}\neq V_{ji}$），再假定一国的国民收入是出口收入的总和$\left(Y_j=\sum_i M_{ij}\right)$，那么贸易引力方程为

$$M_{ij}=\frac{Y_iY_j}{\sum_i Y_i}\times\frac{\left(\frac{\tau_{ij}}{P_i}\right)^{1-\varepsilon}V_{ij}}{\sum_h\left(\frac{\tau_{hj}}{P_h}\right)^{1-\varepsilon}V_{hj}s_h} \quad (1\text{-}21)$$

给定 a 的分布函数，且假定冰山成本 τ_T 由距离 d 决定，对式（1-21）取对数，从而得到一个线性方程：

$$m_{ij}=\beta_0+\lambda_j+\chi_i-\gamma d_{ij}+w_{ij}+u_{ij} \quad (1\text{-}22)$$

式中，λ 和 χ 为出口和进口的固定效应；w_{ij} 为决定企业是否进行出口，由 a^*决定，这也是该模型与传统贸易引力方程的不同之处，传统贸易引力方程忽略了这一因素，从而导致了对 γ 的高估。Helpman，Melitz 和 Rubinstein 利用两阶段估计法对式（1-22）进行了估计，结论显示，传统的贸易引力方程高估了距离对贸易流的影响（该模型中 γ 下降了 1/3），异质企业（w_{ij}）对贸易有显著影响，其导致的选择偏差比赫克曼选择偏误（Heekman selection bias）小，该模型有助于解释双边贸易不平衡问题。

7. 贸易自由化中企业产品选择行为分析

Bernard 等[52]建立了多产品企业（multi-product firms）下的一般均衡模型，分析了贸易自由化过程中企业的行为。企业对于给定产品的生产力被模型化为企业层面的“管理能力”（managerial ability）与企业-产品层面的“产品专业技术”（product expertise）的组合，这两者在企业支付进入沉没成本之前均为随机和未知变量。更高的“管理能力”提高了企业在所有产品上的生产力，这引起了单位产品产出与产品数目之间正的相关关系。贸易自由化，无论是在企业内部还是企业

之间，均导致生产力增长。总体而言，通过诱使企业向具有更高边际生产力的产品转移，迫使低生产力的企业退出行业。尽管贸易自由化之后，出口商生产产品的范围缩小，但出口产品的市场份额和单位产品的出口率均有所提高。所有这些调整对于一国具有比较优势的产业而言更为显著。

Bernard 等[58]推进了前人的研究成果。他们指出，梅里兹等深入到企业层次上探讨生产率异质性，这对于生产率研究来说迈出了关键的一步，但还远远不够。如果忽略了企业对不同产品的内生筛选机制对生产率造成的影响，那么，对生产率的度量依然存在偏差。其原因在于，企业从带有异质性的几种可能的产品中选择其生产的品种的行为并不是随机的。在他们的模型中，企业在几种产品中选择哪一种进行生产的行为被内生化了，技术和需求参数的变化带来了企业进入和退出行为的变化及企业对不同产品的再筛选，由此产生了企业或产业层次上的总量生产率的内生变化。因此，该模型可以检验对企业和总量生产率的测度可能存在的偏误的方向和程度。

Bernard 等[59]扩展了上述模型，为新的产业动态理论提供了理论证明和实证上的证据。他们从企业内部内生的产品选择出发，建立起基于内生的产品选择机制的产业动态模型。在以前的异质企业模型中，生产率不同的企业只生产单一产品，但在该模型中，企业是根据自身的变化和企业-产品特征作出反应，选择生产一个内生的产品序列，产品的增加和减少带来了企业层面上的巨大变化和企业之间资源的再配置，并促使产业动态变化的机制逐渐形成。

另外，其他学者还从不同角度对梅里兹模型进行了拓展。Baldwin 和 Robert-Nicoud [60]将内生化增长率纳入 Melitz[45]模型，推导的结果是，虽然贸易自由化通过选择效应（selection effect）和生产再分配效应（re-allocation effect）提高了企业的生产率，但其实际上只是在水平意义上提高了生产率，实际却会损害增长速度。Baldwin 和 Robert-Nicoud[60]研究了企业异质性情况下贸易与增长之间的关系，发现在动态情形下，自由贸易不仅会反增长（anti-growth），还会损害福利，这与一般的内生增长模型结果是不同的。同时还发现，市场进入成本会反增长，而异质性会促进增长。

三、企业内生边界理论的形成及其拓展

研究发现，企业生产的组织越来越趋向于全球化，生产垂直型分工和垂直型对外直接投资（vertical FDI）在加速发展，跨国公司内贸易和中间投入品贸易扩张，生产分割的趋势明显。Abraham 和 Taylor[61]指出，企业生产分割和外包（outsourcing）行为越来越多，并用美国 1986 年 6 月～1987 年 9 月的数据分析了影响企业生产外包行为的因素，发现外包实现的工资福利节约、产出需求变动及

专业化技能可获得性等是影响企业生产外包的三个主要因素。Feenstra[62]指出，世界市场一体化推进的同时，企业生产活动反一体化和分割的趋势却在加强，企业越来越多地在国内（外）外包和组织生产。Hummels 等[63]研究了垂直专业化（vertical specialization）问题，并计算了 1970～1990 年经济合作与发展组织（Organization for Economic Co-operation and Development，OECD）国家和四个新兴市场国家的垂直专业化情况，得到产品分工出口占据了这些国家总出口额的 21%，并且在这 20 年内增长了近 30%的结论。Ng 和 Yeats[64]的研究报告显示，全球中间产品的贸易发展飞快，其贸易量至少占世界总贸易量的 30%。Borga 和 Zeile[65]的数据显示，美国企业的母公司向海外子公司的零部件出口占总出口的比例由 1996 年的 8.5%增长到 1999 年的 14.7%。这些研究和实证分析的结果显示了一种新的贸易趋势和方向，那就是企业在全球范围内组织生产和贸易的活动不断推进，但同时又有很多企业并没有在全球组织生产，甚至还在通过一体化和内部化生产来节约交易成本，那么是哪些因素影响了企业的不同选择？这些选择又对企业具有什么样的效应？这些促成了“新”新贸易理论的另一个重要的研究思路和方向，即企业内生边界研究。

传统贸易理论和新贸易理论对企业的边界问题是不涉及的，现有的企业理论仅限于部分均衡分析并且忽视了公司内贸易的国际维度。新的国际贸易研究将产业组织理论和契约理论的概念融入贸易模型，在企业的全球化生产这一研究领域取得了重大理论突破。

企业在国际化过程中面临着两个关键选择：一是是否进入国际市场，是继续做一个本土的企业还是选择进入国际市场；二是以何种方式进入国际市场，是选择出口还是 FDI 的形式。原有模型能解释一家本土企业在外国进行生产的激励，但是这些模型无法解释这些海外生产会发生在企业边界之内，而不是通过常见的市场交易、分包或许可的形式进行。企业内生边界模型从单个企业的组织选择问题入手，将国际贸易理论和企业理论结合在一个统一框架下。Antràs[66]，Antràs 和 Helpman[67]探讨企业的异质性对企业边界、外包（outsourcing）及内包（insourcing）战略选择的影响，为研究企业全球化和产业组织提供了全新的视角。

1. 企业内生边界理论的基础模型

（1）Antràs[66]模型

关于企业边界有两个较为基础的模型，一个模型是将 Coase 和 Williamson 的交易成本理论应用在企业国际化的研究中；另一个模型是采用 Grossman，Hart 和 Moore 的产权分析方法。Antràs [66]另辟蹊径，将 Grossman-Hart-Moore 的企业观点和 Helpman-Krugman 的贸易观点结合在一个理论框架下，提出了一个关于企业边界的不完全契约产权模型来分析跨国公司的定位和控制决策。

Antràs[66]强调了资本密集度和剩余索取权的配置在企业国际化过程决策中的作用，并验证了这一决策对公司内贸易类型的含义。一个在企业边界内部生产中间投入品的企业，可以选择是在本国还是在外国进行生产，如果在本国生产，该企业从事的就是标准的垂直一体化；如果在外国生产，该企业进行的就是 FDI 和公司内贸易。同样，一个进行中间投入品外包的企业，也可以选择在本国还是外国进行外包。如果在本国购买投入品，就是国内外包；如果在国外采购投入品，就是对外外包或国际贸易。

该模型假定在某个生产差异性产品的行业中，有两个生产部门 Y 和 Z，产品的生产需要两种要素投入——资本和劳动力，二者的供给无弹性，且可以在不同部门间自由流动。$y(i)$和 $z(i)$表示消费者对部门 Y 和 Z 中 i 产品的消费，代表性消费者的效用函数为

$$U=\left(\int_0^{n_Y} y(i)^{\alpha}\,\mathrm{d}i\right)^{\frac{\mu}{\alpha}}\left(\int_0^{n_Z} z(i)^{\alpha}\,\mathrm{d}i\right)^{\frac{1-\mu}{\alpha}},\quad \mu,\alpha\in(0,1) \tag{1-23}$$

式中，$n_Y(n_Z)$为被内生决定的企业 $Y(Z)$的产品种类，同时消费者对 Y 部门产品的消费份额为 μ（$0<\mu<1$），对 Z 部门产品的消费份额为 $1-\mu$。

进一步地，Antràs 假定产品是异质的，且每种产品的生产都需要截然不同的中间产品的投入，并将其定义为 $x_Y(i)$和 $x_Z(i)$。同时假定投入的中间产品必须是高质量的，否则最终产品的产出就将是零。而高质量的中间产品投入需要资本和劳动力，因此他利用技术假定的 CES 生产函数来表示生产中间产品 $x_k(i)$，其关系式为

$$x_k(i)=\left(\frac{K_{x,k(i)}}{\beta_k}\right)^{\beta k}\left(\frac{L_{x,k(i)}}{1-\beta_k}\right)^{1-\beta k},\quad k\in\{Y,Z\} \tag{1-24}$$

式中，$K_{x,k(i)}$ 和 $L_{x,k(i)}$ 分别为在 k 部门生产 i 产品所需投入的资本和劳动力的数量。同时假定 Y 部门的资本密集程度比 Z 部门高，即 $1>\beta_Y>\beta_Z>0$。

在该模型基础上，Antràs 对美国进出口行业的面板数据进行实证分析发现，公司内进口总额占美国进口总额的比例较高，且出口企业往往具有较高的资本和技术密集度（即值较大），容易在国际贸易中赢得比较优势；公司内出口总额占美国出口总额的比例也很高，且出口企业的资本-劳动比例更高。这也表明企业的资本、技术及合约制度的异质性对企业选择国际化有重要影响。

（2）Antràs-Helpman[67]模型

梅里兹模型提出后，Antràs 和 Helpman[67]将强调组织结构差异的企业内生边界模型和强调生产率差异的梅里兹模型相结合，提出了一个新的企业内生边界模型，用来解释为什么海外生产通常发生在企业边界之内，而不是通过交易、外包或许可的方式进行。新的企业内生边界模型考虑一个南北两国贸易的不同情况，

并假定企业会选择不同的组织形式、不同的产权结构和不同的生产地，这些差异反映了企业异质性的存在。采用梅里兹模型类似的均衡分析方法，新的企业内生边界模型发现，生产率差异影响了企业进入国际市场的决策。

模型中设有两个国家——南方国家和北方国家，最终产品的生产企业位于北方国家，企业根据生产率水平差异分为四种类型：在北方国家生产中间投入品的一体化企业（不从事投入品的国际贸易）、在南方国家生产中间投入品的一体化企业（从事 FDI 和公司内贸易）、在北方国家进行外包的非一体化企业（不从事投入品的国际贸易）、在南方国家进行外包的非一体化企业（以市场交易方式进口投入品）。上述四种企业组织形式的普遍程度取决于南方国家和北方国家的工资差距、中间投入品的贸易成本、同一产业内部生产率水平的差异程度、议价能力的分布、所有权优势的大小（在两个国家会有不同）和总部服务的密集程度等。

需求方面，对部门 j 的产品消费函数为 CES 函数，效用函数和价格函数如下：

$$U = x_0 + \frac{1}{\mu}\sum_{j=1}^{J} X_j^{\mu},\quad X_j = \left[\int x_j(i)^{\alpha}\mathrm{d}i\right]^{1/\alpha},\quad p_j(i) = X_j^{\mu-\alpha}x_j(i)^{\alpha-1} \tag{1-25}$$

式中，$x_j(i)$ 为 j 部门生产的不同类型产品，不同产品之间的不变替代弹性为 $1/(1-\alpha)$，$0<\alpha<1$。

生产方面，模型采用带有生产率的柯布-道格拉斯生产函数，且产品生产由两部分构成，一部分是总部服务 h，另一部分是产品制造 m，并且总部服务只能在北方国家进行，而产品制造可以在南北两国进行：

$$x_j(i) = \varphi\left(\frac{h_j(i)^{\eta}}{\eta_j}\right)\left(\frac{m_j(i)}{1-\eta_j}\right)^{1-\eta_j},\quad \eta_j \in (0,1) \tag{1-26}$$

式中，φ 为生产率水平；η 为产品生产在总部服务和制造之间的密集程度，η 越大，表示产品中总部服务的密集程度越高。

假定企业的组织形式有两种：垂直一体化 V 和外包 O（outsourcing）。组织形式的不同，也造成了不同的固定成本，并且在南北两国之间存在差异，南方国家生产的固定成本大于北方国家，同时垂直一体化要求的固定成本大于外包形式下要求的固定成本。

对于企业来说，它们的最优化行为是选择一种组织形式 $k(k\in\{V,O\})$和一个生产地 $l(l\in\{N,S\})$，使企业利润最大化。这样，行业利润为

$$\pi(\varphi,X,\eta) = \max_{k\in\{V,O\},l\in\{N,S\}} \pi_k^{l}(\varphi,X,\eta) \tag{1-27}$$

和梅里兹模型一样，对于一个行业来说，必然存在一个停止营业点生产率水平 φ^*，使得利润刚好为零，即 $\pi(\varphi^*,X,\eta)=0$，这就是停止营业条件。在自由进入的情况下，新进入企业必须保证进入后的利润流能够弥补初始投资，所以，如果

企业进入后生产率水平低于停止营业点生产率水平 φ^*，就会因为亏损而退出，当生产率高于 φ^* 时，企业会获得利润，并且它们会通过组织形式的选择来使利润最大化：

$$\int_{\varphi}^{\infty} \pi(\varphi, X, \eta) \mathrm{d}G(\varphi) = f_{\mathrm{e}} \tag{1-28}$$

式（1-28）是进入行业的约束条件。停止营业条件和自由进入条件决定了均衡的生产率水平，同时决定了企业的组织形式和选择的生产地。新的企业内生边界模型结论显示，对于高生产率的北方国家企业来说，会选择在南方国家生产中间产品，而低生产率的北方国家企业只能在本国生产产品。对于一国内部企业的组织形式选择，低生产率企业倾向于外包形式，而高生产率企业倾向于垂直一体化形式，而对于跨国外包地的选择，低生产率企业选择本国，而高生产率企业选择外国。同时，模型还发现，行业特征依赖于生产率分散程度，生产率越分散的行业，越依赖进口中间产品，并且行业内部总部服务密集（headquarter-service intensive）程度越高，行业越倾向于一体化。

Antràs 和 Helpman 的研究表明，异质企业选择不同的企业组织形式，选择不同的所有权结构和中间投入品的生产地点。产业特征也是非常重要的决定因素。生产率差异较大的产业主要依赖进口投入品，在总部密集度高的产业中一体化现象更为普遍；一个产业部门的总部密集度越高，就越不会依赖进口获得中间投入品。Antràs 和 Helpman 的模型也可以很好地解释南北国家工资差距不断加大和中间投入品贸易成本不断减少的影响，国外外包的成本降低会导致市场交易（arm's-length trade）相对于公司内贸易增多，从而解释了现有的国际贸易和国际投资模式。

2. 企业内生边界理论的扩展

Antràs[68]建立了一个动态一般均衡李嘉图南北贸易模型，解释了国际契约的不完全性导致产品周期的出现。北方国家企业同时使用北方国家高技术投入品和低成本投入品来生产产品，并寻求简单的装配或制造。低技术投入品的生产既可以通过垂直一体化也可以通过外包进行，既可以在南方国家生产也可以在北方国家生产。两种投入品生产的相似程度非常重要，如果两种投入品都在北方国家生产，企业的组织形式（无论是垂直一体化还是外包）无关紧要，因为质量条件契约（quality-contingent contracts）可以事后执行。如果生产分别在南方国家和北方国家进行，质量条件契约则无法执行。产品周期是由于南方国家国际契约的不完全特性和高技术投入品重要性随着产品的生产时间和成熟度下降（产出弹性减小）而产生的。不完全契约减少了产品开发，低技术投入品会转移到南方国家以便利用南方国家的低工资优势。这种转移首先会通过 FDI 的形式在企业的边界内发生，其后一段时间，会通过外包形式在企业边界外发生。一般均衡模型表明，南方国家的不完全契约导致北方国家的均衡工资高于南方国家。无论企业采用哪种组织形式，专用性投资都会被扭曲，如果中间投入品供货企业比最终产品供货企业更能创造剩余，那么外包的激励就会增大。

Grossman 和 Helpman[69]建立了一个一般均衡的外包和贸易模型，假定外包是一个不完全合约下寻找合作伙伴的具体投资活动，分析国内外市场中间品的供给、每个市场的相对搜寻成本、一国合约制定和保护的环境等对外包选择的影响。模型得到的结论是：南方国家的发展及产业内贸易的推进能够促进外包业的发展，而投资技术的改进却对外包不会产生什么影响，除非南方国家的技术改进速度比北方国家更快；同时，南方国家法律环境的改善对于外包的促进结果不明确，但会增加来自北方的外包。

Grossman 和 Rossi-Hansberg[70]研究了跨国公司的生产组织策略，把企业生产率差异的异质性引入模型，分析国外垂直 FDI 的固定成本、运输成本及国外市场的需求等因素对于跨国企业一体化策略选择的影响。得到的结论显示，当中间品和最终品的贸易成本很低时，进入海外市场投资的固定成本决定了企业的选择，生产率高的企业会选择外包以降低可变成本，而生产率低的企业会选择一体化来降低固定成本，所以生产会集中到低成本的国家；当贸易成本很高时，一些企业会在南方国家生产初级产品而在靠近北方国家的市场组装最终产品。

Antràs 和 Helpman[71]将 Antràs 和 Helpman[67]的异质企业国际生产组织模型普遍化，允许存在不同程度的契约摩擦（contractual frictions），并允许其程度因不同投入品和国家而异。拥有异质性生产率的企业决定是否实行一体化或将中间投入品的生产进行外包，并决定在哪个国家进行。最终产品的生产企业和中间投入品供货企业进行关系专用性投资，只能进行部分契约化，或者以一体化企业形式，或者以市场交易形式。在均衡点，企业的生产率水平不同，选择的所有权结构和供货商地点也不尽相同，契约制度的质量变化会对企业组织形式产生不同程度的影响。南方国家较好的契约制度提高了离岸生产的可能性，但可能降低 FDI 或在海外外包的可能性。

Antràs 和 Costinot[72]构建了一个简单的中间品贸易模型，分析了中间机构作为一个经济主体在贸易过程中的作用，并分析了在此过程中中介贸易公司与各经济主体间的利益分配和跨国公司贸易模式的选择。

此外，对该理论做出贡献的还有 Marin 和 Verdier。Marin[73]根据美国和欧洲的企业分析了国际竞争的加强对于企业外包和一体化选择的影响；Helpman 等[74]建立模型分析了 FDI 进入成本、贸易成本、信息技术、本地市场竞争程度及本地市场的规模对于企业生产组织选择的影响；Marin 和 Verdier[75]解析了企业的生产组织选择对于其竞争力和国际市场竞争程度的作用；Marin 和 Verdier[76]研究了国际规模对于企业生产组织选择的影响。

四、“新”新贸易理论的经验证据

目前，“新”新贸易模型的经验证据主要集中在以下几个方面。

1. 出口商相对稀少

Bernard 等 [77]研究证明，只有很少的厂商进行出口。2000 年，在美国的 550 万家厂商中，只有 4%的厂商从事出口。即使在一些生产可贸易产品、出口倾向较大的部门，如制造业、采掘业和农业部门，出口商也仅占厂商总数的 15%。2002 年美国制造业普查数据显示，美国制造业厂商的出口份额相对较小，仅为 18%。即使如此，不同产业的出口厂商份额也存在很大的差异。例如，计算机与电子产品业出口厂商份额占全行业的 38%，而印刷行业仅占 5%。出口厂商仅出口其总产出的一小部分，并且不同行业之间的差别也比较大，从计算机业的 21%到饮料业的 7%，对于所有厂商而言，其均值仅为 14%。这与异质企业贸易的典型化事实及模型预测一致。

2. 出口商与非出口商存在较大差异

异质企业贸易理论发现，出口商比非出口商生产力更高。这引发了一个问题：是高生产力企业自我选择进入出口市场，还是出口活动导致了企业“在出口中学习”（learning by exporting）？目前绝大部分研究都认为企业在进入出口市场之前就有较高的生产力。Roberts 和 Tybout [78]强调沉没性进入成本的存在使得只有生产力最高的企业才认为出口有利可图，才会做出出口的决定。其他大部分研究也发现从事进口本身对于企业生产力的提高效果并不明显。Bernard 和 Jensen[79]对美国的出口商和非出口商生产力增长状况进行对比发现，两者之间并无显著差异。Clerides 等[38]对墨西哥、哥伦比亚和摩洛哥三国进行了类似的研究，结果表明二者差异不明显。尽管如此，最近一些文献通过对低收入国家的研究发现，出口具有生产力促进效应。Van Biesebroeck[80]研究发现，对于撒哈拉以南非洲的制造业企业而言，出口有较为明显的生产力提升效应。除此之外，一些研究还发现，与非出口商相比，出口商的就业也有较快的增长。以上研究说明，作为异质企业贸易理论的基本假定之一，企业异质性有着坚实的现实基础和具体内容。

3. 贸易自由化与提高产业生产力的关系

新古典贸易理论的福利收益来自基于比较优势的专业化；新贸易理论的福利

来自规模经济与消费者可获得的产品多样性；而“新”新贸易理论则发现贸易自由化福利收益的另一个来源：通过贸易集中、低生产力企业退出和高生产力企业进入出口市场，产业总的生产力提高。

Pavcnik[40]研究发现，伴随着智利 20 世纪 70 年代末的贸易自由化进程，其总生产力出现了 19%的增长，其中 2/3 归因于高生产力企业较高的存活率和增长率。对于发展中国家的贸易自由化改革，Tybout[81]研究发现，资源会在产业内不同的企业之间再分配，这对基于比较优势的产业间资源再分配的传统理论提出了挑战。随着研究的推进，一些学者认为对于发展中国家而言，贸易增长与高生产力厂商扩张相伴发生的现象并不能简单地将其归结为贸易政策的变化。

Trefler[82]对加拿大进行了研究，发现关税壁垒降低以后，生产力提高与高生产力企业扩张同时发生。研究发现，加拿大减少关税，对产业生产力的影响几乎是对企业生产力影响的两倍，这意味着市场份额的再分配，即向高生产力厂商的转移。

Bernard 等于 2006 年使用美国 1987～1997 年的产业和企业数据实证检验贸易成本的降低对于企业产生的效应，使用的方法是简单的普通最小二乘法（ordinary least square，OLS）。结果证实，贸易成本的降低有利于高生产率企业的经济活动再分配效应，其生产率会进一步提高，而那些低生产率的企业会退出市场，一些生产率相对较高的非出口企业开始进入出口市场，而原有的出口企业出口更多。

关于贸易自由化与总生产力的研究并不只局限于相对增长与高生产力企业的扩张方面。Pavcnik[40]研究发现，智利贸易自由化后，总生产力增长中有 1/3 归因于企业内部生产力的收益，这有可能要归因于企业内部再分配。Trefler[82]研究发现，美-加自由贸易协定将加拿大制造业企业的劳动生产力提高了 7.4%，按照年复合增长率计算，为 0.93%。Bernard 等[83]运用美国数据也得出了类似的结论。他们用全要素生产率作为被解释变量，贸易成本作为解释变量，研究发现，产业层面的贸易成本与企业层面的生产力增长存在显著的负相关性。在一个标准差下，贸易成本每降低 1%，生产力就提高 2.3%。也就是说贸易自由化有助于总产业生产力的提升。

4. 具有高生产力企业的经济作用

Bernard 等[77]用美国 1993～2000 年的具体企业微观数据，使用直接分析的方法对企业的贸易和投资行为进行了全面的实证解析。有关结论是：出口企业发挥主导作用，美国 1/3 以上的就业是由出口企业提供的；那些国际化程度越高的企业，其在经济中的作用越大，主导着美国的贸易和就业，尤其是对于就业的作用是不可估量的。

5. 我国对异质企业贸易理论实证研究进展

我国对“新”新贸易理论的研究较少，现有文献中综述类文献居多，仅个别作者在文献综述的基础上加以拓展。

赵伟和李淑贞[84]基于中国高技术产业对出口和企业生产率的关系进行了实证检验，认为出口对高技术产业的全要素生产率具有一定的促进作用。但是对整个高技术产业的全要素生产率的促进作用并不是十分明显。赵伟和李淑贞的研究是对出口学习效应的一个检验，主要是检验出口对全要素生产率的促进作用是否存在。

柴忠东和施慧家[85]认为，就产品而言，即使归为相同的两位数或三位数国际贸易标准分类（standard international trade classitication，SITC）中的商品也可能以不同的要素比例生产出来。

张杰等[86]利用从江苏省发展和改革委员会进行的问卷调查中获得的 2005 年企业数据，通过联立方程方法来分析全要素生产率（total factor productivity，TFP）、企业规模和出口之间的关系。研究表明，出口虽然不是提高中国本土企业全要素生产率的因素，但是全要素生产率是促进中国本土企业出口的因素。不仅出口可以促进资本生产率与资本-劳动生产率的增长，资本生产率和资本-劳动生产率也可以促进出口的增长。其数据是通过调查问卷获得的，可能会在一定程度上出现数据失真，而且调查范围仅仅局限于江苏省内的地方企业，不包括外资和合资企业，也不能完全反映全国整体行业状况。

孙晓琴和付国华[87]引用企业异质性的概念，用于我国产业间异质性的研究。其研究选取对美国出口企业作为研究对象，选取 2002～2005 年我国企业对美国出口的数据，实证分析企业的生产率、规模等微观因素是否对我国的出口贸易有一定的影响，自我选择效应是否成立。通过实证分析，该研究证明企业的资产规模、劳动生产率等企业微观因素与我国出口贸易有一定的相关性。即出口自我选择效应在我国成立，异质企业贸易理论适合我国经济情况。

五、对“新”新贸易理论的评价

1. “新”新贸易理论的创新之处

Melitz[45]提出的异质企业贸易理论模型已成为国际贸易与对外直接投资领域研究的一块基石，Melitz 模型将贸易理论的传统方法和新方法结合，将企业的生产率差别和出口的固定成本有机地结合起来，解释了出口企业和跨国公司生产率差异产生的原因，丰富了贸易和 FDI 的研究类型。

Antràs[66]将契约模型融入标准的一般均衡贸易模型，不仅用贸易模型解释了要素禀赋差异导致的各国出口产品要素密集度的差异，也解释了企业组织形式的差异，为国际贸易理论的发展做出了创新。

以异质企业贸易模型和企业内生边界模型为代表的“新”新贸易理论界定了新的比较优势来源：企业异质性和企业组织选择，单个企业行为会影响所在产业的结构变化。在“新”新贸易理论中，产业内部不完全契约与企业异质性相互作用，二者共同预测国际化和离岸生产，特别是解释了目前普遍存在的本土市场一体化、本土外包、国外一体化和国外外包四种主要的企业组织形式，为解释现有的国际贸易和国际投资模式提供了新的视角。

2. “新”新贸易理论政策内涵及启示

“新”新贸易理论诞生及近期的研究成果蕴含了丰富的政策内涵。它不仅告诉我们贸易对一国及其产业和企业发展的好处，也深入说明了自由贸易对一国的深刻的负面影响。

“新”新贸易理论表明自由贸易可能给落后地区带来负面的冲击和影响。

第一，市场开放可能对落后地区某些产业的发展带来不利影响。例如，一些技术含量高但对地区未来经济发展却颇为关键的产业，可能由于外部高效率企业的进入而衰退，所以在引进外部企业的同时，还应考虑这些企业对本地区相关产业的带动效应。

第二，自由贸易导致了资源的重新配置，使利润和市场份额向高生产率企业转移，这可能导致资源过度垄断，从而造成整体市场效率的损失。

第二，如果贸易仅发生在部分地区，这可能会拉大地区内部的差距，固化地区分工，如我国的沿海和内陆，受区位等因素的影响，沿海企业更易获得贸易带来的好处，而内陆企业则更倾向于满足国内市场，这也是地区差距形成的重要原因。

“新”新贸易理论更明确地说明了如下内容。

第一，对于落后的国家和地区来讲，应积极参与国际、国内分工，提高对外开放水平，这有利于提高行业生产率水平，充分发挥优胜劣汰效应。因此，无论是中央政府还是地方政府，推动出口导向和对外开放政策都非常重要，这将有利于本地的经济发展。

第二，“新”新贸易理论找到了一条提高生产率的新路径，在不提高单个企业生产率水平的情况下，一国仍然可以通过贸易和开放来提高一个产业甚至全国的生产率水平。

第三，除了企业的自我选择，企业的出口决策也同样会受到企业所处环境的影响，贸易政策的变化会影响企业的出口决策，贸易政策可以通过激励企业有意识地自我选择并促进生产率提高而发挥积极作用。如果存在“出口中学”

（learning by exporting）效应，效果会更好。如果存在出口溢出效应，非出口企业也会从出口企业学习如何出口。除了出口补贴、税收优惠等一般常用的出口促进措施外，改善基础设施，提高信息沟通，促进企业集群等也都是很好的贸易政策选择。

第四，是否小企业的出口市场进入成本更高？一些企业不能取得出口信贷会不会成为其出口壁垒？如果贸易政策制定者希望有充足的证据来显示应该对哪些特定部门或企业提供政策支持，那么需要大量的更微观的信息和数据。贸易政策的决策对企业层面的微观数据提出了更高的要求。如果缺乏足够的微观证据，对所谓的幼稚工业进行出口扶植并不一定是发展中国家的最佳选择。

第五，除一般均衡贸易模型外，研究国际外包政策的局部均衡贸易模型也同样意义重大，一国如何采取相应的政策来提高本国企业采纳与国际外包的能力就属于局部均衡贸易模型研究的范畴。

第六，跨国公司的内部贸易与跨国公司和其他公司之间的贸易有何不同？跨国公司的结构如何适应政策变化？那些在国外设立分支机构的企业的本土就业和工资如何就企业的国际化做出调整？实证方面，考虑了企业异质性后的出口-FDI模型尚待进一步检验。“新”新贸易理论的假设需要更详细的企业层面的数据来进行检验，这些数据包括不同类型产品的贸易数据，包括中间投入品贸易和最终产品贸易数据，未来的实证研究将大有可为。

“新”新贸易理论为发展中国家提供了重要的政策启示。

第一，证明“贸易是增长引擎”的一般说法缺乏依据。自古典学派问世以来，西方主流经济学一味强调贸易具有促进经济增长的正向效应，虽然这一说法也曾遭遇非主流经济学家的质疑，但一直以来这一命题在主流经济学内部并未遇到挑战。创立“新”新贸易理论模型的学者们使用的仍然是新古典主流分析工具，但他们从现实出发，选择以“异质企业”作为切入点，通过对更为自由的贸易将从水平意义上改进产业生产率但使经济增长减速的分析，有关企业异质性会抑制本国市场效应发挥的论证，以及允许企业迁徙在有助于提升大国生产率收益的同时将导致小国生产率收益发生逆转的推论等，进而证明了“贸易是增长引擎”的一般说法站不住脚。

第二，在说明贸易开放可能给一国落后地区带来负面冲击的同时，也讨论了消弭这类负面效应的手段。在贸易开放过程中，一国落后地区某些技术含量不高的产业将因外部高效率企业的进入而衰退，因此，在引进外部企业的同时，还应考虑对本地区相关产业的带动效应。此外，如同“新”新贸易理论相关文献所指出的那样，由于总量生产率效应的作用，进入落后地区的产业有可能是生产率较低而环境成本较高的产业。因此，一国经济发展中所实施的贸易政策应与产业政策相配合，既要考虑国家层面上资源禀赋和产业结构方面的特征，也要考虑相关产业中的企业异质性，并进一步综合考虑不同企业的不同产品、不同产品的生产工序和在不同区域不同的生产组织形式等因素。若非如此，政策的实施效果可能会背离其初衷而大打折扣，甚至南辕北辙。

3. “新”新贸易理论的理论贡献

以梅里兹模型为核心的“新”新贸易理论开启了国际贸易研究新领域，其贡献主要表现在三个方面。

第一，“新”新贸易理论是对传统贸易理论的补充，尤其是对新贸易理论的补充；“新”新贸易理论在垄断竞争模型的基础上放松了企业同质的假定，从异质企业角度提出了贸易的新观点，从而在方法上取得了突破。

第二，“新”新贸易理论确立了新的研究视角。传统贸易理论从国家和产业层面研究贸易的产生及其影响，而“新”新贸易理论是从企业这个微观层面来研究贸易中出现的基本问题，使得国际贸易理论获得了新的微观基础和新的视角。

第三，“新”新贸易理论有可能为其他的经济学科，特别是空间经济学带来新的影响。空间经济学的基础来自国际贸易理论。赫尔普曼和克鲁格曼的新贸易理论通过引入区位因素，创立了新经济地理理论，所以，我们可以大胆预计，如果“新”新贸易理论引入空间因素，将会产生“新”新经济地理理论。

4. “新”新贸易理论的局限性

尽管“新”新贸易理论的体系正在逐渐完善，但其较为严格的假设前提仍然导致了解释力的局限性。

第一，该理论没有充分考虑产品差异性，产品的差异不仅体现在产品的功用上，还体现在技术含量、功能多样性、质量、档次等方面，现代企业越来越重视产品差异化和市场细分，将市场分为高端和低端，一些企业的产品主要销往高端市场，而一些企业的产品销往低端市场，“新”新贸易理论还不能解释如技术含量等差异带来的产业内贸易现象。

第二，“新”新贸易理论还有待引入企业异质性的其他内涵，企业异质性不仅体现在生产率、企业规模、组织结构等方面，还体现在跨国经营方式（出口、FDI、独资、合资等）、企业战略、市场定位等方面。

第三，没有考虑家庭和企业的动态最优化决策，“新”新贸易理论的均衡是在一般均衡分析法下得到的结果，没有考虑家庭和厂商的动态最优化均衡。

第三节　战略性贸易政策理论的新进展

在新贸易理论的基础上，格罗斯曼、斯本瑟、布兰德、狄克西特等以规模经济和不完全竞争为前提，以产业组织理论和市场结构理论为研究工具，提出了战略性贸易政策理论。该理论认为：在规模经济和不完全竞争条件下，一国政府可以借助研发补贴、生产补贴、出口补贴、进口征税、保护国内市场等政策手段，扶植本国战略性产业的增长，增强其国际竞争能力，带动相关产业发展，从而谋取规模经济之类的额外收益，并可抢占国际竞争对手的市场份额，转移其垄断利润，即在规模经济和不完全竞争条件下，实施战略性贸易政策的国家不但无损于其经济福利，反而有可能提高自身的福利水平。这一核心结论正好与传统贸易理论相悖。战略性贸易政策理论因其在理论的独创性、分析方法的独到性及其解释现实的能力等方面取得重大的突破而日益为人们所重视。

一、战略性贸易政策的基本内容和理论突破

1. 战略性贸易政策的产生及其博弈论基础

战略性贸易政策中的“战略”两字源自博弈论，因而对战略性贸易政策的全面认识，自然也离不开对其博弈理论基础的考察。

进行战略性的政策干预，就是要把市场竞争处理成一场竞赛或博弈。由于不完全竞争和规模经济的存在，市场份额对各国厂商变得更为重要，市场竞争变成了一场少数几家企业之间的博弈：谁能占领市场，谁就能获得超额利润。在这场博弈中，政府能够通过补贴、关税、配额等各种政策工具来帮助本国企业在国际竞争中获胜。这样，贸易政策通过影响本国厂商及其外国竞争对手的决策行为而产生了转移“经济租”和扩大本国企业市场份额，从而提高本国福利水平的效果。政府政策起到了寡头竞争模型中的战略性行为的作用，从而被称为战略性贸易政策。

2. 战略性贸易政策的理论体系

战略性贸易政策有狭义和广义之分。狭义战略性贸易政策指以内部规模经济为基础的“利润转移”理论，由加拿大经济学家布兰德和美国经济学家斯宾赛提出。他们论证了利润转移的三种类型，也对应相应的三种观点。

第一种类型是关税的利润转移效应。布兰德和斯宾赛提出了“新幼稚产业保护”模型，假设一家国外寡头垄断企业独家向国内市场提供某种商品，正在享受垄断利润，且存在潜在进入的情况下，使用关税来抽取一家外国寡头厂商正在享受的垄断利润是合理的。如果没有任何潜在的进入，关税只会扩大国内价格与国外价格的差距，是一项使福利恶化的措施。但如果存在国内厂商的潜在进入，则这种进入的威胁限制了外国厂商的定价反应，使它们执行一种吸收部分关税的定价，以阻止这类进入的战略。只要关税被部分地吸收，价格上涨的幅度就会低于关税的幅度，消费者剩余的损失就会远远被征收到的关税所抵消。在特殊情况下，如果外国公司将关税全部吸收，则既可以拿走经济租金，又不会造成额外的扭曲。

但这里有一个重要的质的差异，即提取租金的理论不要求一个国家是能够对贸易条件产生影响的大国，而最优关税理论却有这一要求。只要有外国寡头供应商在国内市场上，即使是一个贸易小国也可以利用进口关税来改善国家福利。这种结果在最优关税理论中是不可能的。

第二种类型是“以进口保护促进出口”手段的利润转移效应。其认为一个有战略意义的行业在受保护的国内市场里能迅速成长而达到规模经济的要求，从而相对于外国厂商具有规模上的竞争优势，使其增加在国内市场和没有保护的国外市场的份额，从而把利润从外国厂商转移到本国厂商，使本国福利增加。这一理论以静态的规模经济为依据，将暂时的进口保护变成了出口促进的机制，它的一个重要前提是国内市场大，足以实现所需要的规模经济。这一论点被认为是对传统幼稚产业论的发展。

第三种类型是出口补贴的利润转移效应。布兰德和斯宾赛于1985年提出的古诺（Courno）双寡头国际竞争模型认为，向在第三国市场上同外国竞争者进行古诺双寡头博弈的国内厂商提供补贴，可以帮助国内厂商扩大国际市场份额，增加国内福利。古诺博弈的特征是，均衡产量水平由两个厂商反应曲线的交叉点决定，这一水平对这两个厂商来说是最优的，在国家层次来说是次优。因此，通过补贴降低国内厂商的边际成本，使厂商有更高的反应曲线，获得更大的国际市场份额，增加国内利润而减少国外利润。由于利润更高，国家福利减去补贴以后也有所增加，而补贴本身只不过是一种转移支付。这一论点的关键在于这样一种信念：补贴使国内厂商采取进取性市场战略，从而迫使外国竞争对手做出相应的让步。这是战略性贸易政策理论中影响最大，也是被引证最多的一种论点。

广义战略性贸易政策则以以外部规模经济为基础的“外部经济”理论为主要内容。该理论认为，某些产业或厂商能够产生巨大的外部经济，促进相关产业的发展和出口扩张，但由于这些外部经济不能够完全被有关厂商占有，这些产业或厂商就不能发展到社会最优状态，如果政府能够对这些产业或厂商提供适当的支持和保护，则能够促进这些产业和相关产业的发展，提高其国际竞争优势，获得长远的战略利益。

3. 战略性贸易政策的理论突破

在放松了传统贸易理论最根本也是最不现实的“完全竞争”假设的基础上，战略性贸易政策理论在理论和实践两方面都已成功地描述了当今国际贸易的最新发展。

（1）突破之一：非完全竞争市场和规模经济条件下的贸易行为

1）规模经济效应的非常数性。国际经济学一直停留在完全自由竞争和规模收益不变的分析基础之上。第二次世界大战后国际贸易发展现实显然无法得到传统贸易理论的合理诠释。现实生活中的许多产品是以规模报酬递增生产的，并且生产这些产品的行业，如汽车业、半导体业、计算机业等，构成了国民经济的支柱。到了 20 世纪 80 年代，以克鲁格曼为首的一批经济学家试图突破这一理论与现状的隔膜，将规模经济引入贸易分析，提出了依靠政府支持，通过获得规模经济效益，达到扩大出口、抢夺竞争对手市场份额的战略性贸易政策理论。

2）市场的非完全竞争性。放弃了传统贸易理论最不现实的假设，即世界市场是完全竞争的。战略性贸易政策理论分析了以下可能的三种市场结构：可竞争市场（布兰德假定这与无代价和无限制地进入和退出相结合）、古诺双寡头国际竞争模型（即均衡产量水平由两个厂商反应曲线的交叉点决定）、垄断竞争。尽管一般性不完全竞争理论没有产生，但是，在各种不同的市场结构下，在实证和规范两个方面有关贸易的一些重要结论都有效，而且是可行的。

（2）突破之二：技术对贸易的内生变量性质

传统贸易理论早就注意到技术进步的作用，但是，直到 20 世纪 80 年代后期国际贸易理论才把技术变化、不完全竞争、规模经济结合起来进行研究。克鲁格曼等认为企业内部存在动态的规模经济。技术的改变是企业获得动态规模经济的最重要形式，从而把技术作为内生变量促进了国际贸易的发展。技术变化包括两种情形，一是技术创新，二是边干边学。

技术创新是通过研究开发活动获得的。研发所产生的技术创新改变了企业的生产函数，降低了边际生产成本。在生产过程中，同样的要素投入能带来更多更好的产出，这样，企业的边际生产成本就会不断下降，从而在国际市场上占有更大的市场份额。另外，技术进步能从学习曲线的角度阐述动态的规模经济。假定边际成本是累积产量的减函数，累积产量越多，生产经验、销售经验和管理经验越丰富，边际成本就越低，这就是边干边学。一般而言，作为先进技术的拥有者并非有意转让或传播其技术，而是在贸易、投资或其他经济行为中自然地输出了技术，即“技术外溢”。战略性贸易政策理论重点强调了规模经济效应是扩展国际贸易的动因之一，而技术进步是企业动态规模经济效应的来源之一。技术进步与国际贸易的扩展存在一种互动关系，贸易不仅通过国际市场的竞争及各国努力来开发新技术、新产品，也通过国际技术外溢给各国互相启发的机会。技术开发不再是个别国家的行为，不再是外生的经济变量，而是直接推动贸易发展的内生变量。

（3）突破之三：对政府干预作用的重新定位

传统贸易理论的主流观点认为：政府干预导致资源配置扭曲，造成国民福利下降，如关税及非关税壁垒限制进口，政府对出口实施补贴等，都会造成国民福利的净损失。只有推行自由贸易政策，才是“双赢”。当然，主流观点并不反对在出现市场失灵如外部性问题、垄断、信息不对称、道德风险时，政府可以有目的、有选择地干预，目的是消除“反竞争”现象，保证市场竞争自由、有序、正常地进行。但总体上强调的还是自由主义思想。

战略性贸易政策理论仍然保持了比较优势原则，同样认为资源禀赋的相对差异是比较优势的来源之一，但更重要的是规模经济优势所带来的比较优势。而规模经济优势在很大程度上取决于政府的干预。战略性贸易政策理论的出现强调了政府行为的重要性，摆脱了纯粹自由主义的阴影。因此，对于实施战略性贸易政策，政府起着关键的作用，必须有一个尽可能信息完备、决策独立、干预有力的政府。理所当然，在战略性贸易政策理论中，政府的干预作用被提升到前所未有的地位。

（4）突破之四：利润转移理论

传统贸易理论主张自由贸易政策，通过国际分工和专业化生产进行国际贸易，使参与国双方的福利水平都提高，实现“双赢”。但是，战略性贸易政策理论提出了利润转移的论点，即把垄断利润从外国公司转移给国内，从而在牺牲外国福利的情况下增加本国福利。利润转移理论显然与传统贸易理论能增进双方福利水平的论点不一致，但它的基本前提是国际竞争都具有寡头竞争的性质。

由于一个完整的基础理论体系没有建立起来，战略性贸易政策理论并没有上升到替代传统贸易理论的高度。相反，其还存在许多缺陷和不足，如对竞争行为和公司数量过于敏感，将商品的价格纳入一般均衡的经济系统而内生地决定，以邻为壑的利润转移政策，完备信息需要，资源配置的紊乱及政府的寻租行为，等等。

二、战略性贸易政策的适用条件

1. 产业条件约束

战略性贸易政策的实质是产业组织理论在国际经济政策领域的延伸、发展和应用。美国经济学家蒂森在其论文《管理贸易：选择次佳中的最好》中，阐明了战略性贸易的政策目标是“保护美国某些与知识、技术密切联系的产业在全球范围内的生产与就业，而这些产业能够产生经济效益以外的战略效益和社会效益”。蒂森进一步将这些产业定义为：半导体产业、计算机产业、航空工业，以及尖端通信工业等高科技产业。如果扶持一个产业可以对整个国家有利，这个产业除了具有外溢效应、规模经济并易于形成自然垄断外，还应该具有以下特点。

1）产业或潜在产业所获得的额外收益（利润或工人能得到更多的回报）必须超过补贴的成本。这就要求至少在一段时间内保持相当高的进入壁垒。

2）本国产业必须是面临外国厂商的激烈竞争或潜在竞争。对本国产业的补贴要能迫使外国竞争对手削减生产计划和产出。大量的固定资本投入（虽然并非不可少）可能增加这类行为发生的机会。

3）与出口相关的国内产业应该比外国竞争产业更集中或同样集中。一项补贴只有在下述条件下才能提高本国福利水平，即补贴使本国出口的增加相对于外国竞争市场上销售的下降不能太大，从而使补贴造成的价格下降幅度保持在最低水平。迪克西特、伊顿和格罗斯曼曾指出，相对于外国竞争来说，本国出口产品越集中，出口补贴造成的价格下降幅度可能就越小。外国厂商的数目越多，一定数量的本国产出的增加使外国的产出的下降就越多。

4）国内的扶持政策不应引起要素价格上升得过高，为此须具备的条件是：该产业没有强大的工会；工人收入至少部分地取决于利润分成；关键投入品的供给不能固定不变。

5）在下列条件下扶持政策会更有效：本国产业相对于外国竞争产业有相当大的成本优势；增加生产会带来相当大的规模经济或学习经济。

6）国内新技术向外国竞争厂商外溢较少，政府干预有助于外国技术转移给本国厂商。

7）在国内某产业面临外国厂商竞争的情况下，如果该产业符合以下条件，它就适合作为本国研究开发和投资补贴政策扶持的目标：①研究开发和资本成本构成该产业成本的重要组成部分，这意味着它们是厂商竞争的重要因素；②可能领先的产品正处于产品开发或生产和研究开发的早期阶段，对它给予投资补贴会提高外国厂商进入该产业的壁垒。

2. 制度条件约束

战略性贸易政策的实施是有诸多限制条件的，不完全竞争和规模经济只是战略性贸易政策实施的必要条件。除此以外，战略性贸易政策的实施还有诸多限制条件，只有当各种条件都满足时，战略性贸易政策才能行之有效。

（1）信息不完全引起政府决策失误

一国政府制定战略性贸易政策的前提条件是搜集和掌握必要的、完整的信息，并能明智地驾驭和使用这些信息，否则将无法制定恰如其分的干预政策。以波音公司与空中客车公司的竞争为例，实行干预政策的政府必须对航空工业的产业组织结构和市场竞争方式做出正确估价，对制造新式飞机面临的市场需求和可能带来的利润心中有数。不管是本国公司决定单独生产，还是外国竞争厂商决定加入市场，在任何一种情况下只要出现计算错误，哪怕是极小的失误，都将使该国经济无法获得预想的改善，而只会不断地恶化。再者，战略性贸易政策要求政府事先做出补贴承诺，即使事后亏损也不得更弦易辙，一般很难获得政府决策所必需的全部信息，一旦政府判断有误，补贴失当，便会引起资源错置，效率降低。由此可见，信息不完全是推行战略性贸易政策的一大障碍。

（2）自由进入导致垄断利润消失

实施战略性贸易政策还必须考虑市场的组织结构。从市场结构特征来看，如果规模经济程度非常高，只能允许一家企业赢利，生产补贴或出口补贴可能有助于实现转移他人利润的初衷；但若世界市场可以同时容纳若干生产厂家，且各国都允许企业自由进入，则竞争机制便会自动消除企业梦寐以求的那部分经济利润，战略性贸易政策的效用就要大打折扣，甚至完全失效。

（3）争夺资源有损于其他工业部门发展

一国政府利用补贴政策支持某一工业部门，往往是以损害国内其他工业部门为代价的。这是因为，在资源有限的条件下，政府不可能对所有的部门实行补贴，这种补贴意味着资源的再分配，得到补贴的出口部门必然会从其他一些部门抽取资源。补贴优惠虽然降低了特定产业的边际成本，却提高了其他产业的边际成本，因而会阻碍其他产业的发展。如果被抽走资源的部门中存在着具有潜在优势而未被充分认识的目标产业，当各行各业都试图寻求政府扶助时，对合适的企业给予支持便是十分困难的事情。这方面一旦出现失误，就有可能保护国内落后的部门，从而对整个国民经济发展带来不利的影响。

（4）轮番报复引致两败俱伤

根据博弈论研究的结果，如果有两个国家对相同的战略性产业实行对等的扶植政策，必然会产生过度竞争，导致“囚徒困境”的出现，战略性贸易政策自然无法有效地推行。在现实经济生活中，一国实施战略性贸易政策不可能不引起对方国家的强烈反应乃至报复，如果各国轮番采取保护主义的报复措施，就不仅会抵消战略性贸易政策的功效，使可能猎取的转移利润和获得的规模经济化为泡影，还会因报复性措施的实行造成国际贸易剧烈萎缩，降低世界福利水平；在提高社会经济附加成本（指补贴）的同时减少国民收入，降低国民福利水平。

所有这些均构成了战略性贸易政策付诸实施的充分条件。其中任何一个方面出现偏差，都有可能削弱战略性贸易政策的实施绩效，甚至抵消这一政策的功效或带来相反的结果。

三、战略性贸易政策的最新发展

战略性贸易政策的理论主张受到来自贸易政策政治经济观点的批评，这些批评与发展经济学的新古典政治经济学思路有相同的“基因”。战略性贸易政策突出“战略”的用意在于限制其用途，而近几年诸如压力集团和利益集团模型（the pressure group or interest group model）、加法机模型（adding machine model）、社会现状模型（the status quo model）、社会变迁模型（the social change model）、比较成本模型（comparative costs model）及对外政策模型（the foreign policy model）等理论的引入与日益完善缩短了其与发展中国家的距离。发展中国家普遍存在的大量的寻租行为和直接非生产性寻利活动显然更适合战略性贸易政策的滋生，战略性贸易政策在贸易的政治经济学、不确定性、不完全承诺和不完全信息等四个方面取得了新的研究进展。

1. 战略性贸易政策与贸易的政治经济学

（1）利益集团模型

利益集团理论是西方公共选择学派的一个理论分支。利益集团又称压力集团，就是“那些具有某种共同目的，试图对公共政策施加影响的个人的有组织的实体”。利益集团的成员可以是普通公民、非营利性组织、公共部门组织，也可以是寻利的厂商。不同的利益集团在其规模、资源、权利和政治倾向等方面存在着明显的差别。

围绕利益集团存在的问题，主要有三种解释。

第一种是以大卫·特鲁曼（David Truman）和罗伯特·道尔（Robert A. Dahl）等为代表的传统利益集团理论。该理论认为集团（或组织）的存在是为了增进其成员的利益（特别是不能通过纯粹的个人行动获得的利益），具有共同利益的个人或企业组成的集团，通常具有进一步增进这种共同利益的倾向。个人可以通过代表其利益的集团来实现或增进他的个人利益。“这实际上是个人行动的目的是追求他自身利益最大化（理性经济人）命题的推广。”其直接推论就是集团成员会从自身利益出发采取一致的集体行动。该理论进一步认为，社会中的每一个人总是归属于某一个或几个利益集团，这些目击者的各自的利益集团间的相互竞争所施加的压力汇总起来就决定了社会政治活动的进行。

第二种则是以奥尔森为代表对上述观点提出质疑。他在 1965 年出版的《集体行动的逻辑》一书中指出，有理性、寻求自身利益的个人不会采取行动来实现他们共同的或集团的利益，因为集团利益会导致集团成员普遍的“搭便车”行为。为此，奥尔森认为集团规模大小与个人行为和集团行动的效果密切相关，小集团的行动比大集团更有效。

第三种是罗伯特·萨利兹伯里（Robert Salisbur）等提出的政治企业家理论，他们把利益集团的组织者视作政治企业家。他们认为，集团提供给成员的利益可分为物质利益、观念利益和团结一致的利益。奥尔森模型强调的是物质利益而忽视了后两种非物质利益。在萨利兹伯里看来，政治企业家之所以愿意作为集团行动的组织者，是因为政治企业家不但可以从集体行动中获得物质利益，而且可以从集体行动过程中获得成就感、名声和荣誉等非物质利益。

由于一个集团通常只代表整个社会中的一小部分成员的利益，所以奥尔森认为“各种社会组织采取集体行动的目标几乎无一例外地都是争取重新分配财富，而不是为了增加总的产出，换句话说，他们都是‘分利集团’，或者用一句比较文雅的语言说：都希望‘坐享其成’”。因此，各利益集团都会在各自的势力基础上展开分利竞争，通过各种“院外活动”影响政府官员决策从而为本集团争取最大利益。

（2）两个结构性进展

随着政治经济模型理论的发展，这一领域的文献向着结构方向演进，进展主要有两个分支：第一个分支是中值投票（median-voter）模型，其内在的假定是，贸易政策实际上是被直接投票决定的，或者说政府的政策选择反映了对这个问题的主要意见；第二个分支类似于利益集团模型，称为保护待售（protection for sale）模型，这一类模型认为贸易政策是由政府和游说群体之间的相互作用决定的。

中值投票模型假定政策由多数人投票决定。在选民投票选举立法人员，然后立法人员决定政策的典型民主制度下，这是一个过于简单的描述。在这样的环境下，政策选择受到选票、发言权及来自游说集团竞选捐款的共同影响。Grossman 和 Helpman[88]的模型对政府在决定贸易政策时如何同时考虑众多院外活动集团捐款，以及消费者福利问题进行了精彩的分析，其结论是，没有组织起来的产业将接受进口补贴或者是出口税，从而降低国内价格。

现实中这些政策工具很少被观察到，这一事实可能反映了政治上对这类政策工具的反对。Goldberg 和 Magg[89]对这一模型检验的结论是，政府的主观函数对消费者福利赋予的权重要比给予政治捐款的权重高 50～100 倍。

Gawande 和 Bandyopadhyay[90]通过引入中间品贸易扩展了这一模型，检验结果同样表明，政府赋予消费者福利很高的权重。Chang[91]将 Krugman-Dixit-Stiglitz 垄断竞争模型植入保护待售模型，讨论了垄断竞争环境下，利益集团对贸易政策的影响。研究表明，在垄断竞争条件下，进口关税为零，并不会出现保护待售模型中提到的进口补贴。进口关税始终与进口替代部门在国内的实力成正比，并不需要像保护待售模型所要求的那样，该部门必须组织起利益集团。在出口政策方面，保护待售模型认为组织起利益集团的出口商将得到出口补贴。而 Chang 认为，政府采用出口补贴和出口关税的政策均有可能，关键在于政府对社会福利关注的程度与利益集团的实力大小。

保护待售模型也在另外的方向上得到了拓展。Mitra[92]说明了如何把内生游说集团引进这一框架。

G. M. 格罗斯曼和 E. 赫尔普曼进一步使用这个框架分析了两个国家之间的关税大战，以及国际协定所能带来的潜在利益。

沿着同样的技术路线，Bagwell 和 Staiger[93, 94]考察了关贸总协定和世界贸易组织（World Trade Drganization，WTO）的贸易规则，如互惠原则、最惠国待遇原则等所包含的经济学基本原理。

此外，经济学家们也考察了国家加入地区贸易协定和多边贸易协定的激励。Bhagwati[95]提出一个关键问题：加入地区贸易协定是促进还是阻碍了多边自由贸易的最终目标的实现。Krishna[96]和 McLaren[97]的模型显示多边地区协定可能妨碍了多边自由贸易协定。但是，Baldwin 和 Venables[98]、Ethier[99]的模型却认为多边地区协定恰恰促进了多边自由贸易协定。Levy[100]用中值投票模型考察了这一问题，并证明了如果投票人比整个经济有一个低的资本劳动比率，并且进口是劳动密集型的，那么经济将有一个正的进口税。进口税会在资本丰裕的工业化国家使用，进口补贴会在劳动丰裕的发展中国家使用。

由于发展中国家的现实情况，利益集团的寻租行为往往危害更大。建立于新贸易理论的利益集团影响贸易政策形成机制的研究进展，无疑有助于发展中国家政府关注利益集团对贸易政策形成的影响，并在制定贸易政策时对院外集团的游说保持高度的警惕，因而具有重要的理论价值和现实意义。

2. 不确定条件下的战略性贸易政策

近来，战略性贸易政策研究的一个重要新进展是引入了不确定性。这一新进展更符合发展中国家经济运行中充满风险和不确定性的现实。在确定性模型中，贸易政策常被限定在线性税收或补贴上，公司被假定只进行价格博弈或数量博弈。不确定性引入战略性贸易政策的一个重要结果是扩展了政府政策空间和企业战略空间，为我们在更加现实的基础上讨论战略性贸易政策提供了可能。

（1）需求不确定性

在需求不确定性方面，R. 库柏和 R. 瑞茨曼首先把需求市场的不确定性引入 J. A. 布兰德和 B. J. 斯彭斯的模型中，考察了政府在税收补贴和数量控制两种方法之间的选择。他们证明了在需求不确定的 J. A. 布兰德和 B. J. 斯彭斯模型中，直接的数量控制优于线性税收或补贴政策。如果市场需求稳定，出口配额为最优政策；如果市场需求波动，出口补贴就变为最优政策。

沿着 R. 库柏和 R. 瑞茨曼的思路，Arvan[101]把行动时序因素引入模型中，在排除了政府进行数量限制的政策选择后，作者假定政府要么在观察到需求随机扰动前宣布补贴政策，要么在等到市场不确定因素消除之后宣布补贴政策。在这些假定下作者证明了，企业数量较少的国家倾向于在随机扰动前宣布补贴政策，并取得领先者地位；企业数量较多的国家则会在市场不确定因素消除之后宣布补贴政策，并取得领先者地位。

Shivakumar[102]综合上述三人的研究成果，证明了最优政策选择取决于随机扰动和企业数量。Qiu[103]也证明在需求不确定和非常数边际成本的 J. A. 布兰德和

B. J. 斯彭斯模型中，采用非线性的政策是最优的。政府采用非线性的政策工具不但可以保证本国企业的领导者地位，还可以改变垄断竞争行为，使之有利于本国企业的发展。

Anam 和 Chiang[104]进一步把需求不确定的 J. A. 布兰德和 B. J. 斯彭斯模型扩展到多个出口市场的环境中。他们证明了在这一环境下，战略性出口政策依赖于市场的相对变动性和市场之间的相关性。具体地讲，当两个市场正相关时，对需求变动较大的市场征收出口税，同时对另一个市场实行出口补贴的政策是最优的。进一步地，如果古诺博弈被伯川德（Bertrand）博弈所替代，对变化更大的市场进行出口补贴就变成最优的政策选择。在这一模型中，允许国内和国外市场相关对战略性贸易政策有重要的含义。因此有可能证明，当国内市场相对更不稳定且市场之间是正相关时，政府可能需要以相反的方向干预，而不必像标准模型建议的那样，在本国市场上补贴本国企业，或是对外国企业征收关税。

（2）有关均衡的不确定性

为了克服寡头理论中多重均衡的不确定问题，Klemperer 和 Meyer[105]对不确定条件下的博弈提出了一个新的均衡概念。

Laussel[106]吸收了 P. D. 克伦佩勒和 M. A. 迈耶新模型的基本思想和方法并把其战略性贸易政策新进展与发展中国家贸易政策应用到战略性贸易政策问题的研究中来。D. 劳塞尔假定企业受到供给函数约束，而不是传统假定中单一的价格或数量约束。在需求不确定时，作者证明了最优边际补贴率会随出口递减。在 D. 劳塞尔的模型中，国内外企业有相同的不变边际成本。因此，在没有政府干预时，运用 P. D. 克伦佩勒和 M. A. 迈耶均衡解的概念，市场博弈将导致两个企业选择完全弹性的价格-数量清单，价格等于边际成本，利润为零。

同样运用这一均衡解的概念，Grant 和 Quiggin[107]证明了在政府间的政策博弈中，当出口垄断是在国家层面，而不是在企业层面出现时，贸易干预的均衡模式是由模型的参数内生决定的。S. 格兰特和 J. 奎金假定政府选择出口或者进口税作为贸易工具，企业作为价格接受者采取行动。他们的研究显示了 P. D. 克伦佩勒和 M. A. 迈耶的解的概念如何被用来内生化竞争性政府采用的贸易限制形式。也就是说，均衡的贸易政策形式来源于模型基本的经济初始条件，如消费者的偏好、企业的技术及国家的禀赋，而不是通过规范贸易博弈的具体战略空间来展开分析。

（3）开发与技术创新的不确定性

Bagwell 和 Staiger[108, 109]研究了开发和技术创新活动所具有的不确定性，他们指出，传统 B. J. 斯彭斯和 J. A. 布兰德模型并没有考虑到与研究开发和技术创新活动相关的不确定性。他们认为，政府的最优研发政策与企业的垄断竞争行为无关，它取决于研究开发活动两种效应的平衡，并认为如果市场的规模经济效应足够大，就应该通过补贴支持本国企业成为垄断者。只有在本国市场中有多家企业参与竞争时，才考虑征收投资税来矫正过度投资。

Miyagiwa 和 Ohno[110]对 Bagwell 和 Staiger 的研究进行了拓展，考察了专利保护水平与政府最优研发政策的关系。其结论是，当专利保护水平处于很高或很低两个极端时，政府的最优政策都是对研发征税。只有专利保护水平处于中间值时，政府的最优政策才是对研发进行补贴。

总之，在不确定的条件下，无论是补贴还是税收，无论是线性还是非线性，无论是数量控制还是价格控制，都取决于一个国家的实际情形，特别是对发展中国家来讲，合理的贸易政策只能是一个国家具体条件下的产物。

3. 不完全承诺与战略性贸易政策

早期赞成战略性贸易政策的主张常常基于如下假定：第一，政府在企业之前行动，并因此影响企业的决策变量；第二，政府可信地遵守一项特定的干预政策，并且这一政策即使在事后是次优的也不会发生改变。

（1）第一个假定的推进

早期的研究进展常常改变第一个假定，关注企业先于政府采取战略行动时的博弈结果。例如，在 J. A.布兰德和 B. J. 斯彭斯的贸易模型中，就假定本国企业在政府选择产出补贴之前选择其研发水平，跨国企业根据税收和关税水平来选择生产地点和投资水平。J. A.布兰德和 B. J. 斯彭斯证明了在存在失业的情况下，关税在任何给定的资本投资水平上都超过了最优税收，这会导致外国直接投资增加。

Carmichael[111]在一个两阶段伯川德双寡头模型中考察了允许企业在政府选择补贴之前设定价格的情形，论述了企业和政府的行动次序如何解释出口贷款补贴的产生。在这一模型中企业首先行动，在政府设定补贴之前设定总价格，通过提高价格来获得政府的补贴，这一补贴把租金从政府转移到企业的同时福利并不变化。如果政府在企业行动之前设定补贴上限，就会迫使企业降低价格，以至于如果有一个上限约束，社会整体福利就会下降。

Gruenspecht[112]通过关注一个不同的政策环境补充了 Carmichael 的分析，在这一环境中，相对于私人利润，政府更关注补贴费用。在这一假定下，作者分析了差异产品市场中的出口补贴，这一模型里企业在政府设定补贴水平之前先设定价格。与政府应该对伯川德类型的企业征收出口税的早期研究结果相反，在这里出口补贴政策是最优的。研究结果强调了时间安排的重要性，以及政策体制和政策工具的不同影响。

L. S. 卡帕和 D. M. 纽伯瑞考察了针对本国出口企业的最优政策，并对产出补贴和价格补贴两种政策工具进行了比较。其特别考察了两种博弈：事前博弈和事后博弈。在前一种博弈里，政府在企业设定价格之前设定补贴值；而在后一种博弈里，预期到政府会在第二阶段进行补贴，企业会首先设定价格。研究证明了在事前博弈的情形下，两种补贴是相同的，而且事前博弈总比事后博弈获得更高水平的福利。

（2）第二个假定的改变

早期假定政府可信地遵守特定干预政策同样也是不现实的，特别是对贸易政策经常发生变化的发展中国家而言更是如此，因此贸易理论家们试图以更接近现实的不完全承诺假定来推进这一研究。Goldberg[113]通过放松上述两个假定，推进了 Carmichael 和 Gruenspecht 对博弈时间安排结构的研究。他发现尽管政府补贴一般低于提前承诺时的最优补贴水平，时间一致的最优补贴水平却是正的。而且时间一致的补贴水平依赖于一个国家的政治经济体制，对私人部门的盈利能力越关注，政府越会提供更多的补贴。

Maggi[114]发展了一个产能-价格竞争模型，在这一模型中，当产能约束变得更重要时，均衡就从伯川德结果变成古诺结果。这一模型被用来重新考察战略性贸易政策理论中寡头对价格竞争和产量竞争的敏感性。其分析发现，存在一种独立于垄断竞争行为的简单有效的政策，即产能补贴，这一政策可以增加本国的收入，而且不用考虑寡头的竞争方式。

Leahy 和 Neary[115]在一系列动态寡头博弈中考察了最优的产业和贸易政策、本国和外国企业进行研发和产量竞争，证明了在政府承诺可信的条件下，动态一致均衡时本国的出口补贴、研发补贴和福利水平比没有政府承诺时高，因此承诺增加了社会福利。Leahy 和 Neary 在一个边干边学的两期古诺模型中，考察了预先承诺的不同假定对战略性贸易政策的影响。如果企业和政府没有预先承诺未来行动的能力，就会激励企业的策略性行动，并使得出口税成为最优选择。在线性情况下，如果政府可以预先承诺，最优补贴就会随学习能力的提高而增加；否则，最优补贴就会减少。这一结论明显与幼稚产业论的观点不同，在这里，积极的外贸政策、扭曲性的关税和伯川德竞争在政策上都是值得考虑的。

Neary 和 Leahy 提供了一个更一般的分析框架，吸收了上面所提到的许多模型的特点，为了关注企业和政府间的战略相互作用，模型抽象掉了国内消费。这一模型确认了政府干预的三个明显动机：第一，利润转移动机。第二，抵消本国企业相对于其竞争者的战略行为。对于企业的这类战略行为而言，即使对手企业是国外的，也是一种社会浪费，政府应该用政策来抵消它。第三，期望抵消本国企业针对政府未来行动的战略行为。例如，企业为了有资格得到更高的补贴而进行过度投资。限制本国企业采用此类战略行动为政府在早期干预提供了一个理由。对发展中国家而言，政府政策的变化更为频繁，政府事前承诺的可信度可能更低，不完全承诺引入新贸易理论，说明了发展中国家政府要利用其承诺力去抵消本国企业采取的对整个社会来讲不经济的战略行为，并根据其承诺力制定适合的贸易补贴和关税政策。

4. 不完全信息与战略性贸易政策

对战略性贸易政策的一个重要批评是，理论模型常假定政策制定者对目标市场有完全的信息，但是现实中政府不可能满足充分信息的理论假设。发展中国家的一个重要特点就是存在广泛的信息不完全问题。那么在政府对产业成本、市场需求和产业利润掌握的信息没有企业多时，战略性贸易政策可以发挥作用吗？当政府面对信息约束时，如何制定战略性贸易政策？这种情形下会存在均衡吗？

（1）与需求扰动相关的不完全信息

与需求扰动相关的不完全信息是战略性贸易政策新进展的一个重要方面，相关研究大部分与不确定性和战略性贸易政策部分相关。关于企业成本结构的信息不完全是新贸易理论研究的另一个重点，政府对生产和市场状况方面信息的掌握总是不如企业，K. 王就曾指出，企业有利用信息不对称谎报其生产成本以获取补贴的动机，企业决策将不可避免地扭曲并因此降低国家福利。

Collie 和 Hviid[116]的基本信号博弈模型认为，政府可以选择不去获取企业成本的信息，此时将实现混同均衡，本国福利会更高。他们认为不完全信息恰恰为政府提供了扭曲成本信号的机会。政府通过给本国企业更高的补贴诱致外国竞争对手认为本国企业具有低成本优势，从而帮助本国企业获取更大的市场份额。丘东晓设计了一个两阶段模型来研究信号博弈这一问题。其分析表明，如果企业进行数量竞争，则一揽子方案更优，此时会产生分离均衡；如果企业进行价格竞争，则统一的补贴政策将实现更高的社会福利，此时产生混同均衡。

G. M. 格罗斯曼和 G. 麦吉认为，信息不对称使得政府无法选择出高效率的公司，为了得到补贴支持，企业会通过过度投资来向政府发送信号，这一行为会导致本国福利受损。G. 麦吉考察了企业比政府有更多的产业利润信息时均衡的贸易政策。分析表明，信息不对称增加了均衡时贸易政策的扭曲，最终恶化了政府间的“囚徒困境”。在信息不对称情况下，政府获得的均衡支付比在完全信息条件下低。特别是企业产量比在完全信息条件下更多，并且得到的净利润更少。

（2）委托代理问题

近来，信息不对称问题产生的企业内的委托代理问题也被用来分析对企业行为及贸易政策的影响，Miller 和 Pazgal[117]运用了一个两阶段博弈模型，在这一模型里企业的所有者决定对经营者的激励方案。在博弈的第二阶段，经理人把该激励方案和竞争对手的行为视为给定，从而选择合适的市场战略以最大化自身效用。研究表明，只要所有者对经营者的激励保持足够的控制，均衡结果便不依赖于选择数量竞争还是价格竞争。

Miller 和 Pazga[118]进一步对这一模型进行了拓展，在一个三阶段的博弈里，政府首先选择合适的补贴政策，然后企业所有者选择激励方案，最后经营者在第三国市场上与外国竞争对手争夺市场。研究显示，最优贸易政策只依赖于最优激励方案，而与企业的垄断竞争行为无关。

信息问题的存在和不确定性问题一样，使基于新贸易理论的战略性贸易政策变得复杂。在发展中国家，经济发展水平落后决定了政府掌握的信息更少，信息问题比发达国家更为严重，这对发展中国家政府正确制定和执行贸易政策、产业政策和经济发展政策提出了更多新的挑战。

战略性贸易政策在更加接近发展中国家现实的微观基础上取得了新进展，为发展经济学和发展中国家制定科学的贸易政策也提供了新的思路。发展中国家政府对经济进行干预并制定贸易政策时必须结合本国的市场结构和产业状况。

第二章　国际贸易政策演变

关于国际贸易政策的争论，一直以来围绕着自由贸易与贸易保护展开。从争论的结果和趋势看，主张自由贸易的声音成为主导，而从贸易政策实践看，贸易保护却日益盛行。实际上，贸易自由化和贸易保护始终是国际贸易中两种基本类型。本质上讲，产生贸易保护的因素不能从根本上消除，只能采取务实的态度允许适当贸易保护、“有节制的自由贸易”。在世界贸易组织的框架下，贸易自由与贸易保护之间是一种相互博弈、制衡与兼容的关系。世界贸易的最大功能就是让人类分享物质文明和精神文明的成果，虽然这种分享要付出代价。贸易保护主义和自由主义是利益至上主义的两种手段，两者宗旨一致。

第一节　国际贸易政策之争

纵观资本主义国家贸易保护与贸易自由政策之争的历史，可以看到资本主义两种贸易政策对资本主义国家所具有的相同意义，不管是贸易自由还是贸易保护都是资本主义国家发展自身经济的有力工具，只是在不同阶段和不同时期依不同的需要来进行采纳。因而国际贸易政策之争，也就是自由贸易与保护主义之争。

一、自由贸易理论和贸易自由化政策

迪恩（Dean）认为，贸易自由化是更多地应用价格体制使贸易制度更加透明，以及国内价格更接近于世界价格的过程；克鲁格（Krueger）针对发展中国家严重的贸易保护现状，指出贸易自由化就是用适度的进口关税或出口补贴取代数量限制；Michaely [119]强调贸易自由化就是贸易体制中性化和政府干预弱化；佟家栋[120]指出，贸易自由化就是一国对外国商品和服务进口所采取的限制逐渐减少，为进口商品和服务提供贸易便利过程或结果。综上而言，贸易自由化就是在贸易中消除歧视性待遇，大大降低、取消关税和其他贸易壁垒，实现资源在全球范围内最优配置，扩大商品和服务生产贸易。

1. 基于成本理论自由贸易说

英国古典经济学家斯密在《国富论》中指出：一国出口某种产品是因为该国

这种产品的生产技术比别国先进，拥有绝对优势，各国都只生产它最擅长的产品，然后开展自由贸易，提高两国的福利水平，反对重商主义的关税政策和补贴政策。随着国际贸易的发展，李嘉图突破绝对成本理论局限，提出比较成本理论。在国际分工中，处于绝对劣势国生产相对成本较低的产品，绝对优势国生产自己最有优势的产品，开展自由贸易同样可以节约劳动、增加产品、提高两国的福利水平。由于英国推行自由贸易政策，允许进口谷物，降低谷物价格，英国的《谷物法》被废除了，这是19世纪英国自由贸易政策取得的最伟大的胜利。

2. 基于要素禀赋差异的自由贸易理论

瑞典经济学家赫克歇尔和他的学生俄林从资源禀赋的角度对比较成本理论进行了修正和拓展。其理论逻辑为：国家要素存量不同→要素价格差异→产品成本差异→产品价格差异→国际贸易产生。一国应当出口该国相对丰裕和便宜的要素密集型商品，进口本国相对稀缺的要素密集型产品，经过自由贸易，提高生产要素使用效率，降低成本。其主张取消关税和非关税壁垒，从本国的自身资源优势出发，开展贸易，发达国家具有资本优势，因而出口资本要素密集型产品，进口劳动密集型产品；发展中国家劳动力丰富，资本短缺，要出口劳动密集型产品，进口资本密集型产品。

3. 基于规模经济与不完全竞争的自由贸易理论

20世纪70年代，一部分学者开始用新的方法研究国际贸易成因，来推动资本主义经济的贸易自由化。美国经济学家默瑞坎姆和克鲁格曼以企业规模经济和市场的不完全竞争来解释国际贸易成因。企业在生产过程中随着产量增加，产品平均成本降低，出现规模报酬递增的情况，进而产品价格下降，取得出口优势。另一国也选择自己具有规模报酬递增的产品生产，进行自由贸易，同样提高两国的消费水平。克鲁格曼认为规模经济最终会形成少数垄断企业控制某种商品生产的局面，各自利用自身优势生产具有差异性的产品来满足不同的消费偏好，同样可以提高整个世界的福利水准。

二、保护贸易理论和贸易保护政策

在对贸易保护主义根源的研究上，以Grossman和Helpman[88]等为代表的“利益集团模型”在贸易政策的研究文献中被广为引用。他们指出，贸易保护的结构反映了各利益集团对政治支持的争斗结果。Goldberg和Maggi[89]在实证上也发现贸易保护在有利益集团组织的行业比较高，在进口弹性较低的行业也比较高。在此基础上，Tansey等[121]通过对美国钢铁业的研究指出，政府针对钢铁业制定的贸易政策是政府与国内企业、消费者和国外厂商博弈的结果。Krucini 和 Kahn 通过建立多部门动态均衡贸易模型认为，即使贸易仅占产出中的小份额，关税的提高也会给国内生产总值（gross domestic product，GDP）带来显著的冲击，全球关税壁垒的提高会加速国际贸易环境的恶化和产出与投资的下降。Madsen 认为，20 世纪 30 年代大萧条时期世界范围内贸易的减少，8%归因于随意提高关税，6%是由于设立非关税壁垒，14%是由于收入水平下降。以上学者从不同角度对贸易保护主义做了阐述，但主要是针对发达国家做分析和实证检验，很难应用于发展中国家，并且很少考虑到现实环境中的不确定性。

1. 汉弥尔顿、李斯特幼稚产业保护理论

18 世纪末，由于美国的产业革命起步较晚，工业薄弱，其产品在世界市场中难以与英国产品竞争，1791 年，美国首任财长汉弥尔顿在《工业的奖励和保护》报告中阐述贸易保护观点：在工业建立之前实行自由贸易，会使美国产业被限制在农业领域，制造业发展缓慢，造成美国经济受到极大损失，主张用奖金鼓励国内制造商，高关税限制进口工业品和奢侈品，保护国内工业和增加财政收入。

以李斯特为代表的德国工业资产阶级，极力抨击斯密的自由贸易理论。李斯特说："财富生产力比之财富本身要重很多倍，向外国购买廉价商品，表面看来合算，但这样做德国工业生产力就不能获得发展，将处于落后和从属地位，保护关税有利于生产力提高。"自由贸易理论忽视德国历史和经济特点，各国经济发展必须经历五个阶段，不同阶段应实行不同的贸易政策，而德国正处于第四阶段（农工业期)，应采取保护政策，保护本国幼稚工业发展，待国家具有相当竞争力，财富积累到相当高程度时，再恢复自由贸易政策。

李斯特主张关税是建立和保护国内工业的重要手段，"要达到保护目的，对某些工业品可实行禁止输入，或规定税率事实上等于全部或至少部分地禁止输入，或通过关税对输入者产生不同程度的限制作用"。

2. 凯恩斯超保护理论

20 世纪 30 年代的世界经济危机加剧了国际市场的竞争矛盾，为摆脱危机，各国经济学家积极探索新的理论和主张来根治顽疾，凯恩斯认为，传统的贸易理论忽视贸易差额通过贸易乘数会对国民收入和就业产生倍增效应，贸易顺差可为一国带来黄金，可以扩大支付手段，压低利息率，刺激物价上涨，增加投资，有利于国内危机的缓和与就业；贸易逆差造成黄金外流，物价下降，招致国内经济趋于萧条和失业人数增加。他主张设置高关税、进口许可证、进口配额和外汇管制，政府积极干预经济，努力使国家处于出超地位。

3. 新贸易保护主义兴起

20 世纪 90 年代以来，迫于经济一体化和贸易自由化潮流的压力和影响，西方主要发达资本主义国家采用比过去更加隐秘、灵活的方式进行贸易保护。主要用环境保护、技术认证、知识产权、市场准入、劳工标准和反倾销等名目繁多的措施，来规避多边贸易制度的约束，实行贸易保护，从而达到保护本国产业的目的。实行新贸易保护主义的主要是发达国家，他们凭借经济和技术的先进性，构筑起一道道环境壁垒和技术壁垒，对发展中国家肆意限制，进行不平等贸易。

三、自由贸易与贸易保护存在本质上的统一性

1. 自由贸易理论为保护贸易准备好了理由

传统的自由贸易理论起源于亚当·斯密的绝对成本学说，亚当·斯密认为社会财富的增加在于生产率的提高，而专业化分工可以提高劳动生产率。如果国与国之间能够进行国际分工并进行交换，就可以增加社会财富。各国参与国际分工的依据就是国与国之间绝对成本的差异。基于此，他提倡要实行自由贸易。由于亚当·斯密的绝对成本学说不能解释当一个国家所有商品的成本均高于其他国家时也能从国际贸易中获得利益，而不是被排挤在外这一国际贸易中更普遍的现象，绝对成本学说就被李嘉图的比较成本学说所取代。

李嘉图的比较成本学说成功地解决了亚当·斯密的难题。比较成本学说承认各国的国际分工可以提高生产率这一命题，而各国进行国际分工的依据是比较成本而不是绝对成本。也就是说，即使一个国家生产的所有商品的成本都高于其他国家或一个国家生产的所有商品的成本都低于其他国家，但对这个国家来说，优势中有最优，劣势中有次劣。如果两国根据“两利相权取其重，两弊相衡取其轻”的原则进行国际分工，也可以提高劳动生产率，实现资源的有效配置，享受国际分工带来的好处。李嘉图用毛呢与葡萄酒的实例，说明了英国与葡萄牙两国是如何在英国处于绝对劣势和葡萄牙处在绝对优势的基础上进行国际贸易并都获得利益的。李嘉图证明了采取自由贸易可以使双方均获利。李嘉图的比较成本学说成为解释国际分工和国际贸易起因及利益的最主要理论。比较成本学说将国际分工的成因由绝对成本差异推广到比较成本差异，这就解决了处于不同生产力水平的国家，特别是落后国家能否从国际分工和国际贸易中获得利益的问题，比较成本学说不仅成为发展中国家参与国际分工和国际贸易的理论依据，而且更广泛地成为国际分工和国际贸易理论的传统机制。

但是，李嘉图在分析国际贸易利益分配的时候是含糊不清的。李嘉图认为，在两国交换时有一个交换区间，只要是在这个区间内进行交换，双方可以都获利，

但这种交换比率如何确定，李嘉图没有回答。实际上，在交换区间内关于两国福利水平的提高幅度，即贸易利益的分配要视贸易条件（交换比率）而定。在贸易前贸易条件与贸易对象国国内的交换比率越接近，本国的贸易利益越多，与本国的国内交换比率越接近，本国所得的贸易利益就越少。各国在利益分配上总是想得到更大的份额，这就是说，开展国际贸易可以带来利益，但利益的分配不一定是完全平等的，在利益分配中处于不利地位的国家，一般会采取保护措施以争取更大的利益。

从这个角度来看，贸易保护实质上就是为了获得较为平等的或更多的贸易利益，这是无可厚非的。应该说，比较成本学说在贸易利益分配上为贸易保护准备好了理由。李嘉图用各国劳动成本的相对差异解释了国际贸易产生的原因和利益所在，但没说清楚比较优势的形成原因。以俄林为代表的新古典国际分工理论从一般均衡出发，将决定国际分工的因素由单纯的劳动成本扩展到了资本和劳动两种生产要素，用各国劳动和资本丰裕程度的差异解释比较成本的差异，提出了国际分工和国际贸易产生的原因是各国生产要素禀赋的差异，提出了要素禀赋论。俄林认为，国际贸易存在的必要条件是商品价格在不同区域或国家间存在差异。商品价格的差异是生产要素价格的差异造成的，生产要素价格的差异是由各国要素禀赋的差异引起的，这时各国密集使用本国较丰富的生产要素生产商品较为有利。也就是说，资本丰富的国家应生产资本密集型产品，劳动力丰富的国家应生产劳动密集型产品较为有利。要素禀赋论认为，国际贸易最重要的结果是各国更有效地利用各种生产要素，实现合理的国际分工，即国际贸易和国际分工是实现资源合理配置的有效手段。通过国际贸易可以减少国家之间生产要素分布不均的缺陷，但要想按生产要素丰缺进行国际分工，使生产要素得到最有效的利用，从而提高劳动生产率，必须实行自由贸易，分工利益才能实现。要素禀赋论解释了比较成本形成的原因，与比较成本学说相比，更加贴近现实，并且成功地解释了南北国家之间的贸易产生机理，在 20 世纪国际贸易领域中的影响十分广泛。作为同样倡导自由贸易的一种学说，它与比较成本学说一样，在为自由贸易作解释的过程中，也为保护贸易准备了理由。

按照要素禀赋论的观点，发展中国家应充分利用国内丰富的自然资源生产初级加工品，与发达国家的工业制成品进行交换，可以获得最大的利益。而实际情况是，初级产品特殊的属性，使发展中国家在交换过程中遭受双重价值损失，而且由于初级产品价格下降、初级产品价格弹性低及国际贸易大国效应，发展中国家利用出口调节国际收支平衡的愿望落空，发展中国家在国际贸易利益的分配格局中处于不利地位。而发达国家实行自由贸易也不是对每个人都有利。美国经济学家斯托尔帕和萨缪尔森利用要素禀赋论分析了国际贸易、要素报酬与所得分配之间的关系，得出了斯托尔帕-萨缪尔森定理，其认为：一国从闭关锁国到自由贸易的过程中，由于产品价格均等化，一种出口产品的价格上升，另一种进口替代产品的相对价格会下降，导致密集使用于出口产品的要素报酬提高，密集使用于进口替代品的要素报酬下降，并且两种产品价格的变动会导致两种生产要素价格的更大变动。生产要素的报酬改变必然改变了利益的重新分配，国际贸易在使一部分人得利的同时，也会使一部分人的利益受损。而实行保护贸易，对进口品征收关税，将提高该商品的价格，从而使在进口替代品中密集使用的生产要素报酬提高，使国际贸易利益在国内的分配相对公平起来。由此可见，在国际和国内的平衡贸易利益分配中，实行保护贸易是必要的。要素禀赋论在支持自由贸易的同时，也为保护贸易准备了理由。

2. 贸易保护主义都承认自由贸易的正确性

贸易保护主义是以自由贸易主义的批评者的身份出现的，针对自由贸易主义的一些不切实际的假设和忽视贸易利益分析的弱点，提出了保护贸易理论。尽管贸易保护主义者对自由贸易提出了批评，但和自由贸易主义理论一样，都提倡积极主动地参加对外贸易，承认自由贸易的正确性。

重商主义是保护贸易理论的早期学说，重商主义提出要奖出限入，国家干预对外贸易。但他们主张发展对外贸易。其最著名的代表人物托马斯·孟，他在他的代表作《英国得自对外贸易的财富》一书中写道："对外贸易是增加我们的财富和现金的通常手段"，"他们开始明白，一动不动地放在钱柜里的金币是死的，而流通中的资本都会不断增值，人们开始把自己的金钱当作诱鸟放出去，以便把别人的金币引回来"。贸易保护不等于闭关自守。

幼稚产业保护论的提出者李斯特批评古典自由贸易理论"没有考虑到各个国家的性质及他们各自的特有利益和情况"。"在自由竞争下，一个一无保护的国家要想成为一个新兴工业化国家已经没有可能。"李斯特认为对外贸易政策是整体经济发展战略的一部分，在不同发展阶段应采取不同的政策，保护只是一种手段，自由贸易才是目的。李斯特提出的历史发展阶段论认为，各个国家的经济发展都必须经过五个阶段：原始未开化期、畜牧期、农业期、农工业期和农工商期。前三个阶段又称为工业化前期，由于尚处在农业国地位，应实行自由贸易，加强与先进国家交流，打破闭关自守的状态，发展本国生产力，摆脱纯农业状态。在第四个阶段即工业化的中期阶段，由于已具备了形成工业国的条件，但存在着国外强大的竞争对手，必须实施保护贸易，这样可以迅速发展起本国的民族工业。在第五个阶段，当幼稚工业具有一定的国际竞争力时，必须果断地放弃保护，让其在国内外市场参与自由竞争，李斯特的贸易模式是自由贸易—保护贸易—自由贸易，这实际上是对李嘉图比较利益学说的发展和补充。

普雷维什的中心-外围学说从发展中国家的角度，利用产业结构分析方法，研究了现存的国际分工体系中的不公平现象，探讨了发展中国家贸易条件长期恶化的趋势，提出了只有实行贸易保护政策，走工业化道路，才能提高本国的产业结构层次，才能摆脱中心国家的控制，获得国际贸易的利益。普雷维什并不反对自由贸易，他认为自由贸易在理论逻辑上是正确的，只不过它实现的条件与现实相去甚远。中心-外围学说是根据修正自由贸易理论中的国际贸易参与国的贸易利益是平衡的假定提出的，如果发展中国家的产业结构层次提高了，现有的国际分工秩序得到调整，发展中国家与发达国家就可以进行自由贸易。

战略性贸易政策理论是当今盛行于西方发达国家的一种保护贸易主义理论。战略性贸易政策理论认为，一国政府在不完全竞争和规模经济条件下，可以凭借生产补贴、出口补贴和保护国内市场等政策手段，扶持本国战略性工业的成长，增强其国际竞争力，谋取规模经济效益，并借此掠夺他人的市场份额和工业利润。实施这一贸易政策，可以提高自由的经济福利。从本质上说，战略性贸易政策理论模型并没有否定自由贸易，而是根据不同市场结构对贸易功能进行重新定位。在完全竞争假定下，自然禀赋差异或比较成本是引发国际分工和贸易的主要因素，而在不完全竞争结构框架中，规模经济、产品差异等是国际分工和国际贸易的主要解释变量。战略性贸易政策理论是支持自由贸易的。正如克鲁格曼指出的：“经济学家们呼吁自由贸易并非盲目的偏见，而是建立在一套具有严密逻辑理论框架基础之上的，即便那些已经开始改变我们对贸易的看法的新思想，也只是修正而非全盘否定这一框架的。”

3. 公平与效率的平衡

国际贸易能实现商品的价值并且能增加价值，这是因为国际商品交换的比例不是以它们所包含的国内价值为基础的，而是以国际价值为基础的。即在世界经济现有条件下，按照世界平均劳动强度和世界平均劳动生产率生产商品所需的劳动时间决定。“只要生产效率较高的国家没有因竞争而被迫把它们的商品出售价格降低到和商品价值相等的程度，生产效率较高的国民劳动，在世界市场上也被算作强度较大的劳动。”国际贸易还可以使本来不具有任何价值的东西成为交换对象，赋予它价值。这样，国际贸易可以使价值增值，产生贸易利益。这使世界各国都积极参与国际贸易，并积极采取各种措施提高劳动生产率，这可以极大地提高整个世界的生产力水平。但一个国家能分配到的国际贸易利益的多少取决于该国国内价值与国际价值的比较，国内价值小于国际价值的国家可以在利益分配中获得更大的比例，国内价值的高低取决于一国劳动生产率的高低，先进国家与落后国家在劳动生产率方面的差异使得双方不在同一起点上进行比较，如果进行自由贸易，则可能是落后国家被淘汰出局。而实行保护贸易能培养和提高本国劳动生产率，可以使国内价值更多地转化成国际价值。国家之间按国际价值进行的商品交换是一种等价交换，但等价并不意味着平等。在国际价值规律的运动中，国际必要劳动量的相等掩盖了国别劳动量的不等，而等价交换的互惠形式又掩盖了各国相对利益的绝对差异。“在不同国家的工作日相互间的比例，可能像一个国家内熟练的、复杂的劳动同不熟练的、简单的劳动的比例一样，在这种情况下，比较富有的国家剥削比较贫穷的国家，甚至贫穷的国家在交换中获得好处的时候，情况也是这样。”国际贸易中存在着不公平的现象，但落后国家之所以参与国际贸易是基于发展国内生产力的整体考虑。

自由贸易理论在主张自由贸易的同时，证明了贸易保护的合理性和普遍性；而保护贸易理论在修正了自由贸易的一些假定后，强调了贸易保护的必要性，同时也没有否定自由贸易的正确性和合理性。两者存在着内在的统一性，两者都认为国际贸易不是零和博弈，它可以使参与国都有机会获利。两者统一在国际贸易的核心问题——国际贸易利益分配上。

自由贸易建立在专业化分工基础上，通过各国的自由竞争、优胜劣汰实现资源在全球范围内优化配置，这可以提高生产效率，从而提高各参与国的福利。这实际上是将国内的市场推广到了国际范围，是在确定不变的生产方式和国际分工的基础上的最佳选择。这在纯经济的角度上是可以接受的，但是世界并不是一个大同的世界，存在着彼此利益各不相同的国家，自由贸易的前提往往满足不了，当涉及各国生存利益时，仅考虑资源的优化配置是不够的，各国都能获得发展的权利和空间就显得尤为重要。所以在多数情况下，贸易保护成为现实的选择。自由贸易和保护贸易之间的统一实际上是经济学中公平与效率的平衡。两种理论都在寻求一种公平与效率的平衡在国际贸易上的实现。至于理论与实践的背离问题，解释的关键在于一个国家选择贸易政策是以国家利益为出发点的，当自由贸易有利于国家利益时，就实行自由贸易，反之就实行保护贸易。

四、贸易保护产生与发展的客观必然性

1. 自由贸易达到最优的条件

传统贸易理论对自由贸易的倡导及其对自由贸易带来的贸易利益的论述基于三个基本假设：生产规模报酬不变且无动态影响；国内产品市场和要素市场完全竞争；该国是小国。

不变的规模报酬意味着不存在规模经济，而占世界贸易主导形式的产业内贸易从厂商与供给角度产生和发展的原因恰恰是规模经济的存在及对它的追求；如果是对国际市场价格没有影响或影响甚微的小国，作为国际市场的追随者而非主导者，其能否施行自由贸易同样不受自身控制而要受制于大国，大国不仅是世界经济格局的主宰者，在贸易政策的制定上也是主导者；而市场的完全竞争性更不

具有现实意义。从这个意义上讲，即使完全的自由贸易成为可能，其结果也无法达到帕累托最优。

从贸易理论的演变可看出，自由贸易理论本身的发展是一个对立统一的过程，对贸易动因的研究经历了绝对优势→比较优势→要素禀赋→竞争优势的过程。以比较优势理论和要素禀赋理论为核心的传统自由贸易理论以其优美的模型和严密的逻辑性证明了自由贸易的必要性和最优性。然而，传统的自由贸易理论关于贸易的原因、形式和利益获得等问题的论述，只有建立在一系列与现实经济不符的假定和前提条件下才能成立，包括：①两个国家、两种产品或两种要素；②国家之间存在着某种特征差异，如生产成本上的绝对优势、相对优势或生产要素丰裕程度等；③各国的比较利益是静态不变的，不存在规模经济的作用；④自由贸易是在完全竞争的市场结构下进行的，以物物交换为形式；⑤生产要素在一国国内可以自由流动，在两国间则不能流动；⑥不存在技术进步、资本积累与经济发展。

因此，传统自由贸易理论成立的前提条件与国际贸易运作的现实始终存在着矛盾：第一，发达国家与发展中国家之间的贸易并不容易得到扩展，第二次世界大战后 70%以上的国际贸易发生在发达国家之间。第二，里昂惕夫之谜揭示出具有相对丰富自然资源的国家并不意味着只能成为资源密集型产品出口国，而具有相对丰富资本的国家也并不一定就是资本密集型产品出口国。第三，国际贸易从来不曾静态地停留于国际比较优势的某一阶段或状态，而是为更大的市场份额与市场利益进行着激烈的角逐，这符合国际经济史特别是近代国际贸易关系史上各个发达国家经济贸易腾飞的基本事实，也符合发展中国家努力改善其在国际分工及贸易中的地位所进行的创造性实践。第四，以比较优势为核心的传统自由贸易理论以不存在规模经济的作用和完全竞争的市场结构为基本前提，而当今的市场是以规模经济效益递增现象和市场垄断实力的存在为前提的。因此，迄今世界上从来没有完全的自由贸易。

无论是发达国家还是发展中国家，都是根据自身的经济条件（要素禀赋、经济发展水平、国内市场容量、经济体制及国际环境）来选择贸易政策的，即使同为发达国家或发展中国家，其贸易政策取向也不尽相同。例如，日本在第二次世界大战后以“贸易立国”为基本国策，利用关税、外汇管制等对国内产业进行保护，为提高其国际竞争力创造有利的成长环境。20 世纪 80 年代以后，由于美日贸易摩擦加剧，日本将贸易政策调整为进一步开放市场并促进进口的扩大。美国是世界经济实力最强的国家，以传统自由贸易理论来分析，它应该有实施完全自由贸易政策的可能性，但 20 世纪美国的贸易政策经过了一个从保护贸易到自由贸易，又从自由贸易回到保护贸易的过程。至于发展中国家，实行贸易保护则是普遍现象。因为国际贸易虽然能使贸易双方得到贸易利益，但是双方得到的利益并不是均等的。目前发展中国家在对外贸易中贸易条件日趋恶化，在国际贸易中是受益较小的一方。现实生活反映的是，只有符合经济发展规律客观要求的贸易政策的选择，才会取得成功。贸易政策的选择应根据每一阶段经济结构的特点，即每一阶段生产力所具有的静态比较优势和动态利益，采用最优的国际经济资源的置换政策——自由贸易政策与贸易保护政策的交替使用，以促进最佳利用国内经济资源与国际经济资源的现代经济结构的逐步建立。

2. 未来贸易保护主义长期存在的客观原因

（1）基于国家利益不同

克鲁格曼指出，任何国家无论是推行自由贸易还是保护贸易，一个基本的出发点就是国家利益的考虑，每个国家都是从自身利益角度去寻求适合自己的贸易政策。斯密、李嘉图选择自由贸易是从英国工业资本家利益出发；李斯特、汉弥尔顿从维护本国资产阶级政府利益出发，选择了贸易保护立国政策。李斯特在《政治经济学国民体系》的序言中写道："如果作者是英国人，我几乎不会怀疑亚当·斯密理论的基本原理！用我本人的名字对斯密理论展开批判，是由于忠于祖国的实情，同时今天作者有勇气将这部著作问世，主要由于德国的利害关系。"现实经济当中美日汽车战、美国钢铁反倾销、中日石油之争、中欧焦煤碳矛盾等，无不影射出国家利益之争，国际贸易一旦与国家利益挂钩，就无法摆脱贸易保护思想的控制，贸易保护必然成为一种经济常态。即使今天区域经济一体化的进程在不断加快，但内部经济体之间的贸易纷争仍很激烈，总之，只要国家存在，民族不同利益集团存在，那么真正的自由贸易就很难成为现实。

（2）基于生产力水平差异

首先，由历史和现实原因导致的国家总体生产水平较低，国家需要采取全方位贸易保护政策。例如，1789 年美国政府选择贸易保护，一直持续到 20 世纪初；德国从 1818 年开始贸易保护，一直持续到 1958 年欧洲共同体建立，就是从与当时英国、法国相比较为落后的社会生产力考虑。正是由于这两国实行贸易保护政策，当时的经济强国位次发生变化，由原来的美国第三、德国第四，变为美国第一、德国第二。第二次世界大战后，整个世界分为中心体系（发达国家组成）和外围体系（发展中国家组成），在两大体系贸易往来中，由于生产水平差距，贸易条件越来越有利于中心而不利于外围，要改变这种状况，外围必须采取贸易保护来维护自身利益。在民族幼稚工业理论基础上提出进口替代战略，采取高额关税、进口配额、歧视性政府采购等措施来扶持进口替代工业建立。

其次，因个别产业生产技术水平落后，国家需要采取差别贸易保护行为。我们清楚地知道，在经济全球化的今天，每个国家只是全球经济链中的一环，一国只会在某个领域或某几个环节处于优势地位，这就是全世界没有任何一个国家经济产业全方位开放的原因。2000 年，经济合作与发展组织发布的贸易与关税报告指出，欧洲共同体有 3.4%的产业部门实行 20%以上的关税保护，韩国为 17.1%，墨西哥最高，为 98.5%，即使是标榜贸易自由化程度最高的美国也有 2.1%的行业部门实行近 20%的关税保护。

（3）基于经济周期波动

经济周期是市场经济必然的经济现象，一般伴随四个阶段：经济扩张、峰顶、衰退和谷底。国家的对外贸易政策与经济周期有着紧密联系，国民经济处于扩张和峰顶阶段，一般较主张自由贸易，经济衰退和低谷时则实行贸易保护。1929 年世界经济危机爆发后，各国相继放弃自由贸易政策，改为奉行贸易保护主义政策[122]。为了缓和农产品过剩并开拓市场，美国政府推行一套以价格支持体系为手段的贸易保护政策。进入 20 世纪 80 年代中期后，美国经济进入繁荣时期，鉴于国内外形势的变化，美国国会于 1985 年通过新的农业法案，转而减少政府价格支持，削减政府补贴，促使农场主参与自由竞争，这成为美国农产品自由贸易的开端。1999 年"亚洲金融风暴"对美国经济产生很大冲击，贸易保护主义又开始抬头，2001 年的经济衰退和"9 • 11"事件的双重打击，使美国 GDP 年增长率由上一年的 4.2%猛跌至 1.1%。出于美国利益考虑，2002 年 3 月，美国的《钢材救济法案》开始实行，5 月，木材关税提高，同时新的《农产品补贴法案》发布，决定未来 6 年对农产品补贴增加 67%，补贴金额高达 1900 亿美元。

（4）基于国内政治因素

贸易政策制定不仅受到国家经济利益、生产力差异和经济周期的影响，更是各国国内各种政治因素相互斗争的结果。政治家和官员是由公众选举代表组成的，都是各自经济集团利益的代表，面对贸易政策的需求者的利益诱惑、压力或游说，政府成为贸易政策的供给者，贸易政策作为一种政治商品，其均衡价格是政治市场各种利益力量竞争的结果。贸易保护者总是通过游说或院外压力，投票选举能够增进自己利益的政治候选人，而政府官员或总统的目标是追求连任，往往会以贸易政策为条件，频频向选民示意争取选票。2002 年，美国政府抛出增收钢铁税，就是为了在大选之前争取西弗吉尼亚和宾夕法尼亚等钢铁州选票，新的农业法案出台的目的是得到中西部和南部重要农业州的农民支持。布拉德福德 • 德隆（美国财政部部长前助理）指出，在美国的任何一场总统竞选活动中，可以肯定，贸易保护主义的影子必将一如既往地追随。2003 年，在美国纺织品制造商协会越来越强硬的请求下，布什政府决定对中国三种纺织品（针织布、袍服和胸衣）实施进口配额限制，以迎合制造界和商界意愿，为大选捞取选票。同样，在日本，大选在即，由于自民党的"票田"主要在农村，为赢得选票，获得农民支持，日本政府于 2001 年对来自中国的部分农产品实行"紧急进口限制"，大打贸易保护牌，以博得农民在政治上的青睐。

第二节 文化多样性对贸易政策的影响

在经济全球化的今天，各国贸易保护与贸易自由的博弈频繁显现，而其中文化多样性的影响日益突出。林莉和严伟[123]等将自由贸易与贸易保护之争放置于全球化带来的文化多样性的大背景下进行研究。

一、全球贸易对文化多样性的正向作用

实际上文化的多样性包含两层含义，一个是个体获得更多的文化选择，另一个是各种文化的独特性。贸易的批评者较少关注个体的选择，而是把更多的目光放在不同文化的趋同上。他们的逻辑是，当一个艺术作品通过贸易从一个国家来到另一个国家，该国家的文化独特性就降低了，从而使两个国家的文化趋于相同。

从人类社会发展的历史看，促进产品多样性的重要途径来源于经济贸易。动态地看，贸易使技术在全球范围内得以扩散，产品数量不断增加，导致平均固定成本不断下降，交易的成本也随之下降，市场愿意提供尽可能多的多样化商品来满足不同的消费者，这对生产者和消费者都是有利的。当今世界，人们能够享受到不同文化的成果便得益于贸易。

一方面，贸易和全球化能够经常支持和扩展文化的独特性，从更一般的意义上讲，产品市场的不断扩大能够使本国的生产商不断地降低固定成本。试想：当初如果没有欧美国家的接受和传播，雷鬼音乐可能就不会有如此的成功和多样性的发展。另一方面，贸易使不同的地域联结在一起。赫克歇尔-俄林贸易理论认为，两个不同自然禀赋的国家，通过各自特色资源的交换，既满足了各自的需求，同时也增强了各自的地区特点和优势。例如，英国人喝着西班牙的酒，西班牙人吃着英国人的稻谷，但是这并没有湮灭英格兰的植稻文化和西班牙人的制酒文化。地区产品的国际市场越是发展和扩大，地区的特点越是得到加强。好莱坞生产越来越多的电影，而法国却引领了越来越多的时尚，跨国界的消费变得越来越有特色。具有不同禀赋的地区因气候、地理和历史不同体现出其自身的特色，同时，科学技术的传播与自然禀赋之间发生着特别的互动作用，如吉他，同样一种乐器在不同的国度产生了不同的艺术形式，在西班牙产生了弗拉门科音乐；在美国产生了摇滚音乐；在中国却产生了校园民谣。

因此，贸易可以使技术越来越接近，却并不意味着产品、消费和文化的同质性。罗森在 1981 年提出了“超级明星”假设，该假设认为，一个可重复生产的技术能够将某一产品的市场收益集中化。按此逻辑，在剧场里听一个顶级歌手的现场演出的观众是有限的，音像技术能够以极佳的效果无限复制该歌手的演唱，市

场便被该歌手迅速垄断了，因此，歌手的数量和种类都会减少，从而破坏歌手的多样性。而实际上，“超级明星”假设中隐含的机制反而能够增强市场的多样性。因为受众审美观是不相同的，对歌手的偏好也会不同，此时，音像技术便可以使不同的受众享受到不同歌手的音乐，不同的歌手也能通过此种技术扩大其影响范围，从而获得其各自的市场份额。所以，技术的发展和潜在市场的扩大使得音乐产品的固定成本变得越来越小，随着音像和广播技术的出现，音乐市场变得丰富多彩了，市场的交换支持了个人实现更多样化的消费，这已是一个公认的经验事实。

与其说贸易破坏了文化的多样性，不如说贸易突破了地缘和地理的束缚，丰富和发展了文化的多样性。

二、全球贸易增强文化独特性

从 1800 年到第一次世界大战期间，全球获得了史无前例的发展。西方国家采用蒸汽船、铁路和汽车代替了马车等传统交通工具，国际贸易、投资和移民空前高涨，欧洲的整个 19 世纪成为一个富有生机和多样化的时代。在人类的历史长河中，财富、商业、贸易的发展总是和文化艺术的生产密切相关。全球化的时代将更利于艺术的发展，无论在可选择的量上还是多样性与独特性上。

在当今的书籍和音乐的超级市场当中，我们可以真切地看到丰富多彩的文化选择。早在1450～1500年的50年间，有1万～1.5万部书问世，随着世界贸易的迅速增长，进入21世纪，全球书籍市场规模继续快速扩大，到2014年，书籍市场规模达到1510亿美元。这个数字还在不断地刷新。同样，音乐市场也显得异彩纷呈，据联合国教育、科学及文化组织统计，1980～1998年，全世界的音乐产品出口额以每年10.8%的速度递增，贸易促进了文化产品的多样性，增强了不同国家文化的独特性，这也是贸易保护主义者反对世界贸易的焦点。

全球化的不断发展带来文化产业的日益集中，而文化产业的日益集中并没有湮灭各国文化的独特性，反而起到了增强的作用。

首先，这种地域性的集中体现了电影产业的高效率，电影制作水平不断提高，能够给观众带来更强的视觉享受，但是其素材来自各种文化，如当年风靡世界的影片《指环王》，它的故事就包含了英格兰、北欧和日耳曼等多种文化元素，许多好莱坞大片同样以中国的古老传说作为故事的主题，所以电影产业的这种集中形态是以一种高效率的方式传播着各国的不同文化，让世界各地的人们享受了更为丰富的文化大餐。

其次，世界各国自身的电影产业，可以在这些世界电影中心的产品中学习到更多先进的技术与方法，在引进、吸收、转化、创新的过程中，提高本国电影的制作水平。近些年，中国很多优秀影片的产生就得益于此，虽然在一定阶段，本国电影的发展会遇到一定的挑战，但不能因噎废食。虽然人们能够理解贸易对文化多样性的帮助，但是当遇到特定的环境（特别是政治情境）时，人们往往容易理性地做出非理性的抉择。

三、理性的非理性行为现象分析

偏执的政治思维容易形成“理性的非理性化”，这种“理性的忽略”导致人们产生政治性的冷漠与熟视无睹。但是偏执的观念同样会导致教条主义和激情化的明显错误，压制和湮灭个人价值的存在。按此逻辑，人们将会想当然地认为自身的文化在消亡，他们更倾向于带着敌意来看待文化的交会，而不愿意去深究其缘由。如果这种“理性的非理性”政治思维被广泛认可进而转变成具体政策，那么在政府层面为了获得政治优势也会提倡这种保护，即便这将导致人们贫困，从而忽略全球文化和国际贸易对其带来的切实利益。但是，一些现象却是具有讽刺意义的，一个整天批评世界贸易的人，在生活和工作中却理所当然地享受着互联网和手机带来的便利，乘坐飞机到不同的地方，穿着进口的衣服，享受着异国的餐饮。

虽然经济学家们对经济增长的扩张一直存在争论，但是没有人否认经济增长。一些抵制贸易的人看问题有着不同的视野，他们只看到增加的贫困者，却不在乎增加的财富，忽视消费者面对的丰富选择，贬低现代文化，常常将现代文化产品的平均水平与以往的杰作进行比较。例如，随着中国经济社会的快速发展和民主化的深入，人们有了更多的自我意识和个性追求，《嘻唰唰》《老鼠爱大米》等网络歌曲被人们传唱就是这一趋势的体现。这些歌曲用直白、诙谐的语言反映了普通人对幸福生活、美好爱情的理解和追求，但在一些主流音乐界人士看来，这些网络歌曲恶俗不堪。但是不论主流音乐界如何批判，老百姓的热捧说明了一切。当年，《乡恋》被称为“黄色歌曲”，《妹妹找哥泪花流》被认作“流氓歌曲”，但它们入选“听众最喜欢的歌”。多年过去了，《乡恋》被喻为中国内地流行歌曲的“开山之作”，历史告诉我们必须以发展的辩证的观点来审视文化现象，用积极的、开放的观念把握文化建设。

可见与不可见的区别是经济现象中一个非常重要的事实。很少有人能够理解长期的保护主义虽然保住了就业却降低了人们的生活水平。短期的就业政策的效果是显而易见的，但是长期的效果却不容易被察觉。大多数生产力增长的原因是进行了有选择性的删减从而提高企业的生产效率，而不是一味在保持现状的情况下寻求提高效率的途径。此类现象在文化领域一样具有说服力，我们看见某种文化因为贸易和全球化失去了其原有形态，但是那些文化并没有凭空消失，而是演进为一种新的混合文化，即在既有文化之上的改造，由于我们常常并不能清晰地发现事物的发展规律，也不能精确地预见事物的未来形式，所以很难发现文化在改造过程中得到的成果，相对而言，既有文化失去的部分显然更容易被观察到，文化发展的成果往往好像不能弥补现有文化消失的部分。因此，武断地用对传统文化的某种历史情感来对待这种正在发展改变的文化是不理性的，因为某些选择性删减和组合往往能够更好地帮助既有文化形式的传承和发展。

经济增长的原动力包括科学技术、物质资本、人力资本和自然资源，在和平的状态下，各国的自然资源是已经先天固定的，科学技术是非常重要的因素，但是科学技术总是伴随着标准化的进程，技术扩散最终将使世界范围内的技术趋于一致，物质资本是科学技术与自然资源相结合的产物，它也将面临固化和同质的命运，人力资本是当今世界公认的最为重要的经济增长的动力源泉，实际上世界经济的竞争核心便是各国人才的竞争，那么人的升华和发展是以所在国家和地域的文化作为承载的，不同文化的良性竞争和和谐发展，才会体现出人类社会的丰富多彩，才能构建健康的人类文化系统。

第三节　后危机时代贸易保护主义的新趋势

后危机时代是贸易保护主义盛行的时期，这一时期的贸易保护主义与传统贸易保护主义有所不同，其目的不再局限于保护国内幼稚产业（发展中国家）或战略性产业（发达国家），而更多的是把精力放在尽快摆脱经济危机上。此次世界经济危机从发达经济体扩展开来，实行贸易保护的也大多是发达国家。“碳关税”“买国货”，以及大量的“两反两保”案件等表明，后危机时代贸易保护主义体现出许多新的趋势。

一、美国贸易保护主义具有示范作用

自由资本主义制度在遭遇金融危机之前，往往宣示自由贸易和政府应少干涉，但在面临危机时，却借政府干预，实行贸易保护主义。2009 年 2 月 13 日，美国国会通过了 7870 亿美元的振兴经济方案，其中第 1640 条是“购买美国货”条款，规定经济刺激计划支持的工程项目必须使用美国国产的钢铁及其他制成品，除非联邦政府认为使用国产钢材和其他制成品成本过高，会损害公众的利益。2009 年 2 月 25 日，美国众议院通过的综合拨款法案 727 条款通过限制政府经费用途的方式，限制中国禽肉产品对美国出口。在提出购买美国货的歧视性的政府采购政策之后，又相继提出了禁止墨西哥卡车上美国公路、受益于政府援助的汽车企业必须在美国生产汽车等贸易保护措施。

欧盟、巴西、土耳其、印度尼西亚、印度和俄罗斯等国家和地区也效仿美国相继实行贸易保护主义。例如，部分欧盟国家推出优先雇佣本国工人、禁止工厂外迁等变相的贸易保护措施。越南也实行了关于国家资金投资项目招投标中使用国产物资及商品的贸易保护措施。如国内劳动者能满足要求时，严禁项目业主、招标方使用外籍劳工，严禁国内企业对可以提供多数服务、商品及建筑安装的工程项目进行国际招标。

国际分工的深化及经济全球化把世界各国紧密地联系在一起。任何一个国家，特别是大国采取的政策应考虑其他国家的反应。美国购买国货的条款短期内可能会提高就业率，改善对外贸易逆差，长期来看，必将导致世界贸易保护主义加强，资源不能实现优化配置。美国是当今世界国际贸易的主要参与国，其实行的贸易政策具有很大的连带效应。其他国家会以此为示范，制定类似的政策，以效仿之。其政策受害国也会采取相应的报复措施，减少美国政策变化给本国带来的损害。

二、非关税壁垒花样翻新

采取货币贬值、提高关税、进口限制、补贴及技术贸易壁垒等手段保护本国产业，使 WTO 应对贸易保护主义的作用受到限制。WTO 于 2009 年 7 月 1 日发布的报告显示，在过去的三个月内，24 个国家和地区共出台了 83 项限制贸易的措施，是同期贸易自由化措施的两倍多。2009 年 9 月 14 日，一份 WTO、经济合作与发展组织、联合国贸易和发展会议共同起草的报告称，贸易保护主义正在抬头。这个结论是在评估了 20 国集团成员国自 2009 年 4 月伦敦金融峰会以来采取的贸易和投资措施及各方信守抵制贸易保护主义承诺的情况后得出的。

WTO 以各种形式揭露贸易保护主义的弊端，在一定程度上遏制了贸易保护主义的蔓延，但是其作用仍显不足。各国经济危机时出台的减税、降息、补贴、扩大出口、限制进口等政策的目的是增加就业、维持国际收支平衡。这些政策可能会引起本国产品对外国产品的不公平竞争，WTO 通常是警告和善后，呼吁各国进行抵制，若没有成员国提出诉求，则只好听之任之。诉求后的争端解决机制程序复杂，耗时长，胜诉的国家往往只是原则上的获胜。

WTO 只能约束与其负责实施管理的贸易协议相关的方面，当一国政策没有违背 WTO 相关原则时，利用反倾销、反补贴和特殊保障措施等新形式的贸易保护主义限制自由贸易，即使会引发全球贸易保护主义战争，WTO 也束手无策，如大量的“两反两保”案件，WTO 统计显示，2009 年全球发起的反倾销调查达 230～250 起，同比增长 11%～20%，发起的反补贴调查 41 起，同比增长高达 193%。

美国在经济刺激方案中规定“购买美国货”条款，中国无法向 WTO 上诉，因为目前加入 WTO《政府采购协议》的主要为欧洲、北美和东亚工业化国家，中国和其他发展中国家没有加入该协议。即使后来这一条款遭到众成员反对，美国也只是将购买范围扩大到了《政府采购协议》38 个成员生产的产品，仍然“合法地排除”了最具竞争力的中国产品，其实质就是贸易保护主义。

在国家补贴方面，目前 WTO 已建成一套相对完整的对货物贸易补贴的约束机制，但在服务贸易领域，各成员的补贴措施主要受各自的服务贸易承诺表的约束，使得补贴的多边纪律相对松散。《服务贸易总协定》也未对服务贸易补贴的范围作出界定，与此相关的非歧视性补贴规则尚在谈判当中。

三、碳关税为代表的贸易壁垒凸显

后危机时代，贸易保护政策工具不仅有反倾销、反补贴、保障措施和特别保障措施等，还有质量技术标准、知识产权、汇率问题和生态环境等。国际环境和温室气体减排成为新的贸易摩擦焦点。

2008 年以来，美国、欧盟和日本都提出对高排放国家征收碳关税，发达国家寄希望于通过“绿色革命”推动经济复苏，气候变化等“绿色”问题日益转变成发达经济体和新兴经济体之间的关于经济、贸易发展权的斗争。

碳关税是指对高耗能、高排放的进口产品征收特别的二氧化碳排放关税。碳关税的提议源于欧盟，用意是希望欧盟国家针对未遵守《京都议定书》的国家课征商品进口税，以消除欧盟碳排放交易机制运行后欧盟国家的碳密集型产品可能遭受的不公平竞争。随后，美国等发达经济体也出台了相应的政策，如美国国会于 2009 年 6 月通过《美国清洁能源安全法案》。该法案提出将从 2020 年开始实施此项碳关税政策。美国提出碳关税议案的目标非常明确，就是要借此对中国、印度等未承担约束性温室气体减排目标的主要发展中国家通过惩罚性关税实施贸易制裁。这些措施一旦被 WTO 通过，将使发达经济体获得很多的利益：一方面，通过征收碳关税，政府收入增加，缓解政府赤字压力；另一方面，征税使得进口产品的价格升高，削弱了外国产品的竞争力，阻止了一部分外国产品的进入，为本国相关产业赢得发展空间。

第三章　环境与贸易

有关贸易与环境关系的探讨源于发展观之发展与环境关系两难选择的理论假定，而旨在促进一国经济增长的国际贸易是否必然会对环境产生不利影响，则不可避免地成为当前各国关注的重要命题。现实中，经济全球化加快了各国对外开放的步伐，国际贸易已成为当代世界经济联系的重要方式，因而国际贸易是否必然加剧各国环境恶化趋势也成为各国政策乃至全社会广泛关注的现实课题。

关于贸易与环境问题的争论早在20世纪70年代就已开始，并以1972年斯德哥尔摩召开的第一届联合国人类环境会议为标志。虽然此次大会主要关注竞争力和产品标准问题，但征收污染税、制定排放标准、食品中有害物残留标准和汽车尾气排放标准等问题，都随着世界经济的一体化、环境问题的全球化和可持续概念的发展而受到越来越多的重视。

第一节　贸易与环境理论演化及其新发展

一、关于贸易与环境的关系

关于贸易与环境关系的理论研究基本上有两个脉络：一个是按照国家类别划分；另一个是按照影响结果划分。

1. 国家角度的研究

从国家角度看，发达国家和发展中国家之间存在诸多理论上的分歧。

（1）发达国家有关环境与贸易关系的主要理论

“竞相降低标准假说”和“生态倾销论”是发达国家环境与贸易理论的集中体现。

“竞相降低标准假说”认为，随着贸易自由化的逐步推进，各国的竞争更加激烈，资本要素流动更加自由，资本大量涌入环境标准低的发展中国家，致使发达国家的失业率迅速上升。为了阻止这种资金外流现象，发达国家也会降低环境标准，最终的结果是全球的环境标准都出现下降，从而加剧了全球的环境污染。

“生态倾销论”认为，由环境标准不同造成的产品成本差异使发展中国家享受了不公正的成本优势和市场竞争优势，而使发达国家处于不利的竞争地位，这种低成本的环境标准构成了“生态倾销”。

（2）发展中国家有关环境与贸易关系的主要理论

“环境成本转移说”和“环境库兹涅茨曲线假说”是发展中国家关于环境与贸易关系的典型代表。

“环境成本转移说”指出，如果将初级产品（或一般所说的资源密集型产品）的国际流动看作“生态流动”，那么更自由的贸易可能促使更多的环境负担从进口国向出口国转移。从现实情况来看，发展中国家往往专业化于生产并出口初级的劳动和资源密集型产品，而发达国家通过进口发展中国家的产品，把污染物以“合理”买卖的形式留在了发展中国家。

“环境库兹涅茨曲线假说”来源于库兹涅茨（Kuznets）曲线假说。1955 年，诺贝尔经济学奖得主 Simon Kuznets 提出了著名的库兹涅茨曲线假说，即人均收入水平与分配公平程度之间呈倒“U”形关系的假说[124]。环境库兹涅茨曲线在此基础上加入了环境因素，指出：当一个国家经济发展水平较低时，环境污染的程度较轻，但是随着人均收入的增加，环境污染由低趋高，环境恶化程度随经济的增长而加剧；当经济发展达到一定水平后，也就是说，到达某个临界点（或称“拐点”）后，随着人均收入的进一步增加，环境污染又由高趋低，其环境污染的程度逐渐减缓，环境质量逐渐得到改善，这种现象所表现出来的曲线被称为环境库兹涅茨曲线。

随着大量对环境压力指标和经济增长指标（收入）之间的实证研究的进行，逐渐出现了环境库兹涅茨曲线的变化，主要有四种状态，即倒“U”形、同步型、“U”形和“N”形。倒“U”形关系是环境库兹涅茨曲线的基本状态。经济起飞时期，污染不可避免。经济发展到中等发达阶段，技术进步和产业结构调整优化，环境逐步改善，使环境压力在高收入时减小。经济发展到高度发达阶段，清洁环保技术运用形成规模效应，环境污染出现拐点。

在实证研究中，对中国环境库兹涅茨曲线的描述，是从“三废”和其他环境指标角度研究的，其倒“U”形曲线占大部分，同时还发现了倒“N”形、倒“U”形 + 正“U”形和凹形等曲线。贾惠婷[125]利用中国 1997～2009 年的省际面板数据，实证分析了二氧化碳排放总量与经济发展水平之间的关系，发现：①碳排放总量与人均 GDP 之间呈现明显的倒“U”形关系，环境库兹涅茨曲线假说是成立的。②随着第三产业比例的增加，人均 GDP 对碳排放的总体影响会减弱，表现为环境库兹涅茨曲线向左下方移动。③能源效率的调节作用表现出显著的“反弹效应”特征，表现为随着能源效率的提高，环境库兹涅茨曲线向右上方移动。研究二氧化碳排放与经济发展之间关系也成为学术界研究的热点话题之一。Wagner[126]研究得出人均二氧化碳排放量与人均收入呈单调递增的关系，且不存在拐点。

2. 影响角度的研究

（1）贸易自由化有益环境论

贸易自由化有益环境论认为，国际贸易便利了环境产品的贸易和技术转移。很多文献使用实证分析方法研究获得贸易开放与环境质量之间存在正相关关系的结论。例如，Ferrantino[127]，Ferrantino 和 Linkins[128]，Tasi 的研究显示，贸易自由化会提高环境质量。Frankel 和 Rose[129]则认为，除了二氧化碳排放，没有证据表明贸易对于环境有有害影响。Antweiler 提出令人信服的理论和实证证据表明贸易有利于环境，指出了贸易影响的三个渠道：生产位置、生产规模、生产技术。其计量模型使用 SO_2 的变化说明这三个渠道的影响：生产位置变化对贸易的影响甚微；贸易导致生产规模增加，对环境质量有轻微的负面影响，贸易产生的收入效应是主导力量，技术效应使污染颗粒下降 1.25%～1.5%，主要原因是富国更珍惜环境价值并通过使用环境友好型技术提高生产率。国际贸易开放的进一步影响通过规模、技术和结构效应表现出来，会降低每个国家的 SO_2 水平，贸易自由化有利于环境。

（2）贸易自由化有害环境论

贸易自由化有害环境论认为，如果缺乏有效的环境政策和规制，贸易活动促进生产和消费的不可持续增长，污染产品的运输也加剧了环境污染。此外，各国环境标准的差异，导致各国竞相降低环境标准，从而使全球环境标准降低。第二次世界大战以后世界贸易的快速发展，使环保主义者警告世人贸易对环境有害，并引发了关于“污染避难所假说”的大量论争。例如，Beghin 和 Roland-Holst[130]对墨西哥的实证研究，Jenkins[131]对拉丁美洲工业化、贸易与污染关系的研究，Feridun 等[132]对贸易开放对尼日利亚的污染和资源利用的影响研究，均证实了技术、规模和自由化的总体效应不利于环境保护，并为发展中国家提出了一些建议。Cole 和 Rayner[133]使用 NO_2、SO_2、CO、CO_2 和悬浮颗粒五种空气污染指标，研究了“乌拉圭回合”谈判后贸易自由化的结构、规模和技术效应对环境的影响：发展中国家和转型国家（地区）所有五种污染物排放量增长；而在发达国家，SO_2、CO 和悬浮颗粒排放量减少，其他两种污染物排放量增加。

总之，贸易自由化有害环境论者认为，自由贸易是破坏环境的重要因素，表现在：第一，贸易扩大了经济活动规模，加大了对环境资源的压力；第二，贸易规则会导致环境标准降低，促进废弃物贸易的发展，使有害物质能够越境转移；第三，危险品贸易会危害环境；第四，贸易需要运输，这将增加能源使用，从而破坏环境。

（3）兼有与综合效应论

关于贸易开放对环境的影响，很多学者用一般均衡模型进行了分析，并认为贸易对环境的影响没有绝对的有益、有害，而要视具体情况。

布赖恩 ·科普兰和斯科特 ·泰勒在 1993 年所著的关于北美自由贸易区（North American Free Trade Area，NAFTA）内部的环境影响的报告中将贸易的环境影响分解为三种效应：①与商品（产品和劳务）交换相关的产品效应。②与生产和消费活动的分布和强度有关的结构效应。结构效应对一国环境效应的正负，取决于一国扩大的出口部门和规模缩小的进口竞争部门之间的生产活动的平均污染程度，前者小于后者，结构效应为正，反之为负。③与市场和经济活动扩张相关的规模效应。在生产活动的污染系数一定和产业结构布局一定的情况下，贸易活动促进了经济活动规模的扩大，增加了对环境的污染，因此，规模效应为负。随着人均收入水平的提高，生产单位产品所造成的环境污染程度降低，促使环境改善，因此，技术效应为正。这种分解方法也多为今后的贸易与环境关系问题研究所采用。

Copeland 和 Taylor[134]建立了一个包含发达国家和发展中国家两类国家群体的模型，对其进行了深入研究，弄清了以上几种效应是如何与国际贸易相互作用的，他们所展示的模型中有两组国家——北方国家（发达国家）和南方国家（发展中国家)，以及一系列不同污染程度的商品。假定没有跨界的或全球的本国产品回购，两个政府都采用污染税控制污染，北方国家由于更高的收入而设定更高的税率。随着北方国家和南方国家贸易自由化的展开，一系列复杂的调整过程开始启动：①工业的结构方面发生了变化，由于环境标准和税负不同，污染型工业在北方国家收缩而在南方国家扩张，结构效应减轻了北方国家的污染，而加重了南方国家的污染。②由于全球经济活动的总量扩张而产生了规模效应，它对各地的环境来说都是有害的。③收入的增加也随之使得居民更乐于支付治污成本，环境税将增加。在模型中，政府是按照全体人民的利益行事的，从而使得公司采取额外的治污措施以避免环境税。

Chichilnisky[135]从资源管理体制差异形成的比较优势角度分析了贸易对环境的影响。他发现，与发达国家相比，发展中国家对自然资源的产权界定是不清晰的，特别是有些自然资源是共有的，任何人都可以自由使用。这样就会出现“公地的悲剧”现象，资源被过度开发和利用。双方间的贸易流动会加剧这种现象，因为在产权不清晰的情况下，资源的使用费用很低甚至免费，发展中国家在资源密集型产品的生产方面具有比较优势，当世界市场对它们的产品的需求增加时，就会使环境进一步恶化。虽然这时环境恶化的根源是不完善的产权制度和资源的过度开发，但贸易活动加剧了这种扭曲作用。但是，上述结论是建立在各国贸易比较优势取决于不同的环境标准和资源管理体制前提下，然而在现实中比较优势完全取决于环境标准的差异的假设是不能成立的。

贸易与环境的关系不是简单的一对一的关系，由于每个模型所采用的前提假设不同，所得出的结论也不同。但以下结论是明确的：贸易自由化将缓解那些在清洁产业具有比较优势的国家的环境问题，而使另外的国家的环境恶化。从全球角度来说，如果比较优势取决于环境标准的差异，全球环境问题将加剧，如果比较优势取决于传统的要素禀赋差异，贸易自由化将改善全球环境。而具体是哪种情况还需进一步的实证研究。

二、关于环境标准与竞争力

理论上，虽然具体影响尚需进一步实证，但环境标准的高低会影响生产成本中的环境成本。Low[136]在三位海关编码（HS 3-digit）的水平上对有关数据进行的研究表明，污染治理成本占交付运输商品的价值的比例可高达3.2%。而OECD的实证研究结果表明，为满足环境法规而支出的成本对一国总的竞争力影响很小，控制污染成本支出仅占多数产业生产成本的1%～2%。即便是美国，环境成本占生产成本的平均比例也仅仅为1%，在污染程度最大的工业中该比例大约是5%。

Esty和Dua[137]、Esty和Geradin[138]都指出，全球贸易自由化的结果是，各国会纷纷降低其环境质量标准以维持或增强竞争力，出现“向底线赛跑”(race to the bottom）现象。但也有学者指出，“向底线赛跑”的论断缺乏足够的证据，如Elist和Fredriksson[139]在对农业部门的经验分析中，就没有发现充分的证据来支持“向底线赛跑”。其原因或许是农业部门的特殊性，如食品安全标准等底线不可突破。

很多学者的研究结果中，“生态倾销”这种说法本身也并不成立，因为较高的环境标准对产品竞争力下降的影响并不存在。例如，Cohen等[140]研究了良好的环境表现对公司经营业绩的影响，研究方法是比较两类投资组合的表现：第一类是“绿色”投资组合，包括各个行业中环境记录优于行业平均值的企业；第二类是“褐色”投资组合，包括各行业在环境治理方面落后的企业。在54种投资组合的比较中，有80%的结果显示“绿色”投资组合的经济业绩优于“褐色”投资组合。

此外，在这一问题上，哈佛大学商学院的迈克尔·波特[141]提出了著名的“波特假说”，即尽管从短期来看，政府实施严厉的环境保护政策确实在客观上会使企业的成本有所提高，并对企业的竞争力产生一定的影响。但是，从长期来看，由于环境管制压力的刺激，企业在进行环境投资改造的同时，也在进行技术改造、技术革新和管理革新的企业创新活动，这些行为会大大提高企业的竞争力。

李柏度在对美国数千个大的制造企业的经济和环境数据进行研究后得出结论：不存在环境表现优良的企业利润下降的趋势。Jaffe和Palmer[142]的一项综合研究同样表明，“环境标准对商品竞争力的影响并不像有些人描述的那么严重”。

一般来说，产业竞争力主要取决于要素禀赋的比较成本大小，环境成本在产品成本中所占的比例并不像公众认为的那么严重，因此，发达国家较高的环境标准对产业竞争力的影响是有限的。协调各国的环境标准需要考虑各国不同的经济发展水平，考虑发展中国家的具体情况与合理要求，对发达国家和发展中国家分别制定两套不同的环境标准，而不能强求一致。

三、关于贸易、环境与经济增长

在20世纪50年代，经济学家西蒙·库兹涅茨发现，随着一国摆脱贫穷和落后，国民收入差距会逐渐拉大；在一定时期后，随着经济增长，收入差距又将逐渐缩小。因此，在坐标系中，经济增长（横轴）与收入差距（纵轴）之间呈现出一种倒“U”形曲线。20世纪90年代初期，Grossman和Krueger[143]、Ahmed和Doeleman[144]等学者通过数据统计和分析，发现环境状况与收入水平之间也会出现这一相似路径，因此将其命名为环境库兹涅茨曲线。简单而言，环境库兹涅茨曲线描述的是：在人均收入水平比较低的情况下，随着人均收入的提高，环境污染加剧；在人均收入达到一定水平以后，人均收入的提高将伴随着环境状况的改善。

对这一现象的解释是，随着收入的增加，人们对环境质量的要求提高了。特别是如果收入增加要求环境质量提高的速度快于收入对其他产品和服务的增加速度，就会产生倒“U”形的环境库兹涅茨曲线。而贸易作为国家经济增长的助推器，其所带来的经济增长将最终有利于环境问题的解决，这就是在曲线的转折点以后的情况，在转折点以前，其所带来的经济增长将不可避免地导致一国环境污染加剧。

但是，倒“U”形的环境库兹涅茨曲线并不适用于所有情况，它适用于国内环境问题，但对全球性的污染问题并不成立。如果将人均收入相似的国家进行比较，就会发现收入分配扭曲、文盲率高、政策制定和执法过程缺乏民主的国家的污染水平明显比别的国家高。如果在模型中引入以上变量，人均收入和环境状况之间的联系明显弱化，这说明，与人均收入本身相比，环境库兹涅茨曲线更依赖于体制和民主改革。换言之，收入水平提高是使公众关注的焦点从眼前的经济和社会问题转向更长远的可持续发展问题的必要条件，但收入提高本身并不足以扭转环境退化，需要环境政策发生相应改变。而随着收入水平的提高，体制和民主改革将逐步进行，这会使公众更清楚地表达他们对环境质量的偏好，并以平等的身份影响政治决策过程，从而改变环境政策。

在贸易、环境与经济增长的问题上，我们应该坚持这样的观点：经济增长不是改善环境状况的灵丹妙药，甚至也不是主要的办法，关键是经济增长的内容——投入（包括环境资源）和产出（包括污染物）的结构。经济增长的内容取决于制定和执行经济政策的经济机构。好的经济决策机构可以为了保护生态环境提供适当的激励机制。这些激励机制不但可以在任何收入水平上都能够更有效地配置环境资源，而且可以保证可持续的经济活动的规模不会超出生态系统的承受能力，使其能够可持续地为人们提供所需的资源，这对穷国和富国来说是同样重要的。

四、贸易与环境理论的新发展

西方贸易与环境理论一直伴随着争论而发展，20 世纪 90 年代后，随着世界各国经济、政治、文化趋向高度全球化，站在世界经济发展的高度上，环境成本内部化理论得到长足发展，其内容得到全面扩充，其理论和实践得到逐步推广。

传统的自由贸易理论没有考虑到外部性造成的市场失灵，使得国际商品价格不体现环境成本，而环境成本内部化理论正好弥补了比较优势理论的缺陷，将环境成本纳入生产成本，体现资源的稀缺性，消除其外部性，即环境成本内部化。一般说来，环境成本（E）由两部分组成，即 $E = E_0 + E_1$。其中，E_0 是环境要素的价格，它的大小直接受环境要素禀赋的影响；E_1 是外部成本，它的大小主要受一国环境政策的影响，而环境政策的核心又是环境标准。在环境标准较宽松的国家，对环境的破坏投入较小的费用治理，E_1 较低，相反，严格的环境标准会使生产者提高环保意识，加大治理投入，E_1 较高。

环境成本内部化理论大致经过了三个发展阶段：

1）内部化理论的最早提出者是 Pigou[145]，他在 20 世纪初关于福利经济学的分析中指出，“由于环境的重要经济根源是外部效应，那么为了消除这种外部效应，就应该对产生负外部效应的单位收费或征税，对产生正外部效应的单位给以补贴”。其核心思想是，由政府给外部效应确定一个合理的价格，由外部不经济性的制造者承担全部费用。

2）随着 20 世纪 60 年代著名学者 Coase[146]的产权理论的兴起，运用科斯定理来创新环境经济制度在理论和实践上都得到了很大的发展，逐渐形成了以自愿协商、排污权交易为代表的“内部化手段”。“只要把外部效应作为一种产权明确下来，而且谈判费用不大，那么外部效应问题可以通过当事人之间的资源交易而达到内部化。”

3）进入 20 世纪 90 年代后，随着市场主体由“经济人”向“生态人”的转变，环境成本内部化理论的内容得到了全面扩充，环境内部化手段发展到诸如实施环境标志制度、推广 ISO14000 环境认证等新型经济手段。

把环境成本内部化理论应用到自由贸易与环境保护的关系分析中，我们可以这样理解：国际贸易中的环境问题同样具有外部性，在自由贸易中没有把自然资源利用、环境污染的防治等环境成本适当地反映在商品和服务的市场价格之中，从而造成市场失灵，贸易也失去了有效配置资源的功能，这才是造成环境与贸易冲突的根源。因此，从理论上说，环境成本内部化才是解决环境问题及协调贸易和环境发展的最根本途径。但是，环境成本内部化在实践中还存在着很多问题，如有些环境资源的价格确定起来非常困难，有些环境资源无法进行产权界定，政策的制定和执行中存在普遍的政策失灵现象等。

第二节　贸易的环境效应

一、贸易的环境效应的具体表现

贸易的环境效应是指与贸易相关的经济活动对自然环境产生的综合影响。理论上讲，经济活动对自然环境的影响既包括有利方面，即正效应，也包括不利方面，即负效应。在探讨贸易的环境效应时，也存在理论观点方面的分歧。尽管两种观点形成鲜明对比，但持有不同观点的学者在现实中均能找到支持各自观点的证据，使贸易的环境效应分析增加了不确定性。

OECD 将贸易的环境影响分为产品影响、技术影响、结构影响与规模影响四个方面。Panayotou[147]则将贸易的环境效应归纳为五种：规模效应、结构效应、技术效应、收入效应及法规效应。

因此，国际贸易对环境的影响效应基本包括以下六类。

1. 产品效应

产品效应是指与贸易产品性质相关的环境影响。国际贸易通过具有环境影响的商品和服务的国际交换来影响环境。一方面，产品效应与技术效应密切相关，如果产品本身是有利于环境保护的技术产品或其生产技术是环境友好的，则该产品的环境效应是正的。另一方面，如果贸易促进了有害物质的国际扩散或进行濒危物种的国际贸易，将会产生环境的负效应。

贸易为那些解决特定生态问题的环境设备、技术和服务在全球扩散提供了机会。全球的环境设备和服务市场正以每年 5%的速度增长，这个市场的环境设备和服务包括水处理装置、废物管理、大气质量控制、土地整治和降低噪声等。其中环境服务业每年平均以 8%的速度增长，远远超过整个国民生产总值年均仅 2%～3%的增长率和国际贸易年均 6%的增长率。

贸易会通过一些对生态系统有直接危害的产品（如有害废物、危险化学品和濒危物种等）在国家之间的运输和交换而产生负的产品效应。尽管现在个别对人体和环境有害的易爆、易燃、剧毒、腐蚀性和致癌的废物和化学品在国家之间的运输和交易已处在贸易控制下，但还有其他国际贸易产品会间接地损害环境，如含农药或污染物残余的农产品及用不可降解或不可回收材料包装的产品，而且即使是危险废物之类的贸易，在国际上也往往是禁而不止。这种禁而不止主要是由于高利润驱使。发达国家的环境标准较高，而发展中国家的环境标准较低且往往执行不力，导致发达国家与发展中国家在危险废物处理上的成本落差。若不考虑其他因素，则高标准必然导致污染物处理高成本，低标准必然导致污染物处理低成本。平均而言，1994 年，在非洲国家，处置危险废物费用大约是 40 美元/吨，而欧洲需要 4～25 倍的费用，美国则需要 12～36 倍的费用。

2. 规模效应

规模效应是指贸易导致经济规模变化所造成的环境影响，包括正向和负向的影响。贸易自由化将扩大一个经济体经济活动的规模，使其国内生产总值增加，产生更多的生产与消费活动，自然资源的使用量和污染的排放量也将相应增大，在经济结构和生产技术水平不变的情况下，如果缺乏环境政策法规的有效监管，环境就会趋于恶化。通常认为，贸易对环境的规模效应是负面的。

贸易对环境的正面效应归因于其对经济活动整体和规模及市场增长的扩展作用。其作用机理在于：贸易增加了收入，使得人们更有兴趣投入更多的资金用于环境保护；贸易通过扩大规模，提高了国际市场的效率；产品和劳务能自由流动，资源被配置到成本最低、收益最高的生产经营活动中，实现或越来越接近资源配置的帕累托最优状态，使单位产品生产的环境影响最小化。在这种方式下，贸易能让具有不同资源和优势的国家克服因其市场能力有限而对经济增长和经济发展产生的约束。

贸易促进经济增长，而经济增长与环境质量具有必然的联系。环境库兹涅茨曲线表明，当一个国家处在经济发展的初级阶段及转型阶段时，污染可能增加，而当一个国家的经济繁荣到一定水平后，其环境污染将趋向减少。国际经验表明，一国从污染加重到污染减轻，其拐点在人均国内生产总值 4000～5000 美元。然而，在市场失灵和干预失灵的情况下，贸易所推动的增长对环境也会产生负的规模效应，导致经济不能持续发展。

这里的市场失灵指的是市场不能正确估价和分配环境资源，从而导致产品和服务的价格不能完全反映它们的环境成本，典型的市场失灵包括环境成本外部化、生态系统估值不当（低估）、产权界定模糊等。

3. 结构效应

结构效应是指贸易自由化引起的产业（行业）结构的重新布局对环境产生的影响。开放的贸易促使一国加大其相对丰裕要素的投入并在这些部门形成比较优势，最终的环境影响取决于新的部门相对原有部门而言的污染程度，即取决于扩张部门与收缩部门的相对污染强度比较，如果结构调整形成污染密集型和资源依赖型专业化生产部门，将对环境构成负面影响，否则对环境的影响是积极的。

贸易促进专业化分工，导致各国更依赖于自己的资源禀赋优势参与国际竞争，从而推动各国经济结构的转变。贸易的结构效应与一国的资源禀赋有关。不同的自然资源条件决定了不同国家有不同的环境容量。通过分配与不同国家的环境容量和条件相适应的经济活动并提高资源的使用效率，贸易的国家间资源配置最大化作用使其具有正结构效应。此外，贸易可能加速一个国家的产业结构由污染严重的第一产业、第二产业主导向污染较轻的第三产业主导转变，正如在许多发展中国家发生的状况，对其环境带来巨大的改善。OECD 的研究认为，如果环境资产能被正确估值和计量，并且其价值能包含在国际价格和市场中，环境资源的使用不被政府政策干预所扭曲，那么，贸易将是推动全球持续稳定发展的理想手段。

4. 规则效应

贸易会影响环境政策和环境标准的制定和实施从而影响环境，这就是贸易影响环境的规则效应。规则效应是贸易政策的改变对现有环境政策和标准的影响。贸易自由化之所以会影响环境法规，是因为需要协调国家政策特别是环境标准来促进贸易。与环境补贴有关的国家法律和措施，与环境有关的财政措施和进口措施也会受到贸易自由化的影响。而且贸易协定在鼓励改变投资和工业迁移方面，也会影响环境处理标准的水平和实施。另外，贸易自由化还可能弱化或强化国家在国际环境协议下所承担的与贸易有关的义务。总的来说，只要不削弱政府追求适当而又有效的环境政策的能力，贸易自由化一般会产生正面的法规效应。

近年来，随着国际贸易竞争不断加剧及环保要求日益提高，国际上与贸易有关的环境措施有了较快发展，环境标准日趋严格，影响范围不断扩大，特别是以欧盟、美国、日本为代表。发达国家的与贸易有关的环境规则对世界起着引领作用，并进一步迫使发展中国家逐渐适应或趋同它们的规则，从而影响世界环境。

5. 技术效应

技术效应是指贸易所带来的技术的变化对环境产生的影响。贸易具有促进环保技术的传播和扩散的正效应，同时也会带来不利于环境保护的技术的传播，如果有害于环境的技术更具有经济效率，就有可能替代环境友好型技术而被广泛传播，从而对环境产生负面效应。生产单位产品所造成的环境污染程度会随着人均收入水平的提高而降低。

6. 收入效应

收入效应是指随着经济规模的扩大和居民收入水平的不断提高，消费者将对高标准的环境质量产生偏好，这将刺激政府和企业对环境保护进行投资与技术创新，同时经济规模扩大使环保投资和技术创新成为可能，最终促进环境改善。这一现象就是环境库茨涅茨曲线描述的过程。

Grossman 和 Krueger 仅将国际贸易对环境的影响分解为规模效应、结构效应和技术效应三个方面，认为国际贸易对环境的影响要看三个效应的总和（即三效应说）。

二、贸易与环境的相互作用

1. 贸易的作用力

贸易的作用力有着正、负两方面的环境效应。一方面，贸易的自由化通过纠正贸易政策干预失败，对环境产生积极影响，从而产生静的正效应。各个国家在其资源的环境禀赋差异的基础之上，尽可能降低环境成本，通过国际贸易的进行而重新配置资源，在一定程度上使环境受益。另一方面，贸易可能产生环境负效应，且这种负效应源于市场失灵和政府干预的失败。大多数贸易的自由化还不完善，一些扭曲性的贸易政策干预仍将继续。通过自由贸易而增加的一些产品和服务，其价格并不包含环境成本，这种情况下的国际贸易会使环境进一步恶化。

2. 环境的反作用力

环境是国际贸易能够正常进行的基础和必要条件。不同地区的环境差异导致各国比较利益和国际分工的差异。各国的自然资源禀赋是不同的，这影响到各国贸易的内容、规模和结构。环境政策的制定影响国际贸易的内容和方式。此外，各国环境状况的不同影响国际贸易的发展。

正是因为环境对贸易有着深远影响，环境政策和多边贸易体制冲突不断。再加上目前各国制定的环境标准高低不一，尤其是发展中国家和发达国家之间的环境标准差别非常大，与环境问题相关的贸易争端层出不穷。贸易自由化大大推动了国际贸易的发展，同时也引起了许多环境问题。虽然造成环境问题的原因是多方面的，如政策失灵或市场失灵，但是贸易作为人类的主要经济活动对环境造成多方面的影响。

三、贸易与环境效应的理论分析

1. 相关理论演进

理论界对贸易与环境的关系研究开始于 20 世纪 60 年代，当时发达国家的工业化污染引起的国内和地区环境问题严重，各发达国家普遍制定并实施了严格的环境政策和高的环境标准，并寻求环境补贴和保护措施以抵消高标准带来的产业国际竞争力下降的影响。该时期关于贸易对环境的研究比较浅显，主要是基于产权制度缺失，而探讨贸易对市场失灵的加剧所导致的环境恶化问题。进入 20 世纪 70 年代，相关研究具有了全球化倾向。环境污染问题的跨境转移等性质，使其与贸易的跨境移动具有了一定的表象联系，学者们更加倾向于将环境问题与传统的贸易理论相结合，试图将环境因素纳入传统理论框架，探讨贸易国的环境资源产品的比较优势来源[148]。

在不断的探讨和争论中，形成了环保主义者和自由贸易主义者关于贸易对环境的影响问题的具有鲜明对立性的两大阵营。以 Khor[149]为代表的环保主义者认为贸易对环境保护有消极的影响。而哈丁提出的“公地的悲剧”及丹尼斯提出的“零增长论”都从理论的角度提出了贸易环境悲观论。持有该观点的学者普遍认为，在缺乏有效环境保护政策的情况下，贸易活动促进了生产和消费的非持续性增长，不断扩大的生产和消费活动及污染贸易品的运输，加剧了环境的恶化。另外，在当前各国环境标准不同的情况下，自由贸易会赋予环境标准较低的国家以竞争优势，导致在这些国家出现“污染避难所”（pollution haven）和各国“向底线赛跑”的竞赛。而自由贸易主义者则认为，贸易不是产生环境问题的根源，自由贸易不但不与环境相冲突，还可以促进环境保护[150]。Cole[151]提出了“经济发展决定论”，认为从福利经济学的角度看，自由贸易有助于实现环境资源在全球范围内的最优配置，从而保证生产活动能够按照最有效的方式进行。自由贸易通过提高收入使人们有更多的资源和技术来改善环境，还有助于增加有利于环保的清洁产品、服务和技术的交换。Torres[152]还提出贸易自由化有利于消除那些扭曲贸易的政策措施。

2. 贸易的环境效应的解释框架

对贸易与环境问题更加客观的探讨则开始于 20 世纪 90 年代，这个时期，经济全球化的发展更加迅速，更多国家和地区都被卷入这股洪流中，相互之间的政治交流和贸易往来使得贸易与环境的关系问题具有了更加宽广的视野，探讨更加客观，理论更加丰富，实证研究也日趋广泛。本书对该问题的理论介绍，也从这个时期开始。

（1）环境污染分解模型

在对贸易的环境效应进行定量研究时，通常考虑贸易对环境的规模效应、结构效应和技术效应。基于 Grossman 和 Krueger[143]的思路，Copeland 和 Taylor[134]、Grossman 和 Krueger[153]建立了相应的环境污染分解模型。

这三个模型中，Grossman 和 Krueger[153]的分解模型的思路更清晰，部门分类在现实中也容易找到对应项，因此在实证分析中得到广泛应用。他们给出了污染排放量分解的动态方程，具体如下：

$$E_t = \sum E_{jt} = \sum Y_t (E_{jt}/Y_{jt})(Y_{jt}/Y_t), \quad j = 1,2,\cdots,n \tag{3-1}$$

式中，Y_t为该国在t期的出口总额；E_{jt}为j部门在t期的污染排放量；Y_{jt}为j部门在t期的出口额；E_{jt}/Y_{jt}为j部门在t期的排污强度，可表示为I_{jt}；Y_{jt}/Y_t为j部门在t期的出口额在出口总额中所占的比例，可表示为S_{jt}。

则式（3-1）可被改写为

$$E_t = \sum E_{jt} = \sum Y_t I_{jt} S_{jt} \tag{3-2}$$

对式（3-2）两边关于时间进行微分，然后除以E_t，得

$$E = Y + \sum n_j = \sum e_j S \cdot jS_j + \sum E_j + \sum I \cdot jI_j \tag{3-3}$$

式中，e_j为j部门排污量在总排污量中所占的份额。方程右边的第一项反映规模效应，第二项反映结构效应，第三项反映技术效应。

（2）对贸易环境效应的实证

Antweiler [154]利用44个国家的数据（1971～1996年）进行了贸易的环境效应分析。他通过分析国际贸易与SO_2浓度之间的关系，发现贸易的结构效应使资本丰富国家的产出更具有污染性，这说明传统的生产要素禀赋对比较优势的影响非常重要。但最贫穷国家的平均产出的污染程度也增加了，这说明宽松的环境管制也使得SO_2排放密度高的生活活动从中等收入国家转移到更富或更穷的国家。从全球来看，贸易的结构效应的正负结果难以评述，但技术的正效应要超过规模的负效应。他们发现，在其他条件相同的情况下，经济活动规模每扩大1%，SO_2的浓度就增加0.3%，而由此导致的收入的增加带来的技术效应使SO_2的浓度下降1.4%，两者的共同作用使SO_2的浓度下降1.1%。

Cole[151]等研究了“乌拉圭回合”谈判对五种空气污染物排放的影响，并区分了发达国家与发展中国家不同的变化趋势，他们的结论是：①“乌拉圭回合”谈判使发达国家的生活活动向污染密集型的方向发展，而使发展中国家（拉美国家除外）向相反的方向发展。这反映了发达国家在资本密集型产品方面的比较优势。但从总的效应来看，有些空气污染物的浓度却是下降的，原因是收入增加带来的技术效应超过了规模效应和结构效应之和。②对于亚洲发展中国家来说，空气污染加重了，因为这些国家的经济规模扩张非常快，规模效应的负面影响超过了正的结构效应，收入增加产生的技术效应还没有显现出来。③非洲、拉美和东欧等其他发展中国家的空气污染恶化是因为负的结构效应和规模效应超过了技术效应。

Strutt 和 Anderson[155]对印度尼西亚的贸易自由化的环境影响进行了预测分析。作者首先预测了无贸易改革情况下的印度尼西亚经济增长的环境效应，进而与“乌拉圭回合”谈判的贸易开放条件的预测结果进行比较。在无贸易改革情况下预测的二氧化碳的排放量增加了 134%，二氧化硫的排放量增加了 132%，二氧化氮增加了 162%。其中，规模效应和结构效应增加排放与空气污染程度，而技术效应降低了污染程度。但执行“乌拉圭回合”谈判贸易开放条件则降低了印度尼西亚的空气污染，如二氧化碳和二氧化硫将下降 0.6%，二氧化氮将下降 1%。其中，尽管规模效应仍是增加污染，但结构效应显示出降低污染的效果。因此该研究的结论是：印度尼西亚的贸易改革将有利于改善环境，贸易自由化将极大地增加社会福利。

李秀香和张婷[156]以二氧化碳排放量为污染指标，分析了 1981～1999 年我国出口增长的环境效应，得出的结论是：随着出口不断扩大，贸易自由化及相关环境管制措施的实施，最终导致了二氧化碳排放量增幅下降，总规模效应为正；比较了资本密集型和劳动密集型产业出口增长的差异，得出我国出口较为清洁的产业而进口较为污染的产业，贸易的结构效应为正；比较了当出口规模扩大，出口企业的污染处理量增大的趋势，认为出口创汇有助于增强进口污染处理设备的能力，贸易的技术效应为正。

郭红燕和刘民权[157]运用 1998～2005 年我国工业各行业数据来研究贸易的环境效应问题。其对污染指标的选用比较独特，选用包括废水、废气、固废等总的污染物排放数据来进行模型拟合。得到的结论是：①出口贸易对环境的结构效应为正。贸易使中国出口行业结构由污染型向清洁型转变，工业污染水平降低了 24.27%。②出口贸易对环境的技术效应为正。贸易使中国有更多机会学习和引进国外环保技术，该效应使中国的工业污染水平降低了 48.59%。③出口贸易对环境的规模效应为负，并远远超过了结构效应和技术效应，使总效应为负。中国的出口扩张对环境的规模效应为 229.73%，因此，尽管中国出口行业结构改变和技术进步能够降低工业污染水平，但都被规模效应所抵消。

第三节 南北贸易环境关系模型

一、南北环境贸易比较优势模型

1. 基本分析框架

基于 Grossman 和 Krueger 对 NAFTA 的环境效应的研究，学者们大都在假定产品相同的前提下，对结构效应、规模效应和技术效应进行比较研究，从而得出贸易与环境关系的结论。对一定的贸易产品，决定环境状况的不是单个因素，而是结构效应、规模效应和技术效应比较的净结果。因此，对影响环境的因素进行分解研究是必需的，能让我们了解是什么因素导致了各国污染。

Copeland和Taylor在1994年首先建立的南北国家环境贸易比较优势模型，针对污染通过贸易在具有不同比较优势的国家间传播进行了开创性分析。两位学者认为，如果对环境质量需求的增长超过同比例的收入增长，则技术效应抵消规模效应在理论上是可能的。然而，技术效应不可能在南方国家同时抵消规模效应和负的结构效应。因为它更为宽松的环境标准使得南方国家在污染产业上具有比较优势，结论是贸易自由化将缓和北方国家的环境污染问题，而恶化南方国家的环境，这就是“污染避难所假说”（pollution haven hypothesis，PHH）。同时，从这个模型中可以得出另一个与贸易有关的结论，即如果北方国家和南方国家的环境标准先后提升从而使工业结构相对而言没有发生改变，南北国家均衡的经济增长不会导致全球污染加剧。如果北方国家的发展比南方国家快，那么，南北国家之间的排放标准将进一步产生分歧，导致污染型工业在南方国家扩张，在北方国家收缩。如果南方国家的发展比北方国家迅速，则情形相反，南方国家的排放标准将向北方国家靠拢，从而降低整体污染的程度。由此得出的结论是：贸易自由化在一定程度上缩小了南北国家之间的收入差距，这将有助于解决世界的污染问题。确实，开放经济比封闭经济发展得快些，并且通常在发展中国家贸易壁垒要比发达国家更高些，只有个别例外，如农产品、纺织品和服装。进一步的贸易自由化会对改善全球环境更为有益。

Copeland 和 Taylor[158]进一步探讨了全球性污染问题的南北贸易模型。该模型假定污染是全球性的（如 CO_2），南北国家均采用可交易的排放许可证实施环境控制。南北国家贸易的结构效应导致了北方国家“清洁”产业扩大，而南方国家污染产业扩大，结果是污染许可证的市场价格在北方国家下降，而在南方国家上升。北方国家开始削减许可证的额度，而南方国家却不得不增发部分许可证额度以满足污染产业规模。扩张的需求除非削减与增加的许可证额度相等，否则贸易自由化的均衡效果就是扩大了总的污染水平。

2. 实证分析

自 Copeland 和 Taylor[134]提出 PHH，就不断有学者围绕该假说展开贸易与环境关系问题的探讨。

部分学者通过研究发达国家和发展中国家污染型产品的出口变换验证了“污染避难所假说”的存在。Robinson[159]的研究显示，1973～1982 年美国进口商品的污染含量增长率高于出口产品，这意味着美国在这一时期的贸易活动趋于更多地进口污染密集型产品，其为该假说提供了一定的经验证据。Hettige 等[160]通过研究发现，发展中国家更多的是从事“肮脏行业”（dirty industries）的生产，出口的产品也多属于污染密集型和资本消耗型产品，而发达国家更多的是出口清洁产品。Mani 和 Wheeler[161]的研究表明，1961～1995 年，日本、北美洲和西欧等 OECD 经济体污染密集型产出在整个制造业中的份额持续下降，而发展中的亚洲和拉丁美洲却平稳上升。更为重要的是，发展中国家污染密集型产品净出口快速增长时期也正好是 OECD 经济体排污成本迅速上升的时期。

另外一些学者从贸易流和外商投资的角度进行了考察，为“污染避难所假说”提供了相反的证据。Grossman 和 Kruger[162]考察了环境规制对贸易流的影响。他们使用美国从墨西哥的进口数据，最终得出环境政策并不能影响贸易流向的结论。Wheeler[163]也提供了与“污染避难所假说”完全相反的证据，指出那些吸收了世界对外直接投资最多的国家（如中国、墨西哥和巴西）的城市空气污染都呈现下降趋势。Ederington 等[164]考察了美国的清洁产业 1972～1994 年的实际变化，采用美国进口的年度数据检验这种转变是否由同时期的贸易自由化引起，最后得出结论，污染严重的产业的产品并没有被来自国外的进口品代替，即没有证据支持 PHH 成立。

二、南北贸易环境关系自然资源产权论

Chichilnisky[135]从自然资源产权的角度出发，指出南方国家较北方国家在自然资源的产权归属方面不清晰。具体地说，自然资源在南方通常作为国有财产被管理，可以随意获取，这种政策往往导致过度开采，因为人们缺乏保护资源的私人动力。由于南北国家之间的贸易过程中，南方国家在自然资源开采方面具有很明显（事实上并非如此）的比较优势（仅从政策角度讲，实质是资源管理水平低下），因此南方国家将集中生产资源密集型产品，且其数量将远大于在产权清晰、保证自然资源可持续利用情况下的合理产出。由此可见，问题并不在于贸易本身，而是这种薄弱的产权体制，以及随之而来的过度开采。世界市场的需求加上国内需求，就会产生更坏的结果。但此处所得出的结论是基于一个关键的假设，即国家之间的比较优势是由环境标准和资源管理水平的不同所决定的，这些差异反过来与人均收入相联系。由此，富裕的国家会采取更为严格的环境标准和更为合理的资源管理方案。如果的确如此，贸易自由化就会改善发达国家的环境状况，加剧发展中国家环境的恶化，就全球环境而言，同样是趋于恶化。这个理论显示出贸易自由化需要伴随着多边协议以保护全球环境。

三、对南北贸易模型的修正

单纯由于环境标准不同而产生比较优势的前提是不能完全站得住脚的，即使

是在全球最富裕的美国，治污成本也仅占生产成本很小的一部分。决定比较优势的其他因素很容易掩盖这种由政策引致的微小的成本差异。比较优势的经典解释集中在两个因素——资本和劳动上。在其他因素相同的情况下，具有超过世界平均水平的资本劳动比率的国家，具有生产资本密集型产品的比较优势，反之亦然。发达国家相对于发展中国家资本较为丰裕，这就使得前者在资本密集型产品的生产中具有比较优势，而后者的比较优势则体现在劳动密集型产品的生产上。如果考察美国治污成本最高的产业，也就是污染最严重的产业，包括造纸、有色金属、化工和化肥、钢铁制造业和炼油业，这些产业同时也是资本最密集的产业，根据经典贸易理论，这些产业具有向资本丰富的国家集聚的倾向，而对发达国家来说，只占成本1.2%的治污成本劣势根本不能扭转其在资本上的巨大优势，如果比较优势的古典模型成立，即1.2%的治污成本不能扭转发达国家在资本上的优势，那么贸易自由化会导致发展中国家环境恶化的结论就难以成立了。

Antweiler 等[165]依旧使用简单的2×2×2模型，在一个小范围开放经济中研究贸易的环境效应问题。其采用的环境效应分析模式沿用了 Grossman 和 Krueger[143]的分析框架。模型假设存在贸易摩擦，国际市场的价格和国内市场的价格有差异，X部门是资本密集型行业，且在生产产品时释放污染。政府投资污染治理技术θ来减少行业X释放的污染，生产中释放的污染以征税的方式来为技术付费。模型建立了简单的污染需求和供给曲线，认为污染的需求者为X商品的生产者，则污染的需求量与行业X的均衡产量相关联，并随着均衡产量的提高，生产X的边际污染利益在下降，则越不愿意支付税收，导致污染需求曲线下降；认为污染的供给方为政府，政府制定的污染税要全面考察绿色消费者（关心污染水平）和棕色消费者（不关心污染水平）的效用、国内和国际价格、生产商的决策及生产的可能性。政府征税效益最大化问题导致的结果为税率等于所有个人的总边际损失。因此污染供给曲线向上倾斜，因为污染越多，清洁空气越稀缺、越有价值。在污染供给曲线和污染需求曲线的共同作用下，形成均衡污染水平Z_0和污染排放税率τ_0。

贸易通过三种途径对环境产生影响：①规模效应。经济活动的增加导致污染需求曲线向右移动，提高污染水平。②技术效应。贸易引起的收入增加提高了对消费清洁空气的需求，降低污染水平。③结构效应不确定，即贸易可能增加了排污产品的生产量而引起污染加重，也可能降低了排污产品的生产量而减轻污染。

模型假定贸易比较优势的决定因素是封闭经济的相对价格，该价格决定了该国是排污商品X的出口方还是进口方。模型中，封闭经济的相对价格由以下两个因素共同决定：①一国的资本要素禀赋。资本要素禀赋丰裕会降低资本密集型排污商品的封闭经济下的排污价格，导致该国市场更加专业化于该种排污商品的生产。②该国的收入水平。高收入导致政府制定更高的排污税率和更高的封闭经济下的商品X的价格，导致该国降低了生产排污商品的专业化水平。

Antweiler 等运用 1971～1996 年 43 个国家 108 个城市 290 个监测点的 2555 个 SO_2 的密度观测值来验证贸易的环境效应。结果显示，发达国家与发展中国家之间的贸易将在发达国家增加污染（因为扩大了在资本密集型生产方面的专业化），而减少了发展中国家的污染（因为扩大了在劳动密集型生产方面的专业化）。总的来说，将减少全球污染，因为大部分的污染性生产都发生在发达国家更为严格的环境标准下。

但该模型也有明显的不足，表现为该模型得出的结论依赖其严格的假设——资本要素禀赋和技术不能流动，如果未来的贸易促进了资本的集聚，则其他结果可能会出现。

第四节 环境规制与贸易模式关系研究

以前，人们都认为大气是公共资源，可以不加约束地共享，但随着人类经济活动的加剧，大气资源变得越来越有限了，也需要各国间协调分配，有偿使用。只是它不像土地、矿产、水源等，无法界定产权，分配复杂，因此需要制定一个国际协定来规范和约束。这个国际性的规制对世界各国产业结构的更替、经济增长方式的转变、居民消费理念的改变、融资途径的开拓和国际经济合作的发展都将起到重大的推动作用。《京都议定书》在人类历史上第一次以法规形式限制各国温室气体的排放，是近年来全球经济发展中的一件大事，也标志着环境保护在全球经济发展中的地位得到了实质的提升。它的生效对世界各国的贸易结构影响已经逐渐显露，学术界对环境规制对贸易模式影响的讨论也逐步深入。

一、环境规制对贸易影响的理论研究脉络

关于环境规制的贸易效应的相关研究可以分为两类：第一类注重国际贸易模式，重点考察环境规制较宽松国家的污染密集产业是否在贸易方面表现得更好，采取严格管制措施的国家是否会在污染产业失去竞争力，采取宽松管制的国家是否将变成污染产业的“污染避难所”等；第二类注重某一特定国家的进出口，按照污染密集度考虑其进口与出口的构成，比较污染密集度产业和其他产业的出口表现。

早期的研究大多认为，环境规制对贸易的影响是负面的，且（或）影响很小。他们认为环境控制成本（environmental control cost，ECC）只占总成本很小的一部分；通常由 ECC 引起的产出减少非常小且不显著，虽然对个别部门可能例外；没有证据显示 ECC 会影响贸易模式[166-168]。

近期研究则显示，环境规制对贸易的影响依赖于一些其他条件，如环境成本的承担方式、生产中各种投入的特性、政策变化的幅度及产业贸易的形式等。

Cassells 和 Meister[169]使用可计算的一般均衡模型考察了新西兰在实施水污染规制之后，乳制品出口贸易受到的影响，研究发现，对新西兰乳制品业而言，ECC 只占总成本的很小一部分，ECC 对贸易的影响取决于各部门承担 ECC 的具体方式。Larson 等在 2002 年通过案例分析考察了非欧盟地中海地区六个国家环境规制的变化对出口的影响。研究结果表明，环境规制对不同国家出口的影响不同。

Cole 和 Elliott[170]基于传统的比较优势模型及其“新”贸易理论框架检验了环境规则对贸易模式的影响。他们分别通过 Heckscher-Ohlin-Vanek（HOV）模型及在该模型基础上建立的“新”贸易模型检验了贸易模式是否显著地受环境规则的影响。在 HOV 模型当中，没有数据显示贸易规则明显地影响净出口。然而，他们发现钢铁及化工产业的进出口在资本充裕的国家中是最高的，非铁金属及纸浆的净出口在矿产和森林资源丰富的国家中最高。这两个发现也许能够解释为什么环境规则对贸易模式的影响并不显著。与 HOV 模型不同的是，其“新”贸易模型并不估计净出口，而是估计其内向外向产业的贸易份额（intra-industry trade，IIT）。通过这种方法并不能得到环境规则引起的净贸易变化方向。因此，实际上他们提出的是 HOV 模型中的一个局部的问题，即环境规则是否像其他要素一样影响贸易结构，并能够扩展到相同或不同的行业当中。其结果显示了在两国之间 IIT 实际上受到了环境规则的影响。如果环境规则作为外生变量，它在整个样本空间中对 IIT 变化在统计上有着显著的负相关关系，而在南北国家样本空间中，相关关系为负，但决定意义不显著。此外，IIT 与环境规则变量的微分呈负相关，这表示下降的外向贸易份额与下降的环境规则变量的微分相关。他们得到的结论是：环境与贸易之间并没有简单的一对一关系，由于每个模型所采用的前提假设不同，所得出的结论也不同。严格的环境规制并不一定是污染产品净出口的主要决定因素，环境规制对贸易的影响受到相对要素禀赋和要素使用密集度的影响。进一步地，Cole 等[171]通过检验美国显性比较优势（revealed comparative advantages，RCA）指数和其他专业化度量来检验污染产业是否会转移到低环境规制的国家，研究表明，美国污染密集度部门专业化既没有降低，也没有比其他制造业部门降低得更快（或增长得更慢）。

而最近关于此方面的研究，则转变了研究思路，他们用工具变量矫正环境规制的内生性后，发现环境规制对贸易有一定的负面影响[172-174]。

Levinson 和 Taylor[175]通过建立一个简单的经济模型来检验环境管制对贸易的影响，其利用 1977～1986 年美国国内、美国与加拿大之间、美国与墨西哥之间的 130 个制造业净贸易流量的数据进行检验，结果显示，净进口的变化是由环境管制成本的增加带来的。

其他研究思路还有郁志豪和 Qiu[176]通过贸易与跨国污染的南北模型分析环境技术转让与诱导南方加入国际环境协议（international environmental agreements，IEA）

之间的关系，得出以下结论：①技术转让对诱导南方加入 IEA 有作用，可以增加或减少其加入的激励；②南方加入 IEA 的期望会降低市场对技术转让的激励。McAusland[177]采用一个程式化的污染中间产品的贸易模型来检验产品标准对贸易与污染的影响，认为绿色产品标准能够保护环境，消费进口污染产品也许会加重而不是减轻当地的污染。

二、总结和评述

随着全球环境污染的日趋加重，以及温室气体等环境污染的全球跨界移动，发达国家不仅考虑本国内部的环境问题，也开始考虑全球范围内的环境改善一体化问题。而贸易作为经济发展的一极，其自身的跨界移动性，引起了学者们将两者联合研究的兴趣。自 20 世纪 60 年代开始，贸易对环境的效应研究层出不穷，成果不断涌现。

但通过研究总结发现，贸易与环境之间的关系不是简单的一对一的关系，贸易对环境会产生负面影响还是正面影响；是否会随着引入环境比较优势而导致贸易结构发生变化；是否严格的环境规制，或全球一体化的环境规制能产生正面的效果，都成为学者们感兴趣的话题。

学者的研究结果从过去的简单直观假说到最近的研究方法和数据处理，都更加严谨、客观且可信，但其中带有或多或少的个人主观利益取向的色彩。研究大多以南北贸易作为框架基础，着重分析发达国家的污染密集度产品的流向和流量问题。但现实中可以看到的情况是：产业内贸易不断增加，占了贸易的绝大部分，该流量对环境的影响研究却很鲜见。同时，随着全球经济的发展，对国家发展的分类，不能再简单沿用南、北，或发达与发展中国家两个概念，其中已经存在阶梯和等级，而不同的阶梯和等级国家内部的污染严重度又存在较大差异，贸易开放度及贸易模式也存在差异。这也许是后续研究的新侧重点。

第五节　贸易中的跨境污染及其国际协调

一、贸易中的跨境污染问题

跨境污染转移是一定区域内的人类行为（作为或不作为）直接或间接地将该区域外的环境造成污染损害或将自己造成的环境污染的治理责任推给他人而使自己不承担或少承担污染损害治理责任的社会行为，其研究对象是两个或两个以上主体之间关于环境污染的产生、损害治理责任及其他相互责任。因而，跨境污染转移就成为国际贸易与投资领域需要研究的一个重点问题。

跨境污染转移在方向上主要是由经济比较发达的国家或地区通过贸易和投资将污染转移给相对落后的国家或地区。

1. “污染避难所假说”

“污染避难所假说”也称产业区位重置假说或产业漂移假说或“污染避难所假说”。这个理论最早由 Walter 和 Ugelow[178]提出，Baumol 和 Oates[179]则从理论上进行了系统的论述，认为如果发展中国家自愿地实施较低的环境标准，那么，这些国家将会变成世界污染的集中地，即污染避难所。Copeland 和 Taylor[134]在研究南北贸易和环境的关系时明确提出“污染避难所假说”。

该理论的主要观点是：在开放经济条件下，污染密集型产业的企业倾向于在环境标准相对较低的国家或地区建立并组织生产，如果发展中国家自愿地实施较低的环境标准，那么将变成世界污染的集中地。该理论阐述了一个现象：发达国家实施严格的环境政策，会使企业的生产成本增加，由于发展中国家的环境标准相对发达国家来说较低，会使污染企业从发达国家转移到发展中国家，从而导致发展中国家环境恶化。

贸易与气候变化问题是近年来国际贸易研究中新的热点领域之一。主要研究包括对“污染避难所假说”的检验，以及对采用贸易政策来治理环境问题有效性的判断。对于“污染避难所假说”是否成立，各方面的研究一直存有争议。Douglas 和 Nishioka[180]的研究认为，尽管二氧化碳排放强度的国际差异较大，但这并不是影响贸易模式的主要因素，发展中国家并没有专门从事高污染行业的生产。而 Grether 等[181]、Broner 等[182]的研究则支持“污染避难所假说”。Grether 和 Mathys[181]重新评估了污染贸易条件，指出发达国家净进口高污染排放强度的商品（污染贸易条件小于 1）。Broner 等[182]将环境规制因素纳入传统的比较优势理论，他们的理论和实证研究指出，宽松的环境规制是影响行业比较优势的重要因素，这一观点也支持了“污染避难所假说”。对碳关税的研究方面，Branstetter 和 Pizer[183]通过分析国际社会对气候变化问题的合作与博弈的进程，研究了碳关税的经济效应。Chao 等在 2012 年分析了小型开放国家的环境政策选择对福利的影响，按以消费为基础的污染排放计算，最优的治理政策是自由贸易下采用庇古税（Pigouivain tax），而非碳关税等贸易相关政策。

（1）支持“污染避难所假说”的研究

近几年，国外学者主要从贸易内涵排放上对污染跨境转移进行了实证研究。Peters 和 Hertwich[184]研究发现，挪威 72%的 CO_2 排放量是由出口贸易引起的。Ackerman 等[185]分析了美日贸易对 CO_2 排放的影响，研究显示，美日贸易使得一部分满足美国消费需求的 CO_2 排放转移到了日本。Li 和 Hewitt[186]研究发现，2004 年通过进口中国商品，英国的国内碳排放总量降低了近 11%。然而，上述方法忽略了中间投入品生产排放的间接影响，利用投入产出关系进一步考虑中间品的贸易内涵排放，Peters 和 Hertwich[187]研究发现，贸易内涵排放已占世界碳排放总量的 1/4，其中中国出口碳排放占其国内实际碳排放的 24%，进口碳排放则占 7%。

（2）否定“污染避难所假说”的研究

目前，国际学术界对“污染避难所假说”尚未形成一致的观点，其中有的观点和研究结论甚至截然相反，无怪乎有学者指出，“污染避难所假说”是整个国际经济学领域中最容易引起争论的问题之一。尤其是在对“污染避难所假说”的实证研究方面，有很多研究对“污染避难所假说”提供了一定的支持，如 Quiroga 等选取了 2000 年 72 个国家的数据，认为环境管制松弛的国家在污染行业中拥有比较优势，即“污染避难所假说”是成立的。但实证方面的研究显然支持力度不够，甚至有部分学者指出，没能发现环境标准对产业区位选择的显著影响。这类研究有时被当作拒绝“污染避难所假说”的证据，尽管其可靠性受到一定的质疑。例如，Xu 的研究表明，20 世纪 60～90 年代，虽然大多数发达国家的环境管制标准较高，然而污染品的出口量并没有随着环境管制的严格而下降。Wheeler[163]提供了与“污染避难所假说”完全相反的证据。他指出，那些吸收了世界对外直接投资最多的国家（如巴西、墨西哥和中国）的城市空气污染水平都呈现出下降的趋势。Atweiler、Copeland 和 Taylor 提出了要素禀赋假说，即一国出口产品的比较优势主要取决于该国的要素禀赋和生产技术，通常污染密集型的产品也同时具有资本密集型的特点，因此资本相对丰富的发达国家应该出口资本密集型产品，污染排放增加；相反，资本相对稀缺的发展中国家在污染密集型产品出口上不具备优势，反而会选择进口此类产品，其污染排放量会下降。中国学者王强[188]认为，在规模经济及环境规制因素等其他因素条件相同的情况下，污染产业的生产将集中于拥有丰裕生产要素的国家，即污染产业集中到资本要素相对丰裕的国家。也有学者认为，这种假说是建立在严格假设条件之上的。

2. 环境竞次理论

环境竞次理论也称“向底线赛跑假说”或“竞赛到底线假说”。理论的提出来源于美国各州对于资本和就业机会的竞争问题。各州政府都担心其他地方政府采用较低的环境标准吸引投资，为避免损害，各州竞相降低自己的标准，而最终平均达到的标准更低。环境竞次理论认为，不同国家或地区间对待环境保护强度和实施环境标准的行为类似“公地悲剧”的发生过程，每个国家都担心他国采取比本国更低的环境标准而使本国的工业处于竞争劣势，为避免遭受竞争损害，国家间会竞相采取比他国更低的环境标准。严格来说，环境竞次理论的部分前提假设是基于“污染避难所假说”的推论。

如果每个地区都担心其他地区采取更低的环境标准，使本地工业处于不利竞争地位而向外迁移，可能就会竞相采取更低的环境标准，形成环境管制的“竞次”现象，出现类似“囚徒困境”的集体非理性行为[163]。

从实证研究来看，目前国际学术界对国际和地区间是否存在明显的“向底线赛跑”现象还有争议。Eliste 和 Fredriksson[189]考察了出口竞争国家的贸易自由化和策略性贸易政策对环境管制标准的影响。他们对各国农业部门的经验分析表明，没有发现有充分的证据支持“向底线赛跑”策略的存在。Wheeler 认为，“向底线赛跑假说”可能没有准确地反映出发展中国家污染控制的政治经济学状况。

对环境竞次理论也有不同的观点。Wheeler 反对环境竞次理论，他指出，近年来吸引了世界上大多数投资的国家（如巴西、墨西哥和中国），其污染水平是下降的，大跨国公司在发展中国家运营，最起码也会遵守 OECD 环境标准。

二、贸易与环境协调问题

贸易与环境政策之间的冲突集中为究竟是利用贸易政策工具还是利用单边环境规制来实现环境目标。对采用贸易政策来协调环境问题还是直接采用环境政策，一些学者各持不同的观点。

反对采用贸易政策工具的学者认为，大多数环境问题并非产生于国际贸易，而是源于市场失灵。因此，解决环境问题的最优目标并非贸易措施，而是对消费或生产进行干预或者界定明晰的产权。Subramanian[190]认为，不同的环境政策只是产生比较优势的因素之一，环境禀赋、污染吸收能力及环境的社会价值的差别同样影响比较优势。因此，运用贸易工具以恢复比较优势是不合适的。但是，政府通常会采取单边贸易政策，通过贸易制裁或贸易威胁来实现环境目标。Sorsa[191]指出，政府不应采取单边制裁，因为许多国际环境问题是很难测量的，并受价值判断和科学的不确定的影响。

赞成采用贸易政策工具以实现环境目标的学者认为，贸易政策工具是解决全球环境问题、跨境污染的有效途径。Whalley[192]认为，对国际环境公约的道德承诺并不能保证全球环境问题的解决，由于全球环境问题涉及的主要是公共物品，“搭便车”行为很可能会削弱为控制环境恶化而付出的努力。现有文献表明，由于在全球环境保护中存在着难以抑制的来自主权国家的“搭便车”行为，因此一个由众多国家参与的有效的国际环境公约是很难达成的，因为用来鼓励主权国家积极参与全球环境合作的经济手段十分有限。但如果将国际环境合作与国际贸易方面的问题综合起来考察，“搭便车”的行为动机便能够得到有效的抑制。因此，Whalley 认为贸易工具有助于实施环境公约。Blackhurst 和 Subramanian[193]研究了多边的国际合作问题，罗列出了通往国际合作路径上的障碍，最后强调了贸易政策能够为有关国家参与应对全球环境问题的多边努力提供动机。Barrett[194]建立了一个国际贸易和环境合作的模型，集中讨论了贸易制裁在全球环境保护中的作用。其主要结论为，贸易制裁有助于全球环境质量的改善，因为如果没有贸易制裁，从减少全球污染排放量的角度来看，国际合作仅能产生一种次优的结果。Barrett还讨论了贸易制裁作为一种手段来强化国际环境合作的若干情形，发现贸易制裁在抑制“搭便车”行为的同时还令每个成员国的福利都得到了改善。

纵览其演变，国外对环境与贸易关系的研究主要侧重于宏观方面的理论研究，规范分析和实证分析并重，并取得了一定的成果，形成了较系统的体系。我国对环境与贸易关系问题的研究起步相对较晚，主要是在国际贸易领域、环境领域和国际法领域，针对在实践中出现的问题进行相对单一学科的分析，跨学科的综合研究相对不足。虽然已经在各个相关学科取得很多成果，但是在理论上还需进一步深入，在实际中还缺乏可操作性的办法和有效的运行机制。国内多数这方面的文章也只是泛泛而谈，缺乏实证分析。对今后中国环境与贸易的发展趋势和应对策略，大多也是针对某一或某几个问题提出相应对策，缺乏完整系统的发展战略，同时对于国内贸易中的环境问题研究基本上处于空白状态，在内外贸一体化的发展过程中，对国内贸易中的环境问题展开系统研究的必要性和重要性日趋凸显。

第四章 要素的国际流动与世界经济增长

第一节 要素国际流动的一般规律与原理

一、“要素”的内涵及其扩展

传统的“要素”概念是指经济学中以劳动和资本为主要内容的“生产要素”，然而，随着世界经济的发展及其模式与格局的不断变化，这种对要素的狭隘理解显然已经难以对当前的世界经济运行进行合理而深入的解释，影响企业对要素使用的权利和条件，以及影响企业经营决策的其他各种因素，其将与“要素”一起，决定要素的跨国流动。

传统的生产要素是直接计入企业生产成本的各种经济资源，包括货币资本、技术、品牌、高端人才、经营管理方法、国际营销网络、一般劳动力、土地与自然资源。而外延扩充之后的要素（马飒将其称为经济要素）是指无法计入企业生产成本但又对企业的经营产生重要影响的国内相关经济因素，包括一国的市场化水平、市场规模、生产配套能力、土地要素的供给水平、基础设施及政府的经济调控能力等。再进一步扩充的全球化经济要素[195]，是反映一国参与全球化程度的要素，包括一国的对外开放度以及参与的贸易投资自由化的双边、区域及全球性协定等。经济要素与全球化经济要素均不能流动，但可以复制。

经济全球化的实质是生产要素的国际流动，要素流动从根本上改变了世界经济运行的机制。生产要素的国际流动增加了一国国境内相关生产要素的存量水平，改变了一国国境内的要素丰裕度。生产要素国际流动在空间上优化了全球要素的生产布局，改变了一国的产业结构和出口结构。一国出口的货物不再仅由本国要素构成，而是各国生产要素在某国集聚的体现，是本国要素和流入要素合作生产的结果。在此时代背景下，当今世界经济的基础特征表现为“要素合作型国际专业化”[196]。

传统贸易理论中的货物由本国生产要素生产而成。国际贸易利益由本国的贸易量、贸易差额和贸易条件决定。在生产要素国际流动的背景下，某国的出口能力不再反映本国的要素禀赋，以外商直接投资为载体的生产要素国际流动改变了一国国境内的生产要素结构，进而改变了一国的生产结构及对外贸易结构。生产要素国际流动下，一国所出口的货物不再仅由本国要素构成，而是各国生产要素在某国集聚的体现，是本国要素和流入要素合作生产的结果[197]。在生产要素国际流动的背景下，一国国际贸易收益的实质是一国参与贸易的生产要素的收益。蒙代尔、马库森开始将生产要素国际流动引入国际贸易理论的研究范围，新贸易理论开始将模型中公司的定义由原先的本土公司扩展为跨国公司。FDI 作为生产要素国际流动的载体纳入了国际贸易理论的研究范围。“新”新贸易理论从企业层面研究了决定要素跨国流动的原因及其结果本身，即公司内贸易。“新”新贸易理论关注的是企业异质性与出口和 FDI 决策之间的关系及企业在国际生产中对每种组织形式的选择。异质企业贸易模型和企业内生边界模型是“新”新贸易理论的两个分支。异质企业贸易模型解释了为何同一产业内并非所有企业都选择进入国际市场，该理论在分析中增加了对企业生产率差异的假设，并认为生产率更高的企业将会进入国际市场，而生产率较低的企业将只能服务本土市场，甚至退出市场，国际贸易促进了资源的优化配置，因此能够带来贸易利益[47]。企业内生边界模型从单个企业的组织选择入手，将国际贸易理论与企业论结合在一个统一的框架下，探讨企业的异质性对企业边界、内包及外包战略的选择的影响。它们所解释的贸易形式正是公司内贸易这一要素跨国流动的结果。

二、生产要素国际流动的基本原理

1. 经济学中的要素流动

一般经济学上假定生产要素完全流动，流动范围只限于一个经济体内。一般假定不存在流动性障碍。经济学把要素流动作为资源能达到有效配置的依据，有些也指出了流动的障碍。微观经济学的理论或不涉及要素流动问题，或暗中包含要素可以在国内同产业和不同产业之间自由流动。消费者行为理论与生产行为理论研究单个消费者与单个生产者的行为，不涉及要素流动的问题；市场结构理论研究不同市场结构下的厂商均衡及行业均衡，隐含着生产要素在国内不同行业之间的流动。要素市场的相关理论研究生产要素价格的决定，即要素收益的分配问题，但不考虑要素的流动。一般均衡理论将研究对象从单个的产品市场或要素市场扩展到整个经济体系，将各个市场看作一个整体来探讨均衡，在其分析中生产要素可以在一国范围内不同产业之间自由流动，而且不存在流动的障碍。宏观经济学研究社会总体的经济行为及其后果，研究如何使国民收入稳定地以适合的速度增长。其涉及的主要问题有：经济波动及与此相联系的就业与失业问题、价格水平及与此相联系的通胀问题、经济增长问题等。尽管各个宏观经济学流派观点不同，但都没有在考虑要素的跨国流动的条件下探讨相关问题，其假设前提是要素可以在国内范围自由流动。

经济学的新发展已经开始指出要素在国内的流动障碍，如新制度经济学与信息经济学都已经对此关注并进行解释，他们指出，交易费用及信息不对称等原因往往会导致要素无法在国内同产业或不同产业之间完全流动。Peter Diamond、Dale Mortensen 及 Christopher Pissarides 的搜寻与匹配理论也认为劳动力市场并非如传统经济学所假定的劳动力供给和需求是在信息完备的、无摩擦的市场环境下运作的，通过工资的调整可以实现劳动力市场的出清，不可能出现失业与空岗并存的现象。他们指出，雇佣者与工作者之间都面临着一定的“搜索成本”，这种成本类似于异质性、信息不对称及交通成本等。显然该理论指出了要素即使在国内范围内流动也是存在流动障碍的。

2. 国际贸易理论中的要素流动

从比较优势理论到“新”新贸易理论，国际贸易理论的发展在日益接近要素流动的现实，但是这些理论或没有在要素流动的条件下探讨贸易，或仅仅考虑要素流动的局部影响，如对贸易结构的影响。当代的贸易理论对要素流动的结果、产业内贸易、产品内贸易或公司内贸易进行解释，在一定程度上推进了贸易理论。比较优势理论是基于要素不流动的分析。比较优势理论是单一要素观，研究的是两国两种商品及劳动力一种要素的情况，在假定两国之间要素不流动的前提下，它认为两国按照“两优取其重，两劣取其轻”的比较优势原则进行国际分工和国际贸易，那么两国都将获得贸易利益。其假设前提是生产要素无法跨国流动，但暗含着要素可以在国内两个产业之间自由流动。因为根据比较优势理论，贸易之前两国各自生产两种商品，但两国按照比较优势开展贸易的结果是两国完全的专业化分工，这就意味着劳动力可以在两个产业之间自由地转换。要素禀赋贸易理论假定要素不跨国流动，但通过商品贸易可以达到要素价格的均等化。要素禀赋论以多种生产要素理论替代了李嘉图的单一生产要素理论。同样，要素禀赋论假定生产要素在两国间无法自由流动，但可以在不同行业间迅速自由地转移，所有要素都完全被利用，没有贸易壁垒，市场完全竞争，两国消费偏好完全相同。与李嘉图理论不同的是，要素禀赋理论假定各国的劳动生产率是一样的，并考虑了两国要素禀赋的不同。由此来解释国际贸易的原因在于各国要素禀赋的差异，并指出：“贸易的首要条件是某些商品在某一地区生产要素比别的地区便宜。在每一个地区，出口品种包含着该地区拥有的比其他地区较便宜的、相对大量的生产要素，而进口别的地区能以较低成本生产的商品。简而言之，进口那些含有较大比例稀缺生产要素的商品，而出口那些含有较大比例生产要素便宜的商品。”即一国具有比较优势的产品必定是密集使用其相对丰裕要素生产出来的产品。

H-O 理论之后的其他学者对其模型进行了扩展，罗伯津斯基定理研究了放松一国要素禀赋总量限制对该国生产的影响，指出当一种要素增加时，密集使用该要素的产品产量将增加，而另一种产品产量将下降。但该定理没有考虑生产要素在不同国家之间的流动，其一国要素禀赋总量的增加也是来源于该国的自身积累而并非要素流动的结果。萨缪尔森定理在要素禀赋论的假设前提下进一步探讨了贸易对不同要素所有者的利益影响，依然没有考虑要素的跨国流动。要素价格均等化理论同样在 H-O 的假设前提下，认为自由贸易必然导致不同国家的同种要素价格趋于一致。其实质是，在要素无法跨国流动的情况下，以商品的跨国流动实现了商品价格差减小，从而导致了不同国家要素价格的均等。

产业内、产品内贸易理论对产业内贸易和产品内贸易现象进行了解释，分析的是要素流动对贸易结构的影响，而不是要素流动如何影响贸易与经济发展。20 世纪中期以来，随着全球范围内贸易与投资壁垒的逐渐消除，整个世界日益融合为一个规模空前的全球大市场，经济全球化加速了要素资源在各国之间的流动，各国生产者逐渐在全球范围内考虑要素资源配置，由此国际贸易的商品结构也发生了根本性的变化。发达国家之间的相互贸易比例迅速上升，在发达国家之间的相互贸易中，产业内贸易日益成为贸易的主要形式。同时，产品内贸易也开始出现并在国际贸易中变得日益重要，中间品贸易比例集聚上升。这些要素跨国流动对贸易结构产生的影响，引起了学者的关注，产业内贸易理论与产品内贸易理论对此进行了研究。产业内贸易理论中较为重要的是以克鲁格曼为代表的经济学家提出的“新”贸易理论，该理论利用产业组织理论和市场结构理论来解释国际贸易新现象，用市场结构中的不完全竞争、规模报酬递增、产品差异化等概念和思想来构建新的分析框架，并指出产业内贸易现象产生的原因在于规模经济和产品差异化的相互作用。产品内贸易理论对以产品内分工为基础形成的产品内贸易现象产生的原因进行了解释，并对产品内贸易形成的机制与利益分配进行了分析。“新”新贸易理论从企业层面研究了决定要素跨国流动的原因及其结果本身即公司内贸易。“新”新贸易理论产生于 21 世纪初，它关注的是企业异质性与出口和 FDI 决策之间的关系及企业在国际生产中对每种组织形式的选择。异质企业贸易模型和企业内生边界模型是“新”新贸易理论的两个分支。异质企业贸易模型解释了为何在同一产业内并非所有企业都选择进入国际市场，该模型在分析中增加了对企业生产率差异的假设，并认为生产率更高的企业将会进入国际市场，而生产率较低的企业也将只能服务本土市场甚至退出市场。国际贸易促进了资源的优化配置，由此能够带来贸易利益。企业内生边界模型从单个企业的组织选择入手，将国际贸易理论与企业理论结合在一个统一框架下，探讨企业的异质性对企业边界、内包及外包战略的选择的影响。他们所解释的贸易形式正是公司内贸易这一要素跨国流动的结果。Zhang 和 Felmingham[5]将 FDI 对出口的影响分为直接影响和间接影响两种，直接影响表现在由 FDI 所形成的出口，间接影响表现为 FDI 的示范作用。根据中国 FDI 的区域划分，他将中国 FDI 的流入省份分为高、中、低三个区域。通过实证分析，他发现，在高 FDI 的沿海地区，FDI 与出口有着显著的双向因果关系；在中 FDI 地区，出口或者出口潜力引起了 FDI；在低 FDI 地区，FDI 对于出口发展起着决定作用。梁琦和施晓苏[198]基于中国 1980～2001 年的时间序列数据，对中国对外贸易与 FDI 之间的关系进行了格兰杰因果检验，发现中国对外贸易与 FDI 之间的互补作用远大于替代作用，各省之间 FDI 与贸易之间的关系有着惊人的一致性；FDI 与制成品的出口具有双向的因果关系。史小龙和张峰[199]运用协整方法和误差修正模型，考察了 1979 年以来中国外商直接投资与进出口贸易之间的长期均衡关系及相应的短期偏离调整机制。从长期来看，外商直接投资对我国进口和出口贸易之间的长期均衡关系存在显著的促进作用。

三、要素国际流动的基本规律

生产要素的不同类别本身就具有显著的流动性差异，而经济要素与全球化经济要素又分别决定要素的流向与跨国流动。

1. 不同生产要素的流动性差异

不同生产要素的流动性强弱是完全不同的，从自然属性上看，货币资本、技术、高端人才、品牌、营销网络及经营管理方式均属于高流动性生产要素，其中以货币资本的流动性最高。一般劳动力由于信息不充分、语言与生活习俗乃至宗教、文化传统不同等原因其流动成本很高，流动性较低，尤其是随着经济的发展与技术的进步，社会相对降低了对一般劳动力的需求，一般劳动力的工作机会与报酬都在相对减少，这也是导致一般劳动力低流动性的重要原因。土地是一国的领土范围内的生产要素，它完全无法进行跨国流动，而自然资源禀赋往往附着于一国领土或领海，也属于完全不流动的生产要素。总之，资本、技术、管理等要素具有极高的流动性，高素质劳动力的流动性次之，一般加工型劳动力的流动性则很低[200]。

2. 生产要素的流动性差异对流向的影响

生产要素的流动性差异使得流动性高的生产要素向流动性低的生产要素所在地流动，这是要素流动的一般特征，具体体现为两个方面。

一方面，货币资本、技术、高端人才、品牌、管理及营销网络等高流动性生产要素，以资本形成等方式向一般劳动力、土地及自然资源等低流动性或不流动生产要素所在地流动，导致生产要素在低流动性生产要素所有国集聚。由于发达国家高流动性生产要素相对丰裕，发展中国家低流动性或不流动性生产要素更为丰裕，因此，生产要素国际流动主要表现为从发达国家流向发展中国家。低流动性要素所有国由于顺应了经济全球化的时代趋势而成为要素集聚地。

另一方面，具备更高流动性的资本流向技术、高端人才、品牌及营销网络等要素。同属于高流动性生产要素，货币资本的流动性要高于技术、高端人才、品牌、管理及营销网络。这种高流动性生产要素内部的流动表现为资本流向技术、高端人才、品牌及营销网络等要素。由于高流动性生产要素均主要为发达国家所有，因此，这种要素流动主要发生在发达国家之间。跨国公司在技术领先的发达国家设立海外研发机构，就是资本追逐技术、人才等流动性相对更低的生产要素的结果。技术领先、拥有丰裕高端人才的国家如美国，往往成为发达国家间投资的首选地，跨国公司将研发部门设立在此以期利用当地的高端人才。

3. 经济要素与全球化经济要素是生产要素国际流动的决定因素

要素本身的特点虽然决定了要素国际流动的基本客观规律，但其具体流向及结果取决于各国的经济要素与全球化经济要素供给水平。良好的经济要素能够为企业创造更好的生产经营条件，增强一国对生产要素流入的吸引力；较高的全球化经济要素水平，意味着生产要素国际流动障碍的消除，是吸引要素流入的基本条件。欧洲、北美、东亚和东南亚地区正是由于具备良好的经济要素和全球化经济要素而成为全球主要的要素集聚地。

四、要素国际流动的基本动因：要素稀缺性

要素在国家间的相对稀缺性不同决定了要素收益在不同国家之间存在差别，在企业追求更高收益的动因驱动下引起了要素的跨国流动，而跨国公司的直接投资正是要素跨国流动的主要载体。

1. 要素稀缺性决定要素收益

要素稀缺性的高低决定了要素收益的大小，因而决定要素流向。要素的稀缺性反映要素供给与要素需求的相对强度。对于稀缺性高的要素，要素供给强度小于需求，要素所有者的市场实力与议价能力强于买方，要素市场是卖方垄断，所有者能够获取高于竞争性要素市场下的要素收益；而稀缺性低的生产要素的供给强度大于需求，与买方相比要素所有者不具备垄断实力而议价能力较低，其要素市场往往是买方垄断，导致均衡的要素价格低于竞争性要素市场的均衡价格。

2. 要素稀缺性差异影响要素流动

国家间要素稀缺性差异将引起要素的跨国流动。由于技术、高端人才、品牌及国际营销网络与经营管理方式等流动性强的要素在发展中国家的稀缺性高于发达国家，其收益在发展中国家也相对较高。企业在追求更高收益的动因驱使下，

以直接投资为载体促使这些生产要素从收益较低的发达国家流向收益较高的发展中国家，因此，可以说，追求更高的要素收益是生产要素国际流动的根本动因。20世纪中期以后的世界市场为企业全球配置资源创造了条件，催生跨国投资大规模涌起，就是一个很好的说明。跨国公司通过直接投资实现资本、技术、高端人才、品牌及国际营销网络等生产要素的跨国流动，以便在某个东道国获取更高的要素收益。

第二节　要素国际流动与国际贸易

要素的国际流动，一方面，优化了全球要素配置，促进了国际贸易的发展；另一方面，跨越贸易壁垒，直接在当地生产并销售，进而替代了国际贸易。生产要素的国际流动为规模经济的形成和全球产业链的布局创造了可能，从生产经营的源头建立了国与国之间的经济联系，形成了要素合作型国际专业化的新格局，其影响的深度和广度超越了以贸易为内容的国际联系。

一、要素流动对国际贸易规模的影响

1. 要素流动对国际贸易的创造

（1）要素流动对产业间贸易的创造

产业间贸易是指国与国之间在不同产业展开国际贸易，每个国家在特定产业上只进口或者出口的单向流动的贸易模式。古典和新古典贸易理论以国与国之间生产要素的差异作为研究基础，对国与国之间产业间层面的国际贸易展开了分析。以李嘉图为代表的古典贸易理论关注生产要素生产效率的差异，而以赫克歇尔-俄林为代表的新古典贸易理论则侧重于生产要素供给数量的差异。在他们的研究框架中，货物由本国生产要素生产，并假定国家间不存在生产要素的国际流动。然而随着国际直接投资的发展，一国生产并出口的货物并不再仅含有本国生产要素，而是由各国提供各自生产要素共同生产完成。国际直接投资作为生产要素国际流动的载体在国际贸易中发挥着重要的作用。

Markusen[201]在要素流动对国际贸易的创造作用方面做出了开创性的研究工作，其基本模型建立在H-O模型的分析框架上，认为生产要素的国际流动在产业间促进了商品的国际贸易。假定两个国家拥有相同的要素禀赋，将生产函数设为

$$Y^i = G(L_y^i, K_y^i), \quad X^i = a^i F(L_x^i, K_x^i)$$

式中，Y和X分别为两种商品；上标$i=f, h$，其中f, h分别为两个国家；a为希克斯技术优势，$a^h > a^f$。以上设定意味着两国在生产Y产品上拥有相同的生产技术，

但 h 国相比 f 国在生产 X 产品上具有希克斯技术优势。因而两国资本和劳动的相对收益率不同，生产两种产品的机会成本也不同。一国出口其技术领先的产品，进口本国相对自身技术劣势的产品。但是由于两国生产技术上存在希克斯技术差异，所以即使商品贸易使得两国间产品的相对价格趋同，也不能让两国同类要素价格均等，相反会加大两国同类要素收益间的差距。由此，国家之间的要素流动随之展开，生产要素大量流入两国的出口部门，生产要素的流动又会改变两国各自的要素禀赋，进一步强化各自国家出口部门的比较优势，带动商品贸易，最终形成其中至少一国进行专业化生产的情形。因此，Markusen 认为，国外要素流入，与本国生产要素相结合共同生产，扩大了贸易规模。要素流动使得原来不存在国际贸易的某些产业被创造出来，扩大了贸易量。

（2）要素流动对产业内贸易的创造

新贸易理论的研究侧重于产业内贸易，以国际直接投资为载体的生产要素国际流动的发展对产业内贸易的形成原因、机制及结果产生了重要的影响。赫尔普曼从产业内贸易的角度探讨了 FDI 与国际贸易之间的联系。而实际上 FDI 是生产要素国际流动的载体，从 FDI 的不同类型出发讨论其与国际贸易之间的关系也即分析了要素流动与国际贸易的联系。他认为垂直型对外直接投资将有助于贸易的创造。赫尔普曼的工作建立在一个两国、两商品、两要素模型的基础上，假定两国之间的要素禀赋存在差异；两种生产要素均不能跨境流动。一种要素为劳动力 L，另一种要素为一般用途投入品（general purpose input）H，这里需要指出的是，H 本身不可流动，但由 H 所形成的特殊资产，如管理、研发、营销网络等，作为以中间品形态存在的生产要素通过 FDI 发生跨境流动；两类商品中，一类商品 Y 为劳动密集型的同质化产品，另一类为 H 密集型的差异化商品 X；差异化商品部门的市场特征为垄断竞争，并且存在工厂层面的规模经济；假定两国间不存在运输成本和贸易壁垒。基于以上假设，赫尔普曼指出，不同于以往的 H-O 模型，公司不仅会根据两国不同要素禀赋所形成的不同要素价格在两类商品间进行国际分工，形成产业间贸易，而且会依据要素价格的相对差将公司内的两类生产要素分别配置在要素禀赋不同的两个国家，与东道国生产要素合作生产，形成产业内贸易或者公司内贸易。由于存在差异化产品的市场结构特征和公司自身的规模经济效应，在通过 FDI 进行要素流动所形成的内部化优势作用下，不同于 H-O 模型中完全竞争条件下的公司，跨国公司的经济利润为正。这一点也正是本土公司愿意通过要素流动成为跨国公司的一个重要原因。赫尔普曼的模型告诉我们，两国要素禀赋差距越大，垂直型 FDI 对贸易所起的促进作用越明显。

随着全球要素流动的规模不断扩大，其对国际贸易创造也日趋明显。2009 年，美国 48%的进口和 30%的出口为公司内贸易，全球 1/3 的贸易为公司内贸易。根据赫尔普曼的测算，剔除石油贸易，全球 2/3 的贸易为公司内贸易。生产要素的国际流动从根本上改变了传统上以本国要素为主的国际分工方式，形成了各国生产要素在某些国家集聚与东道国合作生产的新格局。2007 年，跨国公司的生产规模为 31 200 亿美元，约占当年全球 GDP 的 57.2%，其中跨国公司海外分支机构的出口额为 57 200 亿美元，约占当年全球货物贸易出口额的 40.85%。相比之前的贸易理论，新贸易理论更重视经济学中的微观基础，其研究的起点不再是国家，而是企业。产业的概念在古典贸易理论和新古典贸易理论中鲜有出现，古典贸易理论和新古典贸易理论将国家和生产企业两个不同的行为主体视为同一个行为主体，新贸易理论则给出了产业的定义、边界及特点。新贸易理论区别于先前贸易理论的关键在于其将产业组织理论融入到了国际贸易理论的分析框架之中。从产业角度对开放条件下微观企业的涉外经济活动的特点及原理进行了分析。新贸易理论重点考察了微观企业所从事的产业内贸易，通过考察同一产业内微观企业对外贸易的特点、模式和机制来得出微观企业在涉外经济活动中获益的一般规律。而以国际直接投资为载体的生产要素国际流动对国际贸易的促进效应，既体现在产业间贸易上，又体现在产业内贸易上。生产要素通过 FDI 改变了原先贸易流量和流向，创造了新的国际贸易。

2. 要素流动对国际贸易的替代

生产要素国际流动对国际贸易的替代作用是指国外要素流入东道国并在当地生产、销售，替代了东道国原来应有的生产。要素流动替代国际贸易意味着规避贸易壁垒和降低运输成本，进而使得跨国公司以更低的价格获取东道国更大的市场份额。

（1）要素流动对产业间贸易的替代

蒙代尔最早将要素流动与规避贸易壁垒联系在一起进行研究。1957 年他发表了论文《国际贸易与要素流动》，在该文中，蒙代尔研究了当贸易壁垒形成时，生产要素的跨境流动与可代替商品的国际贸易。该理论的分析框架同样为 H-O 模型，其假定两国拥有相同的技术，但在要素禀赋上存在差异，由此两国在相应的要素密集型产品上具有不同的生产率，并开展商品贸易。蒙代尔发现，当两国间商品贸易因政策性原因受限时，要素禀赋差异所形成的两国同类要素的相对价格差，会使得生产要素进行跨境流动，一国的相对富裕生产要素从该国的出口部门流入另一国的进口部门，进而替代商品贸易。同时，由萨缪尔森-斯托尔帕定理可知，两国通过国家之间的商品流动可实现两国要素价格均等化。蒙代尔同样发现，当生产要素流入两国进口部门，流出两国出口部门时，由于同时增加了各国相对稀缺要素数量并减少了相对富裕要素数量，从而改变了两国境内的要素禀赋结构，两国同类要素之间的相对价格趋同，因此蒙代尔提出国家之间的生产要素流动同样可以实现要素价格的均等化。最后，蒙代尔从形式上和意义上证明了要素流动和国际贸易之间呈替代关系。

（2）要素流动对产业内贸易的替代

Horstmann 和 Markusen[202]采用与 Helpman[30]相同的分析视角，从 FDI 的不同类型研究 FDI 与国家贸易之间的关系。他们认为，跨国公司通过国际直接投资将会对国际贸易产生替代作用。在给出的水平型 FDI 模型中，假定两个国家间的禀赋条件完全相同，本国和东道国分别专业化生产两种相互之间存在替代关系的产品：X 和 Y。其中产品 X 处于产量竞争型的寡头垄断市场，且同时存在公司层面和工厂层面的规模报酬递增；产品 Y 处于完全竞争市场，且规模报酬不变。两国间存在运输成本。在需求函数设定中，假设两国消费者对这两种产品都有需求，为了满足海外消费者的需求，公司需要在出口或是通过国际直接投资新建工厂实现要素国际流动之间做出选择。不同于 Helpman 模型中的 FDI 类型，此类替代出口的生产要素跨境流动被称为水平型 FDI。Horstman 和 Markusen 认为，一方面，FDI 能够降低运输成本及出口交易成本，但是设立海外工厂也会带来相应重置成本；另一方面，如果东道国市场容量无法满足新设工厂生产 X 产品时所需的生产规模，那么 FDI 代替出口分流原有单个工厂产量，势必牺牲 X 产品原先的规模经济效应。因此，Horstman 和 Markusen 指出，只有出口的成本大于效率的损失成本时，公司才会选择通过国际直接投资绕开贸易壁垒。水平型 FDI 模型侧重于区位优势与规模经济之间的取舍，国际直接投资作为出口的一种替代形式，实际上在进行生产要素的国际流动，其目的在于与东道国要素合作生产并在当地销售。

二、要素流动与比较优势

1. 经典比较优势原理的追溯

斯密在《国富论》中写道：“如果其他国家提供的某种商品，比我们自己生产的更便宜，那么与其我们自己来生产它，还不如输出我们最擅长生产的商品，跟外国交换。”基于绝对优势的分工结构是使得本国和外国相比贸易前都各自获得了更多的产品。贸易利得的绝对规模取决于分工规模。斯密的理论强调分工对经济增长的重要性，而分工的原则就是各自集中生产各自具有绝对优势的产品。那么，当一国的劳动生产率全部高于另一个国家时，国际分工是否还有必要继续？国际贸易是否仍然是双赢的结构？李嘉图在 1987 年的《政治经济学及赋税原理》一书中给出了答案。李嘉图从理论上证明了即使一国生产的产品没有任何绝对优势，但是他与其他国家在生产各种产品上的机会成本不同，也仍然可以通过专业化分工进行国际贸易获利。比较优势理论的核心是“比较之比较”。李嘉图通过先横向比较相同产品在不同国家之间劳动力生产率的差别，再纵向比较不同产品在同一国家内相对他国的劳动生产率的区别，得出基于比较优势的国际分工能使每一参与国福利水平都改善的结论。

比较优势原理以劳动作为唯一生产要素，并以本国生产要素为基础。它之所以被接受，在很大程度上是因为古典经济学中最合理的成分是劳动价值论，比较优势原理把一切产品生产都归结为劳动，劳动是唯一生产要素。劳动的对象和劳动的工具都将还原为劳动。各国的生产产品的劳动单位决定了它是否具有比较优势。比较优势的核心是劳动力成本，强调的是两国产品间的相对成本之比。在劳动力单要素的条件下，比较优势原理反映了一国劳动生产率的相对高低，而在多要素的情形下，比较优势原理反映的是一国综合劳动生产率的相对高低。生产要素的国际流动改变了国与国之间相对生产力和生产结构，影响了一国综合劳动力生产率。一国综合要素结构的高低决定一国的比较优势，进而影响一国的贸易结构。要素流动后由综合劳动力生产率相对高低所形成的国与国之间不同商品的成本比例差依然存在，仍然符合比较优势理论的核心“比较之比较”下所呈现出的经典形式。要素流动下经典比较优势原理的表现形式发生了变形，不再是直接反映国与国之间的劳动力成本之比，而是一国综合劳动力生产率的表现。

2. *要素流动下比较优势原理的变形*

传统贸易理论建立在对比较优势理论分析的基础上，新古典主义以来更强调要素禀赋的重要性。但生产要素的跨国流动使各国相对的要素禀赋发生了较明显的变化，从而使比较优势也发生了变化，但绝对的要素禀赋变化则相对较慢。因此，讨论在全球化经济条件下以要素禀赋为基础的比较优势，必须充分注意生产要素跨国流动的影响。Balassa[203, 204]提出的RCA指数可以反映各国基于要素禀赋的比较优势，不过当时他没有将生产要素跨国流动带来的影响纳入分析。现实中，随着生产要素跨国流动，特别是向新兴经济体的流入，其相关商品的出口显性比较优势迅速变化。作为经典比较优势的计算方法，Balassa指出，一国在国际贸易中的比较优势可由一国某出口产品在该国总出口中所占份额与全世界该种产品在世界总贸易额中所占份额之比来表示，即显性比较优势指数

$$\mathrm{RCA}_{ij}=\frac{X_{ij}\Big/\sum_{i=1}^{n}X_{ij}}{\sum_{j=1}^{m}X_{ij}\Big/\sum_{i=1}^{n}\sum_{j=1}^{m}X_{ij}}$$

式中，X_{ij}为i国第j种产品的出口量，$i=1,2,\cdots,n$，$j=1,2,\cdots,m$。当RCA_{ij}大于1时，意味着i国在第j种产品的生产上具有比较优势；当RCA_{ij}小于1时，则意味着i国在第j种产品的生产上不具备比较优势；在要素流动下，该指数中一国某一产品的出口量，既包括由本国要素所生产的产品，又包括由流入本国的外国要素所生产的产品，更包括由本国要素与外国要素合作生产的产品。

3. 要素禀赋理论：贸易与要素的间接流动

赫克歇尔和俄林认为，各国之间要素禀赋的不对称同样是国际贸易产生的原因。要素禀赋模型假定两国拥有相同的生产技术和需求偏好，商品在两国间可自由贸易，不存在其他相应成本，两种产品均不存在规模经济效应，且处于完全竞争市场。一国为资本相对充裕的国家，另一国为劳动力相对充裕的国家。相对于要素禀赋的设定，两位学者提出了要素密集度的概念。要素密集度是指产品生产过程中投入要素之间的比例关系，要素密集度是一个相对概念，与要素投入的绝对量无关。引申到产品的相对要素密集度概念，以资本和劳动力两种为例，在要素价格相同的情形下，如果生产某一种产品的资本劳动力比高于另一种产品，则称该产品为资本密集型产品，而另一种产品为劳动力密集型产品。要素密集度概念提出直接将一国要素禀赋与相关商品联系在一起。两位学者认为，不同要素禀赋的国家在生产要素密集度相对不同的产品时的机会成本不同。他们主张资本相对丰裕的国家应多生产资本密集型产品，劳动力相对丰裕的国家则应多生产劳动力密集型产品，然后通过国际贸易的形式，用本国生产成本较低的商品换取本国生产成本较高的商品以满足本国的需求。

H-O 模型将生产要素由劳动力单要素扩展为全要素，把产品看作多种要素共同生产的结果。H-O 模型的实质是对比较优势理论的发展，他们提出的分工理论认为，贸易双方之间的分工应该基于各国的要素禀赋，在假设各国产品生产过程中劳动生产率相同的情况下，各国生产的产品应与自身要素禀赋相适应。当一国劳动力相对另一国表现为充裕时，则该国应该生产劳动密集型产品；两国间不同的要素供给状况影响了要素的价格，要素的价格决定了产品的生产成本，两国间产品生产成本的相对差异决定了贸易的规模。当一国资本相对另一国表现为充裕时，则该国应该生产资本密集型产品。按照两国要素禀赋进行的分工可扩大两国之间的贸易规模，两国通过贸易实现两国之间要素的最佳配置，而贸易利益是要素在各国之间最佳配置的结果。在福利经济学分析框架中，贸易利益即本国居民实际消费点所对应的福利水平高于本国居民生产点所对应的福利水平，这种改善既来自消费量增加的福利，也来自消费结构优化的福利。

H-O 模型的关键是假设生产要素不可跨境流动，该假设保证了在两国需求相同的情形下两国不同要素禀赋所形成的两国相同要素之间存在要素价格差。这样两国在生产不同要素密集度的产品时机会成本不同，形成了两种商品贸易的套利空间，贸易的发生使得两国进一步调整两国国内的生产结构，从而使得两国在生产不同要素密集度的产品时机会成本相同，这也就意味着不同要素禀赋国家间的生产要素相对价格相同。国际贸易产生的根本动力是国与国之间的商品套利，赫克歇尔-俄林认为，商品套利空间存在的原因是国与国之间的要素禀赋不同，不同的要素禀赋造成了各国生产不同要素密集度的产品时相对成本不同，进而形成商品套利空间。商品作为生产要素的凝结，通过贸易的形式完成了生产要素的间接跨境流动，实现了两国间相同要素价格的均等化，但两国要素禀赋之间的差异并没有改变。要素禀赋论是经典的国际贸易理论，也是世界经济分析国际分工要素结构特征的基础理论。要素禀赋论所作分析的起点正是国与国之间要素的不流动。正是因为不流动，各国均生产和出口本国富裕要素密集型产品决定了贸易的可能性与结构特征。在世界经济中，要素流动可以使一国改变原有的要素禀赋结构从而改变生产贸易结构。要素流动后形成的贸易不再是一国拥有的要素禀赋结构的体现，落后国家可能生产与出口高技术产品，进口原材料，资本稀缺国家可能出口资本密集型产品。经典的比较优势理论说明了贸易的必然性，要素禀赋理论说明了贸易参与国出口产品构成的要素密集性，这些理论的原理仍然是正确的。但由于其出发点是假定不存在生产要素国际流动，因而在经济全球化大量存在着要素流动的情况下已经不能充分说明当代的贸易现象，同样不能说明引进外资是国家发展出口的主要途径。要素流动可以改变一国的比较优势结构与要素禀赋状态，从而改变一国的贸易结构。要素流动下世界各国贸易结构不再是本国比较优势与要素禀赋的反映，而是各国要素组合的结果。

三、要素流动与经济全球化

作为经典的传统理论之一，比较优势理论以劳动分工进而产生分工效率及由此引起贸易利益为逻辑起点，假设“要素不能在国家间自由流动”，且属于单一劳动要素。要素禀赋理论假设前提则在承袭了“要素不能跨国流动”假定的基础上更加严格。然而全球化经济下的要素流动可改变一国要素禀赋结构从而改变生产贸易结构。基于要素禀赋理论的推理无法解释国际贸易的现实情况，如资本稀缺国家可能出口资本密集型产品。许多发展中国家仍然缺少资本，然而均在出口资本密集型产品，甚至像马来西亚、菲律宾这样的发展中国家的高技术产品出口占制造业出口的比例高于世界上大部分国家。萨缪尔森进一步发展的要素价格均等化定理认为，国际分工与贸易会导致各国同类生产要素获得相同的相对与绝对收入。这一过程在理论逻辑上可成立，然而在实践中是一个长期过程。该理论的结论是自由贸易导致各国贫富差别消除。事实却并非如此，第一，完全竞争和自由贸易条件不完全存在；第二，其假设前提各国技术水平相同也不存在；第三，抽象掉了同类生产要素普遍存在着的异质性。现在世界发展差距减少的原因恰恰在于后进国家引进稀缺生产要素使充裕要素得到使用，从而增加了收入，而不是完全靠基于要素禀赋的国际贸易。而且要素跨国流动产生的收入转移，即外来要素的收入超过其在本国的收入部分，正在形成新的国家之间的收入差距。要素价格均等化的结论是“商品的国际流动可以代替要素的国际流动”，而世界经济发展的实际正好相反，要素跨国流动只是部分替代了商品国际流动，更多的是要素流动扩大了商品流动即国际贸易。

第三节　贸易理论中新的要素观

一、新要素贸易论：拓展了贸易理论的要素观

里昂惕夫之谜引起了国际贸易理论界的很大震动，同时也掀起了国际贸易理论研究的高潮。其中被统称为新要素贸易论的各种理论通过赋予生产要素新的内涵，拓展了贸易理论的要素观。新要素贸易论主要包括自然资源要素论、技术要素论、人力资本说、研究与开发要素说、信息要素说等。新要素贸易论高度重视要素分析是正确的。因为现实中的生产要素并非只有劳动和资本两种要素，而且随着技术进步，参与商品生产的要素不断丰富，影响国家间比较优势或生产率差异的绝不是简单的劳动和资本两种抽象的要素。就此而言，新要素贸易论通过对要素的分析说明现实世界的贸易超越了以前的贸易理论。但理论基石仍然是要素禀赋理论，因此它忽略了要素形成路径的差异，在这些理论讨论中注重的更多的是本国条件下形成的路径，而忽略了国际流动形成的路径。

二、新贸易理论：要素流动是其理论成立的重要条件

以克鲁格曼和赫尔普曼为代表人物的新贸易理论，运用规模经济与不完全竞争市场理论，解释了发达国家之间产业内贸易及其结构形成的原因。然而理论本身却没有说明规模经济形成的条件和原因。发达国家企业可能凭借国内成熟的市场经济条件和政策选择获得内部规模经济和外部规模经济，而发展中国家由于不存在这些条件而无法获得规模经济。产业内贸易的形成可能是同样发达水平国家间企业的战略选择。但是在不同发展水平的国家间产业内贸易却是在跨国公司投资下形成的。发展中国家和新兴经济体自身没有条件通过投资实现与发达国家的产业内贸易，而跨国公司投资却可能将其产业扩张，形成产业内和企业内贸易。现实中跨国公司投资才是形成规模经济与不完全竞争这两个状态的最现实途径，而非本国特别是发展中国家自身条件下的发展。因此，现在不同发展水平国家间产业内贸易形成的基础是要素流动。与新贸易理论相关的理论用于解释跨国公司及其内部贸易的理论——产业组织理论与企业内贸易理论，则更是证明了国际直接投资即要素流动是贸易发生的原因。

三、“新”新贸易理论：基于要素流动事实的贸易理论

Melitz[45]提出的异质企业贸易模型，Antràs[66]提出的企业内生边界模型，是“新”新贸易理论的起端。“新”新贸易理论本身研究的一个重要方面就是公司内贸易即企业全球化生产模式，因此从其理论的现实条件看，是基于国际直接投资的。因而该理论解释了贸易发生的原因，进一步说明了恰恰是投资决定了贸易，证明了投资或要素流动创造了贸易。可见，贸易理论的发展都在日益接近于跨国投资即要素国际流动的客观现实，“新”贸易理论以来的发展可以说是在不断揭示国际贸易变形的现象，其对现代贸易现象的解释既否定了传统贸易理论，又证明了生产要素跨国流动的基础性意义。问题是，这些理论作为贸易理论是对贸易现象的解释，而这些贸易现象的形成正是跨国直接投资。然而这些理论在努力推进贸易理论，却忽略了用现实世界真正发展起来的国际直接投资即要素流动理论的构建来考察当代国际贸易。

第四节　贸易与劳动力市场摩擦

经济增长会影响包括劳动力市场和资本市场在内的经济运行的各个层面，这一点早已成为学术界的共识。开放经济条件下，对外贸易成为经济增长的引擎，必然也会影响劳动力市场和资本市场的运行。最新的理论进展除了将研究目标放在寻找促进贸易发展的因素及探索新的比较优势来源上，也在不断深入探讨贸易开放对全球要素市场的普遍影响。贸易对要素价格的影响的讨论，最早的应该是国际贸易对要素价格影响研究的主要理论基础——新古典经济学框架下的一般均衡理论模型。Stolper 和 Samuelson[8]在两种商品、两种生产要素、非完全专业化的标准赫克歇尔-俄林-萨缪尔森（Heckscher-Ohlin-Samuelson，HOS）分析框架中，证明了国际贸易必将降低稀缺生产要素以任何一种商品衡量的实际收入，这就是著名的斯托尔帕-萨缪尔森定理（Stolper-Samuelson theorem，以下简称 SS 定理）。斯托尔帕和萨缪尔森还证明，定理的结论可以推广到多种商品。斯托尔帕和萨缪尔森的研究为国际贸易与要素价格关系的理论分析奠定了基础。

然而，随着时间的推移，以及研究学界对要素市场的不断探讨，有很多经验证据无法很好地支撑 SS 定理。基于要素市场摩擦而非平滑的事实，学界开始另辟蹊径，分析贸易对要素价格及要素市场的新的影响机制。2000 年后的分析中，学界更加关注的是贸易对要素市场的直接影响，而非通过影响产品价格形成的间接影响。

学界最早在研究对外贸易影响经济增长的基础上，通过探讨经济增长效应来间接阐述对外贸易与劳动力市场的相互关系，即对外贸易—经济增长—劳动力市

场路径。尽管基于该路径的理论研究富有创见，但其忽略了对外贸易直接影响劳动力市场的基本机制。20 世纪 90 年代以来的国外学界和 2000 年以来的国内学界，开始摒弃传统的间接影响路径观点，直接从对外贸易的特点出发，探讨对外贸易与就业和劳动力价格的影响。

一、近年来劳动力市场的变化

1. 工资不平等现象加剧

Katz[205]对美国和其他发达国家以及经济合作与发展组织在过去几十年中的工资结构变化情况进行了综述。根据他的研究，1979～1995 年，美国接受教育年限为 12 年（相当于高中毕业程度）的全职工人的实际工资下降了 13.4%，教育年限少于 12 年的全职工人的实际工资下降了 20.2%，而在相同的时间段内，教育年限至少 16 年（相当于大学本科教育程度）的工人的实际工资上升了 3.4%，教育年限至少 18 年的工人实际工资上升了 14.0%。从 20 世纪 70 年代末至 90 年代初，美国的大学教育程度的工人工资/高中教育程度的工人工资的溢价（wage premium）从 45%上升至 80%[206]。种种证据都表明，在美国，高技能工人与低技能工人之间的工资差距出现了大幅的增长。

这一原始劳动力相对工资下降的现象在澳大利亚、加拿大、日本、瑞典、英国等其他工业化国家也都相应存在。例如，Gosling 和 Lemieux[207]发现，1989～1998 年英国的大学本科教育程度的工人工资/高中教育程度的工人工资的溢价增加 14%。不过，其他发达国家中只有英国的相对工资变化程度与美国类似，欧洲大陆国家则以另一种方式反映出对低技能工人需求减少。这些国家的工资差距自 20 世纪 80 年代以来，呈现出比较温和的增长趋势，但是工人的失业情况，尤其是低技能工人的失业则日益严重。

另外，一些发展中国家和地区在这一时期的工资差距也呈现出上升趋势。Robbins[208]发现，智利、哥斯达黎加、哥伦比亚、乌拉圭、马来西亚和墨西哥等发展中国家的低技能工人的相对工资有较大的下降。例如，在智利，1980～1990 年高低技能工人之间的工资溢价增长了 56.4%；在哥伦比亚，1975～1985 年低技能工人的相对工资下降了近 2/3。Feenstra 和 Hanson[209]的研究发现，在墨西哥，1985～1989 年高技能工人与低技能工人的相对工资差距上升了 15.0%。Goldberg 和 Pavcnik[210]也进一步研究发现，发达国家和发展中国家收入不平等问题日益加剧。

2. 残差工资的不平等成为工资差距的主要因素

学者们在总结了工资不平等现象后，不断探索其不平等的原因。2000 年前的研究认为，工资不平等是基于工人知识构成、性别构成问题，以及技术密度问题。国际贸易流导致的产业间工人的转移，带来了高技术含量的行业支付更高的工资给其适合的雇员。Attanasio 等[211]研究发现，近几年收入不平等的最重要原因是残差工资（residual wage）不平等。在经验实证工资不平等过程中，由技术、教育、经验、贸易等可解释的变量来解释工资差距的部分日渐衰弱，而无法观测的因素导致的残差工资的不平等现象加剧。

3. SS 定理无法有效解释工资不平等现象

表面上看，SS 定理对发达国家工资差距扩大的直接推论是与 20 世纪 80 年代以来的实际情况相符的。然而，在导出这个直接推论的过程中，H-O 模型和 SS 定理还有三个相关推论。

（1）国际贸易对工资差距的影响是由贸易品价格的变动传导的

根据 SS 定理，出口品的相对价格应上升，对发达国家来说，这意味着技术密集型产品的相对价格上升。然而，并没有实证结果表明美国等发达国家的出口商品相对价格在过去的二三十年中出现大幅上升。Lawrence 等[212]发现，在 20 世纪 80 年代，美国许多的低技能密度（非生产性工人人数与生产工人人数比例）的产业反而经历了最大幅度的产品价格上升。Leamer 等[213]对美国的研究也发现，劳动密集型产品的价格在 80 年代呈稳定或上升的趋势。

（2）工人的产业间移动

根据 H-O 模型，国际贸易使得发达国家的技术密集型产业扩张、劳动密集型产业收缩，从而使高技能工人与低技能工人在产业间移动，导致高技能工人的相对需求增加。然而，Berman 等的研究发现，在 1979～1987 年，美国生产性工人（高技能工人）的相对就业率平均每年增长 0.546%，其中只有约 1/3（0.184%）来源于产业间的转移，而其余 2/3 都是由产业内变动引起的。在这段时间内，非生产性工人的相对工资平均每年上升 0.719%，其中的一半以上（0.41%）可以由产业间转移解释。Levinsohn[214]通过对智利劳动力市场的研究也发现，产业间的劳动力转移非常少，更多的转移发生在产业内部。

（3）SS 定理对发展中国家工资差距缩小的推论与现实不符

发展中国家的工资不平等现象不仅没有减轻，在许多国家与地区反而更为严重。例如，Wood[215]发现，20 世纪 80 年代，拉丁美洲许多国家的工资差距都有所上升，包括阿根廷、墨西哥、哥伦比亚和智利等。SS 定理无法对这一现象做出解释。

4. 劳动力市场的另外一个不平等表现在失业现象上

HOS 理论框架对国际贸易的跨部门就业效应做出了清晰的预测，即国际贸易将导致进口竞争部门收缩，出口部门扩张，劳动力从进口替代部门流向出口部门。虽然 HOS 理论对国际贸易带来的劳动力跨部门配置或就业结构效应指明了方向，但充分就业是 HOS 理论的基本假定之一。现实状况是，失业现象在全球各个国家普遍存在，而且行业间的失业表现出现差异。因此，对存在失业情况下国际贸易就业效应的分析，还需要从劳动力市场制度性因素的层面展开理论研究，并将其拓展到开放经济的一般均衡分析中。Botero 等[216]阐述了国家间劳动力市场制度的巨大差异，Cuñat 和 Melitz[217]认为这种制度差异可能是比较优势来源之一。Davis[218]认为，当与一个制度充分灵活的美国做贸易时，欧洲的失业率上升了，这是源自国外制度改进的效应。

二、基于产业内贸易流量增加对劳动力市场影响的分析

过去的 30 年，中间品贸易和产业内贸易占世界贸易的比例在不断上升，因此，越来越多的经济学家着重于从中间产品贸易的渠道来研究国际贸易对工资差距的影响机制，并得出了不同的结论。

Feenstra 和 Hanson[219]将 Dornbusch[220]等所构建的连续型 H-O 模型的框架运用到对工资差距的研究上，考察了美国等发达国家的企业应对低工资国家进口竞争的策略，以及这种策略对劳动力市场的影响。Feenstra 和 Hanson 在连续型 H-O 模型中加入资本，变成三要素模型，同时将研究对象由最终产品改为中间品，假定中间品按技能密集度从低到高排列在（0，1）区间，它们经过组装后才成为最终产品。该模型与连续型 H-O 模型的最大区别在于考察的是产业内变动，所有的生产活动都发生在同一行业内，不同技能密集度的生产环节在不同的国家进行。他们认为，面对低工资国家的竞争，企业会将低技能密集型的生产过程转移到海外低工资国家进行，即中间品外包，以获取更低廉的原材料，降低企业生产成本。进口原材料价格的降低，会减少对替代性的其他投入的需求，而增加对互补性的投入的需求。由于这些外包中间品的生产是劳动密集型的，因此高技能工人与其互补，而低技能工人与其相互替代，从而在发达国家每个使用进口中间品的行业中（无论这一行业是劳动密集型还是技术密集型，也无论这一行业生产贸易品还是非贸易品），对高技能工人的相对需求提高了，从而促使高技能工人在相对就业的产业内移动，增加了技能密度，并且提高了技能溢价。他们还解释了中间品外包对发展中国家工资差距的影响。外包的中间品在发达国家的产品结构中属于低技能密集型产品，但对发展中国家来说却属于高技能密集型产品，因此也相应增加了发展中国家的技能密度与高技能工人的相对工资。Cheng 和 Zhang[221]对以上思想利用数学模型进行了研究，得到的理论结果与 Feenstra 和 Hanson 的经验结果一致。

Grossman 和 Rossi-Hansberg[70]提出了全球生产流程的概念，注重研究可贸易任务成本的下降对工资差距的影响。他们发现，交通与通信技术的迅猛发展使得外包活动的成本大幅下降，从而大大地促进了任务贸易（trade in tasks）的发展。与其他研究不同，Grossman 和 Hansberg 不仅研究了低技能密集型生产的外包，还研究了高技能密集型生产的外包。在他们提出的外包模型中，生产过程由熟练劳动进行的连续高技能密集型任务和非熟练劳动完成的连续低技能密集型任务两部分构成。如果外包活动发生在低技能密集型任务阶段，那么由技术进步带来的外包成本的下降会对本国工人工资产生三种不同的效应：①随着低技能外包成本下降，低技能外包的范围将扩大，对非熟练工人的需求将减少，从而提高非熟练工人的工资，这种影响相当于非熟练工人生产率提高对其需求和工资的影响，因此称作生产率效应。②由于外包活动更多地发生在低技能密集型生产阶段，因此外包成本的下降给低技能密集型产业带来的成本节约要大于它给高技能密集型产业带来的成本节约，从而使得低技能密集型产品的相对价格下降，根据 SS 定理，本国非熟练工人工资将下降，熟练工人工资将上升，这个效应称为相对价格效应。③外包活动使得本国原先从事这些任务的非熟练劳动力被释放出来而通过其他方式被经济重新吸收，这样非熟练劳动力的有效供给增加，其效应类似于直接增加国内非熟练劳动力供给的效应，会降低非熟练工人的相对工资，这称为劳动供给效应。发生在高技能密集型生产任务阶段的外包活动成本的下降对本国工人工资的影响也同样可以分解为上述三种效应。而外包活动对于熟练工人和非熟练工人工资的总体影响要通过这三种效应进行综合分析。一般来说，如果由外包活动成本下降所带来的生产率效应足够大，那么它将同时提高低技能工人和高技能工人的工资。

Hanson[222]对强调中间产品贸易是工资差距扩大重要原因的理论和经验研究文献进行了综述。他认为，中间品贸易不仅影响进口竞争型行业的劳动力需求，还影响那些使用进口中间品作为原材料的行业的劳动力需求，因此，中间品贸易对相对就业和工资的影响要远远大于最终消费品贸易的影响。他还认为，中间品贸易与技能型技术进步对劳动力需求的影响一致，都增加了对高技能工人的相对需求，并扩大了工资差距，因此，工资结构的变动究竟是由国际贸易还是技术进步引起的，本质上是一个实证问题，而非理论问题。

目前，对中间品贸易这一传导机制的经验研究是国际贸易对工资差距的影响中发展最为充分的一块。Feenstra 和 Hanson[219]使用 1972～1990 年的各行业进口原材料数据，对中间品外包对高技能工人相对需求的影响程度进行计算，发现 80 年代美国制造业高技能工人相对需求增加的 31%～51%可以用中间品外包解释。Feenstra 和 Hanson[223]以美国和墨西哥为分析对象，不仅检验了中间品外包对美国工资差距的影响，还研究了外包活动对外包接受国墨西哥的影响，发现墨西哥与美国边境地区制造业熟练工人相对工资上升的 50%可由美国对墨西哥的外包来解释。

三、基于企业异质性和劳动力市场摩擦而进行的分析

国际贸易理论研究的深入，特别是异质企业贸易理论研究的建立和发展，给学者们提供了一个新的视角和研究平台。同时劳动经济学对劳动力市场研究的最新进展，也使得国际经济学家们充分重视放松关于劳动力市场充分就业的理想假设，充分肯定劳动力市场摩擦的存在，并将其结合来进一步分析基于企业异质性和劳动力市场摩擦现状，贸易对劳动力的价格和就业方面的影响。

学者研究发现，在产业内，工资水平也会因企业的异质性而产生变化。Bernard 等[52]除了拓展了梅里兹模型，也进一步分析了贸易自由化对要素价格的影响。他们认为，当企业拥有异质生产率时，各国在要素相对充裕程度上有所不同，产业在要素密集程度上存在差别，致使贸易成本的下降，从而使资源在产业内部和国家内部及产业和国家之间进行再配置。其结果是，拥有比较优势的产业同拥有比较劣势的产业相比，其拥有更多的熊彼特式“创造性破坏”（creative destruction）的特征。这意味着在贸易开放后，虽然不同产业的生产率都将上升，但尤以比较优势较大的部门升幅为最甚。这种内生的非中性的生产率收益的出现放大了事前比较优势（ex-ante comparative advantage），并创造了追加的来自贸易的福利收益。在这种情况下，贸易不仅产生了总量福利收益，而且在各要素之间还具有不同收入分配含义。再配置引起所有部门中都发生了就业转换（job turnover），与此同时，由贸易自由化引起的产业平均生产率的提升驱使产品价格下降并使得两种要素均获利。但若生产率下降得足够大，则在贸易自由化过程中，稀缺要素的实际工资甚至可能会上升，因而与著名的斯托尔帕-萨缪尔森定理相悖。但更为一般的情况是，由异质企业的行为所诱发的生产率收益将对稀缺要素实际工资的下降起抑制作用。他们的结论是：贸易自由化促使要素在企业之间重新配置，进而促使要素分布在不同产业和国家之间。

Amiti 和 Davis[224]在梅里兹模型中引入工资分配按照分成（rent-sharing）方式，即定义工资率是企业利润的函数［$w = f(\pi)$］，则进口竞争行业中的企业，会因贸易成本的降低而工资下降，但在出口行业中的企业则会趋于工资水平上升。Egger 和 Kreickemeier[225]则在梅里兹模型中引入公平工资定义，其分析的结果与 Amiti 和 Davis 的结果相同。Davis 和 Harrigan[226]则引入了效率工资概念，认为企业对偷懒跟踪（m）的异质性，导致企业间工资分成异质性，其原因是企业的生产率不同，会引起偷懒跟踪 m 的变化。在贸易开放的情况下，会使好工作不断减少，失业有所增加，尽管这种变化只在产业内部发生。

学者在基于企业异质性研究中也得出，贸易自由化会带来失业率的变化。Felbermayer 等[227]研究发现，如果行业内总生产率的提高（梅里兹模型中的产业总生产力提高）降低了搜寻成本，贸易自由化会使失业率降低。

四、基于匹配理论的对外贸易筛选机制的分析

以筛选和匹配机制作为考察对外贸易就业效应的基础机制，始于 Helpman 等[228]的研究。他们认为，从微观企业的角度来看，对外贸易带来了对微观企业的筛选和门槛限制，即对外贸易使得一批缺乏竞争力的企业逐渐退出市场，因此进行对外贸易有可能造成中等熟练能力（intermediate-ability）的工人收入下降，就业减少，失业率提高。该理论的研究视角十分独特，得出的结论也与传统分析存在较大差异。我们将其提出来，做较为详细的介绍。

Helpman，Itskhoki 和 Redding 的研究框架中涉及了连续商品和劳动力市场摩擦因素。在模型建立的过程中，考虑了如下几个方面的因素：①产业内企业异质性表现在生产力不同；②“不可观测”的工人能力是异质的，这可能影响工人的总体能力（即存在残差工资水平）；③劳动力市场的搜寻和匹配是随机的；④企业筛选工人是有成本的；⑤生产技术之间是互补的。模型采用了两个国家、两个部门（同质部门和异质部门）、一种生产要素（劳动力）的分析框架，在该分析框架中，引入一次性博弈的就业的搜寻和匹配机制。构建的模型如下。

（1）需求方面

非线性效用方程为

$$U = q_0 + \frac{1}{\xi}Q^{\xi}, \quad \xi > 0$$

CES 产品集为

$$Q = \left[\int_{w\in\Omega} q(w)^{\beta}\,\mathrm{d}w\right]^{\frac{1}{\beta}}, \quad \xi < \beta < 1$$

收益为

$$r(w) = p(w)q(w) = Q^{-(\beta-\xi)}q(w)^{\beta}, \quad Q = P^{-1/(1-\xi)}$$

（2）生产方面

同质部门每单位产出消耗一单位劳动力，即 $p_0 = w_0 = 1$。

差异部门采用梅里兹模型中的垄断竞争模型（假定固定的进入成本为 f_e；生产力为 θ～Pareto(z)；固定生产成本为 f_d；贸易成本：可变的冰山成本 $\tau > 1$ 和固定成本 f_x），则企业的收益为

$$r = Y^{1-\beta} Q^{-(\beta-\xi)} y^{\beta}, \quad Y = 1 + I_X \cdot \tau^{-\frac{\beta}{1-\beta}} (Q^* / Q)^{-\frac{\beta-\xi}{1-\beta}}$$

在生产中，企业需要搜寻工人来进行生产，导致企业会面临额外的成本支出：搜寻成本（$b \cdot n$）和筛选成本及工人具有无法观测的能力[$a \sim \text{Pareto}(k)$]，导致企业在雇佣工人时，会因自身企业的生产力差异而支付相应的工资。

综合以上分析，我们发现与梅里兹模型相比，企业的生产力差异除了能决定企业是否选择进入行业和进行出口，还会对工资水平造成一定的影响。如果生产力 θ 小于国内市场零利润生产率 θ_d，则企业退出行业；如果 θ 大于国际市场零利润生产率 θ_x，企业就会出口。同时，生产率越高的企业，选中的工人越多，增加了企业工人的可选择性范围，同时也会雇佣更多的工人，支付更高的工资。筛选成本的存在使得即便具有高生产率的企业也存在雇佣工人的限度，即支付给工人的工资降低至替换工人的成本时，工资达到均衡$\left[w(\theta)\dfrac{h(\theta)}{n(\theta)} = b \right]$。具有更大收益的企业可以雇佣到更有能力的雇员，但正因为替换一个具有高能力雇员的成本较高，所以给了这些具有高能力雇员更高的谈判地位。为了留住这些雇员，企业不得不用更多的收益来支付更高的工资。这直接加大了部门内企业之间工资的不平等性。

通过对模型的分析，我们得出如下结论：①由于具有高生产力的企业倾向于提高工人工资，在所有国家，个人的福利水平比封闭状态有所提高。②工资的不平等变化与所在国家贸易开放度（$\rho \equiv \theta_d / \theta_x$，$\rho \in [0, 1]$）有关。在封闭经济（$\rho = 0$）中和完全开放（$\rho = 1$）下，工资的不平等性最低；随着行业中能参与国际贸易的企业数目的降低（提高），即贸易开放度 ρ 降低（提高），工资不平等性提高（降低）。③贸易开放不会影响劳动力市场的紧密度（x），但会降低雇佣率（σ），因为工人通过再分配倾向流向具有更高生产率和更多选择的企业。随着国家更为相似，所有国家的总失业率和总收入不平等在贸易均衡状态下要比封闭状态下更高。

同时模型还分析了为什么当只有一小部分企业参与出口竞争时，工资不平等和失业率会随着贸易开放度的提高而提高。这是由一国贸易开放是贸易成本和相对劳动力市场摩擦减少所导致的生产率提高而引起的。如果假设只有一小部分企业出口，贸易成本的下降和劳动力市场制度的改善会带来失业率和工资不平等的增加。

Helpman 和 Itaskhoki[229]基于筛选机制的劳动力市场路径，通过构建动态的描述劳动力市场刚性与对外贸易的模型，模拟了差异部门的劳动力就业选择机制，得出的结论是：在劳动力市场刚性的条件下，对外贸易对工资水平和就业的影响方向究竟如何，取决于差异部门劳动力市场的摩擦性。

Helpman 等[230]构建了一个新的框架来研究对外贸易、收入不平、失业和劳动力市场摩擦之间的内在联系。在这个框架中，他们通过对企业进行同质假设并加入筛选和搜寻机制，分析了贸易开放条件下的就业选择过程。其结论是，对外贸易的增加会提高失业水平，换言之，进行对外贸易会减少就业。

国内外与此相关的实证研究还比较少见，原因在于筛选与匹配机制是 2008 年才提出的基础理论，且缺乏可计量手段，因而直接被用于实验检验还存在困难。陈昊[231]通过借鉴 Pissarides 的搜寻匹配思想，在筛选机制的理论基础上，将增加了对外贸易影响的搜寻模型转化为可计量方程，实证检验了 2004～2008 年中国对外贸易的行业面板数据，得出了符合 Helpman 等筛选机制的理论推导结果，即在已经拥有庞大贸易顺差的条件下，顺差的进一步增加不仅不能提高就业水平，反而会造成就业人数绝对减少。有鉴于此，国家应该通过制定合理的进口支持政策，保障出口和进口的协调发展，促进就业水平与对外贸易规模的协调提升。

第五节　贸易与金融市场摩擦

受传统经济学“二分法”（dichotomy）框架影响，长期以来，关于金融发展、国际贸易的研究大多平行进行。随着信息经济学和新制度经济学的兴起，新古典经济学研究范式吸纳了信息不对称、交易成本、制度等概念，并迅速向金融、贸易领域渗透。第二代和第三代金融发展理论对金融体系的功能、作用于经济增长的机制及影响金融发展的原因进行了深入探讨。而国际贸易学者面临着诸如“迷失的贸易”（missing trade）等实证结果的挑战，试图从更宽广的视角去寻求影响贸易发生和开展的因素，以异质企业贸易（heterogeneous firm trade，HFR）为代表的“新”新贸易理论逐渐兴起[232]。金融发展与国际贸易两大理论领域的融合就是在这样一个背景下进行的，并在最近十年成为一个快速扩展的学术前沿。

在这种研究背景下，贸易学者们将行业金融摩擦程度的异质性和国家间金融发展水平的异质性结合，通过修正传统的贸易模型证明了金融发展是比较优势的又一来源，影响着国际贸易模式，并取得了丰硕的成果。而作为生产要素的非常重要的组成部分——资本因来自金融市场，其是否会受到贸易流量和贸易结构及比较优势的反向影响，成为学者们普遍关注的另外一个研究重心。

随着金融发展理论的进一步演进，学者们都普遍认同经济中存在大量的金融市场发展不平衡问题。这种金融市场发展不平衡，或称为金融市场摩擦程度在国家间和行业间都表现出了很强的异质性。这种异质性的根源在哪里？是否存在贸易自由化的影响？异质性是否会带来贸易流的变化？当一国参与国际竞争，融入全球经济一体化的进程中时，作为生产要素的资本价格是否符合 SS 定理？是否实现要素价格均等化？沿着这些问题，近几年学者们开始了这方面的理论探索和实证研究。

一国的金融发展水平可以被视为金融的需求和供给达到均衡的状态，其中需求因素包括国家工业化水平、经济发展水平；供给因素包括国家法律渊源、宗教、文化、社会资本禀赋、利益集团等。关于贸易对内生金融发展的影响正是沿着需求和供给两条分支展开的。

一、需求角度

1. 比较优势和贸易结构对金融发展水平的影响

Rodrik[233]指出，贸易开放导致经济个体收入多变程度增加；借助于金融市场和金融工具实现资产组合多样化可以有效分散贸易开放带来的不确定性风险。因此，贸易开放引发经济个体对保险和风险规避的需求上升，从而拉动金融发展。此外，Giavazzi 和 Tabellini[234]的研究表明，贸易开放还往往伴随着社会投资扩大、技术革新加快等，这也将增加融资需求，促进金融发展。Shavell 和 Volens 首次使用格兰杰因果检验发现，一国风险增加政策（如实施贸易开放）和风险减少政策（如完善资产市场）之间存在相互依存的关系，发展金融市场提高了私人风险分散能力。Do 和 Levchenko 在 2007 年将金融体系的规模和质量视为一国比较优势的函数，认为金融发展水平由该国生产结构决定，一国金融密集度高的产业越发达，该国金融发展水平就越高。他们通过构造两国两部门的理论模型论证，随着贸易开放，在外部融资依赖度高的产品上具有比较优势的国家将会增加这类产品的生产，进而增加对外部融资的需求，促进本国金融发展；另一个国家的情况恰恰相反。在实证检验部分，Do 和 Levchenko 构造了类似 Beek、Svaleryd 和 Vlaehos 曾使用的出口外部融资需求度作为解释变量，将金融发展水平作为被解释变量。同时，将 Frankle 和 Romer[235]使用贸易引力方程计算一国的“自然开放度”拓展至产业层面，预测出每个行业的贸易量，再结合 Rajan 和 Zingales[236]的行业外部融资依赖度，计算总出口外部融资依赖度的预测值，将之作为工具变量以克服实证中的内生性问题。Do 和 Levchenko 利用 96 个国家 1970～1999 年的面板数据进行的实证结果支持他们所提出的假说：一国金融发展水平在很大程度上由该国的比较优势和贸易结构决定。

2. 贸易开放对资本流向和价格的影响

最富有成效的研究应该是 Antràs 和 Caballero[237]发展的模型。该模型在 H-O 理论的基础上，探讨了在金融发展非同质的条件下贸易和资本流动间的关系。当金融发展和金融依赖的变化成为比较优势重要来源的时候，对于金融不发达的国家而言贸易和资本的流动是互补的。在国家与部门间金融摩擦存在非同质性的条件下，贸易和资本流动成为南方国家绕过金融摩擦引起资本错配的市场机制。从南方国家的角度来看，贸易一体化提高了南方国家非约束部门生产的相对价格和资本的实际收入。贸易没有带来生产要素价格的均等化，最终南方国家资本的收益率比北方国家高。贸易一体化缩小了南北国家资本实际收益的差距，在金融不发达的南方国家，资本的实际收益更高。尽管存在相对要素禀赋和相对要素密集度的差异，但是他们的模型产生了一种反斯托尔帕-萨缪尔森效应，南方国家在贸易自由化后工资租金率出现了下降的趋势，南方国家工人的工资降低，他们的工资仍然会低于北方国家。

该模型最大的特色是假设一国有三类人居住：企业资本家、食利资本家和工人。企业资本家和食利资本家共同拥有该国的 K 单位资本禀赋，μK 属于企业资本家，$(1-\mu)K$ 由食利资本家所有。L 代表工人总数，则在一国经济中总的资本减去劳动比率为 K/L。需求和生产方面，模型沿用柯布-道格拉斯效用函数来表示消费者的效用水平和行业生产函数。

产品和劳动力市场是完全竞争的，生产要素可以在部门间自由流动。部门 2 的生产者可以按照价格 w 和 σ 自由使用要素。如果部门 1 的生产者也可以按照 w 和 σ 来使用要素，则边际转换率 MRT = 1，商品 2 的相对价格则是 $p=1$，而部门 1 将按照比例 η 来使用经济中的劳动力和资本。

但模型中假设在部门 1 中存在金融摩擦。由于部门 1 生产过程的复杂性，只有企业家才能在该部门运用技术，而投资者只愿意借给企业家所拥有的资本禀赋的 $\theta-1>0$ 倍的资本。因此，企业家得到投资的资本 i 为 $i\leqslant\theta K(\theta>1)$。如果 θ 足够大，则企业家得到的资本不受限制，企业家能分配经济中的 η 部分资本投资到部门 1 中。因为受制于金融约束，企业家得到的资本投资比例 $\mu\theta<\eta$。

在封闭经济条件下，南方国家部门 1 在金融约束的限制下，无法得到充足的资本投入，导致部门 1 的资本-劳动比例随着金融限制而降低，而部门 2 却相对得到更多的资本。在市场出清的情况下，工人的工资由部门 1 的边际产品价值决定，而资本的租金率则由部门 2 的边际资本价值决定。部门 1 的金融约束增大，会降低无金融约束部门内产品的相对价格，降低实际资本的租金率，降低实际工资和福利，提高工资租金率，使食利资本家更加不成比例地遭受金融不发达带来的损失。此时如果允许资本家将资本出租到国外，则在商品 1 贸易自由化的带动下，会造成金融不发达的国家资本外逃的局面。

在开放经济条件下，商品 1 和商品 2 的价格变成外生给定。北方国家因金融摩擦较小，而专业化于部门 1，带来部门 1 较低的相对价格，导致金融较发达的北方国家的资源在贸易一体化的影响下，将资源向部门 2（无金融约束的部门）转移；南方国家则会因为金融摩擦过大，而专业化于部门 2，带来部门 1 的相对价格偏高，因工资租金率由部门 2 的边际产品比率决定，相对价格偏高直接带来的结果是工资租金率下滑。南方国家的资本租金率反而提高。在贸易一体化的过程中，没有金融优势的国家，反而带来资本价格的上升，这个结论与 SS 定理的预测是不符的。

模型分析得出，在商品价格由外部市场给定的假定条件下，如果假定资本不能自由流动，当北方国家的金融摩擦小于南方国家的金融摩擦时，自由贸易均衡导致南方国家成为金融依赖型商品 1 的净进口者，自由贸易无法实现要素价格均等化，此时北方国家的工资率将进一步高于南方国家，南方国家的资本租金率却高于北方国家，同时南方国家的金融约束进一步恶化。如果假定资本可以流动，因为南方国家的资本租金率高于北方国家，将导致资本流向南方国家。但资本流入南方国家后，却因为南方国家的金融约束，而更多地流入部门 2，进一步增加了南方国家部门 2 的贸易流量，从而说明了贸易和资本流动是互补的。

资本流动的效应依赖贸易一体化的程度。如果此时假设存在贸易摩擦，如南方出口商品 2 中有 τ 比例消失在运输途中，则存在唯一的一个贸易摩擦水平 $\overline{\tau}$，以至于当 $\tau < \overline{\tau}$，北方的资本租金率低于南方资本租金率（$\sigma^N < \sigma^S$）；当 $\tau > \overline{\tau}$ 时，$\sigma^N > \sigma^S$，从而当 $\tau < \overline{\tau}$ 时，资本流向南方国家；$\tau > \overline{\tau}$ 时，资本流向北方国家。在有贸易摩擦时，贸易一体化和资本流动也不满足价格均等化。

以上模型分析，从理论层面说明了在存在金融摩擦差异性的情况下，贸易自由化的发展对金融市场和资本价格的影响机理。该模型证明了 SS 定理对资本要素市场价格的均等化的推断是不成立的。

二、供给角度

金融发展的政治经济学强调了利益集团和政治因素对一国金融发展水平的影响。贸易开放和贸易自由化作为外部冲击事件，通过影响国内利益集团的动机、改变政治经济势力的对比，从供给方面作用于金融发展。

Rajan 和 Zingales[238]较早关注利益集团对金融发展的影响，他们指出，金融发展能够便利新企业的进入、加剧市场竞争，导致既有利益集团（包括金融部门和实业部门）租金和利润下降，因此这些既得利益集团有动力，且有足够的政治势力来维持欠发达的金融体系。当贸易开放，尤其是允许资本跨境流动时，既得利益集团抑制金融发展的动力或能力被削弱：对实业部门的既有利益集团而言，外国竞争导致利润下降，同时投资和融资的需求上升，因此转而支持金融的发展；当资本跨境流动时，政府为保持宏观经济稳定实施谨慎的政策，直接干预信贷的作用受到限制；由于最具竞争力的工业企业能够从国外市场获取融资，国内金融部门面临着优质客户流失、同业竞争加剧等困境，从而被迫加快改善信息披露、契约执行和开发新的客户资源等步伐。因此，贸易开放和资本开放导致既有利益集团和政府努力促进金融发展。

Rajan 和 Zingales 结合 20 世纪 30 年代大萧条后贸易保护兴起和限制国际资本流动等情况解释发达国家金融发展水平的倒退问题，并进一步证明了，在既定的金融需求下，当全球资本自由跨境流动时，国内金融发展与贸易开放正相关；而当全球资本流动性较低时，一国贸易开放和金融发展的正相关关系会减弱。实证中借鉴 Frankel 和 Romer[235]的贸易引力方程计算一国的“自然开放度”作为工具变量，使用二阶段最小二乘法（two-stage least squares，TSLS）进行估计以克服内生性和变量遗漏的问题。

Braun 和 Raddatz[239]承接了 Rajan 和 Zingales 关于金融发展能够影响新企业进入和市场竞争程度等思路，进一步深入行业层面，利用事件研究（event study）的方法，验证了贸易自由化作为外生冲击，通过打破原来的政治经济均衡而影响一国的金融发展（以私人信贷占 GDP 的比例来衡量）。对不同行业的既有企业而言，金融发展对其成本（竞争导致企业利润下降和规模缩小）和收益（便利了信贷资金的获取）的影响存在差异，因此各利益集团对金融发展有不同的动机。他们首先估计了金融发展对各行业的价格-成本盈利（price-cost margin，PCM）的影响，识别出租金上升（下降）的行业具备支持（反对）金融发展的动机。作者还进一步提出，仅仅有动机并不足以引致金融发展，影响政策的能力才是最重要的。他们使用支持者相对于反对者的租金来衡量这种能力，原因是租金能够给支持者（反对者）提供条件，通过竞选捐款、游说费用、直接行贿等手段来促进（阻碍）金融发展。贸易自由化作为一个离散的外生事件，能够增强（减弱）支持方的相对势力（相对租金），从而作用于金融发展。Braun 和 Raddatz 使用包含 41 个国家的样本，在控制了贸易自由化的内生性及变量遗漏等问题后，确认了贸易自由化能够通过政治经济学机制影响金融发展。

三、总结和评论

贸易对要素市场的影响一直是理论界关注的重点。其因研究结果能进一步转化为一国的对外贸易政策而备受关注。理论研究的深入，在劳动经济学及金融市场学方面的最新研究成果，以及贸易理论中异质企业贸易理论的提出，为一国的要素市场如何受到来自贸易开放的冲击提供了新的思路。学者们普遍关注并意识到传统理论中对要素市场的完美假定的不现实。要素市场在未发生贸易时就已经存在程度不等的摩擦，这种摩擦表现为跨国和跨行业的异质性。学者们在承认存在要素市场摩擦的情况下，除了考察摩擦本身对贸易流向和结构的影响，还考察了贸易流及结构对要素市场的内生性的作用。最新的研究成果显示，在摩擦存在的情况下，贸易开放对要素市场及要素价格的影响从理论上证明了要素均等化定理是不正确的，这为进一步研究贸易开放与要素市场之间的关系打开了另一条研究进路。

从以上研究中我们发现，贸易对要素市场的影响是多方面的。对我们的政策启示是，在我国要素市场普遍存在摩擦的情况下，随着贸易开放度的深入，有必要注意发展中国家要素市场价格的扭曲问题。近几年，发展中国家劳动力价格表现出严重的不平等现象，其中贸易问题有多大贡献，其影响进路是什么，需要进一步考察。贸易开放对国家内部要素市场的扭曲作用，将进一步限制国家经济的健康平稳发展。因此政府简单的为开放而开放的贸易政策，需要仔细斟酌。

在最新的研究进展中，我们看到理论模型的建立基于现存的要素市场摩擦程度，其大多以南北贸易为研究背景。因此其得出的结论也大多表现在南方国家贸易自由化后，对南方国家和北方国家要素市场价格、要素市场结构的影响上。但从全球范围来看，南北贸易流量远远低于北-北贸易流量，是否能用这种理论的简单推导而证明目前所表现出来的劳动力价格不平等、失业、资本价格差异等会因贸易开放而有所加强，还有待进一步的实证检验。同时，北方国家之间的要素市场摩擦也存在一定程度的异质性，将该异质性引入对国际经济学的分析框架，也许是未来一个新的研究方向。

第五章　国际直接投资与跨国经营

资本国际流动引起的跨国直接投资及其影响因素，一直是世界经济领域的研究重点。

第一节　市场结构、贸易结构与国际直接投资

一、世界经济因要素流动而出现的新变化

要素流动改变了世界经济的运行，导致世界经济的一系列重要变化，这从传统的国际经济学理念原理中并不能直接找到答案。

1. 世界经济发展格局的变化

全球化经济的发展格局取决于要素流动方向、结构而非各国的现实比较优势。要素的流动性差异决定了国际直接投资的方向，从而决定全球化经济发展的特点，即易流动要素向不易流动要素方向集聚，要素流动的这一规律决定了国际产业布局及分工贸易。新兴经济体在全球化条件下更快发展正是取决于要素的净流入这一时代特征。

2. 国际贸易的数量与结构变化

在国际贸易的数量上，要素流动对贸易的创造效应与替代效应并存，产业集聚与产业转移创造了贸易，国内市场开放减少了进口贸易。在国际贸易的结构上，要素的流向决定了贸易的产业性质，使落后国家能够出口技术密集型产品。

3. 国际贸易统计意义的变化

现行贸易统计体现了商品劳务的跨境流量，不反映生产主体即企业的国民属性，不反映提供产品企业的投入要素结构。因此，与要素不流动条件下的性质不同，贸易不再是一国比较优势或某种意义上分工地位的反映，贸易规模和贸易顺差也不能真实体现一国在贸易中的收益。近年来探索的增加值贸易方法避免了进口增加值的重复计算问题，使贸易能更准确地反映本地增加值，但是仍然没有反映增加值创造过程中要素的国民属性。

4. 国际分工收益分配的决定原理变化

垄断或不等价交换原理决定了收入分配现象是在国际市场不完全条件下形成的，在一定程度和范围内仍然会长期存在，但这并非全球化经济的主流收益分配原理。在全球化经济中决定性的机制是：要素稀缺性决定要素价格，要素价格决定要素收益从而决定国际收益分配。发展中国家资本流入国的引资激励政策产生于资本稀缺，从而导致部分收益转移；低工资是由于劳动力过度供给，这是要素价格决定原理的表现。

5. 经济增长的成因变化

要素流动促使国际分工扩大及企业规模经济与产业规模经济的形成。要素流动导致国家全要素生产率变化，流入国集聚某类产业导致企业生产规模经济和国家的产业规模经济，这成为经济增长的重要原因。经典增长理论说明增长来自要素投入总量的变化，而要素流动则改变了各国的要素结构从而改变了增长的结构，东道国新产业因投资才被创造而不只是原产业因贸易而扩大。

6. 两类国家的增长机制变化

要素流入国要素总投入量的增加是经济增长的原因之一，同时国内闲置生产要素也因此而被投入使用，从而导致相对较快的增长，要素流出国国内经济增长因资本流出而相对较慢，增长主要靠要素生产率的提高而实现，但海外投资带来的资本增值又会以各种不同方式回馈于国内经济增长。

7. GDP 统计内在意义变化

由于 GDP 统计的基础是国家或关税区，而创造 GDP 的则是来自不同国家的生产要素，要素收益归要素所有者所有，因而 GDP 不再能真实反映经济增长对该国国民的福利意义。GDP 是地理上的产出概念，产出中包含所有要素的报酬，稀缺要素价格越高，报酬率越高，资本流入国 GDP 增长也更快，但相对国民净收入增长却远不如 GDP 增长，甚至可能更低。流出国 GDP 增长相对较低，而其也未计算其在国外资本增值而导致的财富增长。GDP 统计使两类国家实际的相对收入差距被掩盖。人均 GDP 则更加丧失其真实意义，因为在资本净流入的发展中国家，其东道国 GDP 总量包括外资所创造的 GDP，而人口只是计算本国居民。资本流入国增长越快，国外要素要求获得相应越高的收入。因此国民财富差距事实上可能在扩大，但未汇回利润和未撤出资本使这一点不易看清。同时，在流入国的更多要素投入中也包括本国闲置要素投入的增加，更快增长的 GDP 也会使人们忽略这一点。

8. 国家竞争力的主要标志变化

在全球化要素流动条件下形成的世界生产使一国的贸易出口不再能准确反映该国的比较优势。出口规模和产品市场占有率不能准确反映一国竞争优势，因为出口是所有投入要素的产出，包括流入要素。尤其是外资带来的以低端价值链分工产生的出口更不反映国家的竞争力，相反，反映的只是劳动力低成本，实质上是低工资即国家发展低水平。但是，迄今通行的各种国家贸易竞争力的分析方法都是基于地理意义上国家的进出口进行的，是产品的“属地”方法，而没有从当代国际贸易现实即要素合作创造贸易出发，没有“属权”基础上的竞争力或收益分析。

9. 国家竞争优势的内容发生变化

国家竞争优势不在于产出和出口，而在于要素的拥有及其结构。在要素流动条件下，要素的集聚与培育能力是国家竞争优势的核心。要素集聚能力使国家集聚生产力，要素培育能力使国家创造生产力，综合起来是国家体制优势。这种体制优势上的差别决定了要素数量与结构的变化，是国家的核心能力。相应地，经济规模不能准确反映一国的经济成就，本国要素收入的提高才是发展成就的真实表现。

10. 全球经济的均衡发展状态变化

世界经济发展不平衡在于要素流动，以新兴经济体要素净流入为特征的要素流动的不平衡性导致全球化经济发展不平衡。要素流动导致世界经济不平衡是必然的，因为产业经转移后生产集中必然导致要素流入国向流出国出口，如果投资国不能发展新兴产业就必然导致世界贸易不平衡。这是现在新兴经济体顺差的基本原因。汇率水平不能也不应该用于改变由此引起的贸易不平衡。对于这种不平衡的形成及其影响，目前国际社会缺乏观念、体制与机制准备，世界经济理论也有待回答。

二、决定贸易还是投资的新因素：异质性

20世纪60年代后，贸易与投资越来越多地发生在要素禀赋相似、产业结构趋同的发达国家间，传统的贸易与投资理论对此解释乏力。20世纪70年代末期，研究者突破要素禀赋论的某些假设，认为即便国家间不存在技术水平差异和要素禀赋差异，规模经济和不完全竞争也会成为促成两国发生相互贸易与投资的重要原因。

20世纪90年代开始，企业微观数据的涌现和广泛使用，使得经济学者发现

同一行业中的企业并不都存在对外出口行为，企业是选择国内生产还是出口其他国家，或 FDI，以及选择出口到哪些国家，并不仅仅表现为两国行业间和行业内各自的比较优势，而更多的是企业对自身生产率高低的判断与反应。越来越多的文献揭示了贸易现实中更加微观的企业异质性对出口贸易的影响。

Melitz[45]将厂商异质性融入了 Krugman 的产业内贸易模型中，建立了异质性厂商动态贸易模型。Melitz 分析认为，厂商在进入某一行业时因投资的不可逆性，虽尚不了解自身生产率，也依旧必须完成生产，导致同一行业中的厂商生产率存在差异性。而正是因为厂商生产率存在差异，因此在对抗现实存在的国内市场进入成本和冰山式贸易成本时，厂商的选择和经营结果出现了分层，形成了 X 型厂商（export firms）、D 型厂商（domestic firms）和 N 型厂商（non-producers）。这三类厂商在面对国内市场和国际市场时表现差异非常大，且随着贸易自由化的不断提高，贸易引致的市场的优胜劣汰的竞争效应在此模型中充分体现。市场竞争过程促进企业的自选择效应：X 型厂商因其具备最高的生产率，因而可以抵抗产品流通中面临的国内和国外市场的高昂的固定成本，且生产率越高，获得的国外市场越大；D 型厂商因生产率较低，所以无法跨越出口固定成本阈，只能服务于国内市场；N 型厂商则表现得更差，连国内市场上的固定成本都无法消化，被市场无情淘汰。

Helpman 等[240]在 Melitz[45]研究的基础上，将异质性厂商生产率假设引入了多国、多部门的国际贸易与投资模型中，该模型认为厂商选择在国内市场销售、出口还是通过 FDI 来服务国外市场的依据依旧是厂商所具有的生产率与国际国内贸易和投资固定成本之间做比较，具有最高生产率的厂商选择 FDI 或者出口，生产率居中的厂商选择服务国内市场，而生产率最低的厂商则被淘汰出局。Helpman[241]则更加细致地分析了出口与 FDI 的选择问题，其将 FDI 细分为水平 FDI 和垂直 FDI，研究结论中更加细化了具有不同生产率的厂商在出口、FDI 投资及产品生产地的选择上依据具有自高而低的自选择次序。Melitz 和 Ottaviano[242]则在基础模型中，引入了竞争强度和市场规模因素，研究得出，在市场规模大，一体化程度高，市场竞争激烈的市场环境中，行业总生产率水平不断提升，但价格加成较低，即平均利润低，这将导致异质性厂商做出出口决策的门槛被提高，从而影响该市场的贸易模式。Impullitti 等[243]在原有理论的基础上，进一步证明了异质性厂商退出和进入出口市场的行为选择，发现沉默出口进入成本和厂商生产率的不确定性直接引起厂商进入和退出出口市场的选择，当厂商规模和生产率达到一定水平后进入出口市场并保持出口状态，直到生产率下降到决定出口那个时刻的水平才会退出出口市场。

2010 年以前的异质性贸易理论研究的更多的是厂商生产率对其贸易结构及其生产行为选择的影响，2010 年后研究者的研究重心转移到更多的厂商异质性行为的研究。Egger 和 Kreickemeier[244]证实厂商劳动者的管理才能使厂商生产率产生直接影响，进而影响出口行为，管理人员比例大的企业更倾向于出口。Holmes 和 Stevens[245]则从厂商规模异质性的角度分析得出，规模越大的厂商，因能开展距离更远的贸易而出口。Caliendo 和 Rossi-Hansberg[246]认为，需求异质性是厂商生产率异质性的源泉，厂商出口行为将促使厂商增加管理层级，进而提升厂商生产率。Spearot[247]则进一步假定需求弹性异质性，发现低收益厂商在关税自由化后获益大于高收益厂商。Kasahara 和 Lapham[248]则证明了厂商除了生产率异质性以外，其面临的运输成本和其他成本也存在异质性，这些都会引起厂商贸易行为的变化。Aw 和 Lee 分析认为，厂商需求，如生产技术、消费者偏好、产品质量、固定投资成本、运输成本和相对工资均会影响异质性厂商的出口选择行为。Oldenski[249]将出口成本进一步细化，认为出口成本中的信息传导成本低的厂商更容易出口和 FDI。

当企业选择出口后，出口市场的选择也具有明显的企业异质性特征。Schmeiser[250]研究认为，进入厂商首次进入出口市场通常会选择与本国相似的、市场规模较大的国家；而已经拥有出口经验的厂商则会进一步向与本国差异较大的，且距离较远的国家出口产品。Brambilla 等[251]发现，技术密集度越高的厂商生产的产品出口到高收入国家的机会越大。这说明一国出口市场结构，不仅仅是由两国产业间和产业内具备的要素禀赋比较优势或规模比较优势决定，还与一国拥有的企业生产水平密切相关。企业向哪个市场出口，与其是否能成功克服进入该市场的固定成本及冰山运输成本密切相关。而是否能成功克服则与企业的生产效率及能否促进企业生产效率的行业禀赋优势密切相关。

三、中国的实践

异质性厂商贸易理论出现后，引起了中国学者的充分重视。作为世界第一大贸易国，中国的经验对充实异质性厂商贸易理论异常重要。然而近几年的实证检验发现，中国出口企业的诸多表现迥异于外国厂商，厂商贸易结构及其选择并不能直接用异质性厂商贸易理论加以佐证，很多中国学者将这一贸易现象总结为“生产率悖论”[252]。

戴小勇和成立为[253]以异质性厂商贸易理论中所描述的出口厂商为对照，研究中国出口厂商时发现中国厂商具有如下异质性特征：①出口厂商为数众多，且频繁在国内国际市场上转换；②前 10 名出口厂商的出口额在总出口份额中所占比例远远低于外国出口厂商，出口厂商集中度很低；③出口厂商生产的大部分产品用于出口；④大部分出口份额由外商投资企业贡献；⑤出口厂商生产率低于非出口厂商，且出口厂商的资本密集度和利润率普遍低于非出口厂商。中国学者运用异质性厂商贸易理论对中国出口企业行为分析的结果，不仅对该理论基础进行补充，也为进一步拓展该理论提供了翔实的实证资料。

第二节　产品结构、产业结构与国际直接投资

一、产品结构与资本国际流动

1. 贸易商品结构指标及其主要内容

以比较优势理论和要素禀赋理论为核心的传统贸易理论为基础所创立的贸易商品结构指标主要反映某国相关产业在国际贸易中所占的地位，或两国贸易结构差异情况，是分析两国贸易结构差异的主要工具，其主要指标包括显示性比较优势指数、对称性显示性比较优势指数、Gini-Hirschman 系数、贸易强度指数、出口相似性指数、贸易互补性指数、结构变化指数、Pearson 相关系数和 Bray-Curtis 非相关系数等。

贸易商品结构指标揭露了各国贸易商品结构演化的相似性：一般而言，发达国家的贸易结构相对稳定，而新兴工业化国家的贸易结构则转变较快，其基本的演化路线为资源密集型—劳动密集型—资本密集型—技术密集型产品结构。林毅夫认为，要素禀赋与技术差异显著影响国际分工方式和贸易结构，根据比较优势理论及中国现实，中国出口应以劳动密集型产品为主。学者们的研究普遍表明中国出口商品结构正在由初级产品、劳动密集型产品向机电产品、高新技术产品转换，其中劳动力要素被充分运用。黄锦明和陈卉娟[254]运用显示性比较优势指数等指标测算，认为中国资源密集型产品失去了国际竞争力和比较优势，工业制成品的国际竞争力和比较优势在增强，黄锦明进一步研究认为，1980～2008 年中国出口商品结构发生优化。

一般出口商品的技术结构（technological structure）用出口复杂度（export sophistication）指标来测定。该指标的构建主要用于说明该出口产品的技术含量和技术水平问题。目前，使用最为普遍的是 Hausmann 等[255]提出的计算方法。

2. 中国的测度

对于中国贸易技术结构的测度，文献大多用贸易复杂度指标加以说明和分析，主要是就中国贸易发展中技术构成升级及质量升级展开研究，研究结论基本上认为中国依旧属于发展中国家，但已经开始从低技术附加值出口为主转变为中等技术附加值出口为主的出口结构，高技术产品出口有所增加，但并不是贸易的主要对象，增长也比较缓慢，而中国进口则依旧以中高技术产品为主。陈雯[256]的研究

也显示，虽然在国家层面中国制成品的出口复杂度高，但是在产业及产品层面都存在普遍偏低的现象，中国出口需要进一步升级。

二、跨国经营与产业结构转变

新贸易理论最具开创性的文献当属 Krugman[26]在 D-S 模型的基础上的研究。该模型用非常精巧的数学推导，证明了在规模报酬递增和垄断竞争假设的基础上，国际贸易不仅可以在要素禀赋相似的国家之间发生，还可以在各国间同一产业内进行，从而在理论上证明了产业内贸易现象，激发了 20 世纪后 20 年国际贸易理论的大发展，也成为 Krugman 获得 2008 年诺贝尔经济学奖最主要的原因之一。正如杨小凯和张永生[257]所言，新贸易理论实际上解决的是规模经济与多样化消费之间两难冲突的问题。生产者规模扩大意味着成本降低，要求产品种类越少越好，而消费者则喜好更多产品种类以供筛选，市场竞争则会通过达到某种垄断竞争均衡以调和两者之间的矛盾。同时，还应注意的是，随着本地人口的增长或者通过贸易扩展产品可触及的地域，这种矛盾就更具有了调和的空间。

此后的新贸易理论的研究者为进一步加强该理论对国际贸易中存在的实践现象的全面解释，提出了产业间贸易与产业内贸易的联合模型。产业间贸易与产业内贸易联合模型最早由 Krugman 在 1981 年提出，Helpman 和 Markusen 在 1984 年又对该模型进一步修正。Helpman 和 Krugman 在 1985 年总结了研究者们的贡献，并进一步拓展，构建了 H-K 模型。H-K 模型提供了更广范围内对双边贸易流量进行经验研究的基础。

新贸易理论在研究中充分重视在现实经济中确实存在的不完全竞争市场、产品差异化和要素多元化等，认为规模报酬不是恒定不变而是存在规模经济，这一系列对传统贸易模型中很多不切实际的理论假设的放松，使新贸易理论更加贴近经济发展现实，尤其是 H-K 模型的推出，进一步加强了模型对产业间和产业内贸易形成的理论解释，也意味着传统劳动力资源丰富的比较优势有可能会被规模经济的比较优势取代。在不完全竞争市场中，产品差异化导致产业内分工成为可能，而规模经济效应引致产业内分工有利可图，促成了产业内贸易。

21 世纪初涌现的异质性厂商贸易理论，除了关注企业行为，还通过分析贸易自由化对企业生产率的影响进而分析行业内和行业间资源存在再分配效应。梅里兹模型进一步分析认为，竞争过程伴随贸易自由化而出现再分配效应：贸易自由化将导致厂商间的利润和社会资源发生重新配置，利润和社会资源将向高生产率厂商集中，加速淘汰生产率低下的厂商，提升整个行业平均生产率，同时这种再分配效应在不同产业中表现不一，具备比较优势的产业因生产率增长更快，导致密集使用的要素的相对价格大大提升，该产业中被淘汰的厂商远远多于其他产业，从而强化了以充裕要素为基础的产业的比较优势。

Bernard 等[35]将随机性厂商生产力纳入 Eaton 和 Kortum[258]的多国比较优势模型中，建立了异质性厂商贸易静态模型。Bernard、Eaton、Jensen 和 Kortum 与其最大的不同是拓展了李嘉图模型，在李嘉图模型中引入了厂商异质性、不完全竞争和贸易冰山成本，认为因为出口成本的存在，厂商生产率差异在克服贸易壁垒，并实现出口方面存在巨大作用，此结论也与 Melitz 的结论非常相似。Bernard 等[52]则突破了以上研究，将厂商异质性纳入到了 H-K 模型中，成功解释了国际贸易存在的实际情况。该模型认为，"禀赋驱动比较优势"导致各国不同产业间的不均衡出口贸易模式，"企业层面水平产品差别化和规模报酬递增"引起产业内的双向贸易模式，同一产业内只有部分企业出口的原因则是"贸易成本驱动的自我选择效应"。

第三节　全球价值链下的国际直接投资

一、关于全球价值链的研究

全球价值链（global value chains）是 21 世纪初 Gereffi 在全球商品研究的基础上提出的概念。此概念一经推出就获得了国际组织和各国学者的广泛关注。Sturgeon[259]从组织规模、地理分布和生产性主体方面来界定该概念；联合国工业发展组织进一步认为，除了大量企业活动参与其中，全球价值链还应关注因企业集聚而形成的网络契约关系和联结方式的不断变化；英国苏塞克斯大学发展研究所则从产品角度重新定义了该概念，认为全球价值链是产品在全球范围内，从概念设计到使用直到报废的全生命周期中所有创造价值的活动范围。组成价值链的各种活动可以限定在一个企业内部，也可以分布到不同企业；可以集聚在某一地域，也可以分散到全球。

跨国公司的全球生产链的布局，导致全球贸易中更多的贸易品来自中间投入品，而不是最终消费品，国际分工也从国家分工、行业分工层面过渡到了产品内分工阶段：特定产品生产过程中不同工序、不同区段、不同零部件在空间上分割到不同国家，相关国家仅负责生产最终产品的某一个价值环节而不是全部。全球价值链理论基于这样一种贸易现实进一步研究了价值链各个环节价值增值的过程及收益分配问题。其环节可分为三个部分：技术环节、生产环节和营销环节。国际分工演化为价值环节在各国的分工后，传统的产业结构的国际梯度转移也进一步演变为增值环节的梯度转移。从增值能力分析，三个环节表现为"微笑曲线"的"U"形状："微笑曲线"的中间环节，即零部件、加工制造、装配等生产环节创造出较低的附加值；"微笑曲线"的两端则为研发、设计、市场营销、品牌等技术环节和营销环节创造出较高的附加值，因而获得更多的经济租。

随着生产技术的不断成熟和快速迭代，生产环节进入的壁垒越来越低，越来越多的国家进入该环节，参与国际化竞争，竞争加剧了该环节经济租的耗散，导致该环节的增加值不断降低。而技术环节和营销环节则越来越脱离生产环节而独立存在，这两个环节要么依赖知识产权长达 70 年的保护或者接近永久性的品牌效应，要么依赖其他企业无法承受的高投入的技术研发，进入壁垒越来越高，导致这两个环节的收益不断增加。而发达国家和发展中国家却恰恰在全球价值链结构上表现为泾渭分明的一个掌控无形环节，一个负责基础生产。如何沿着价值链攀升成为发展中国家必须关注的问题。

要沿着价值链攀升，就必须进行产业升级。Kaplinsky[260]认为升级就是制造更好的产品、更有效地制造产品或者是从事需要更多技能的活动。Humphrey 和 Schmitz[261]提出全球价值链中以企业为中心的产业升级的四种模式：工艺流程升级、产品升级、功能升级和链条升级。研究者普遍认为这四种升级模式存在一定的规律性，即企业会沿着工艺流程升级到产品升级再到产业功能升级，最后到价值链条升级。

对中国企业在全球价值链所处位置及产业升级的可能性研究受到学者的广泛关注。刘林青和谭力文[262]认为，一国所具备的要素禀赋比较优势奠定了该国企业的竞争优势，国家与企业一样是全球价值链的行动者，国家在产业定位、获取战略性资源和吸引外资方面协助企业进入国际市场参与竞争和对抗，愈发显现出国家在全球价值链企业定位的作用。张杰和刘志彪[263]分析认为，中间品的进口的便利性可能会打消企业进行关键技术研发的积极性，企业有被锁定在“低端环节”的倾向，这增强了企业在全球价值链上的被动定位。樊茂清和黄薇[264]考察中国全球价值链中的地位及其演进过程，发现中国企业在全球生产网络中的地位是上升的，对全球价值链的贡献也逐年增加。

二、加工贸易与跨国公司

随着国际分工的深化，尤其是伴随跨国公司成为国际分工的主体，在产业内分工的基础上出现的产品内分工逐渐成为国际分工的主流，两国贸易出现了一种新型贸易方式，被中国定义为加工贸易，国际上则称之为海外组装操作、零件和部件贸易、对外加工装配业务、定牌生产（original equipment manufacturing，OEM）、生产分享、外包或外部采购等。不同的分工要求对加工贸易的需求也不同。而加工贸易则是跨国公司结合自身所拥有和能掌控的资源与其他外部资源相对比后做出的跨国生产、实现企业利润最大化的全球战略部署，既表现在产品制造链上下游企业之间的贸易形式，又表现为某一企业内部相同产业内同一产品不同生产阶段或生产环节的相互配合。当国际分工演化为全球价值链分工时，加工贸易则表现为生产过程某个环节或某道工序的专业化分工所形成的贸易形式。因此，加工贸易的出现和深化发展与国际分工的演化密切相关，尤其以跨国公司对全球资源获取的方式密切相关。

跨国公司通过加工贸易完成全球产品价值链的整合主要通过两种途径：一种是通过垂直 FDI，通过在发展中国家设立分子公司，即以独资或合资的形式在东道国从事加工贸易，生产零部件或完成成品组装后出口到发达国家或出口到下一道工序的其他国家，最终产品则由跨国公司负责最终销售；另一种则是通过国际外包的形式，将生产工序分解外包给其他企业，其他企业通过加工贸易将生产的零部件或成品再返销给跨国公司，最终产品依旧由跨国公司负责全球销售。而跨国公司是选择企业内贸易还是选择外包则与跨国公司是否具备较高的资本和技术密集度密切相关。Antràs 和 Helpman 在 2004 年进一步分析认为，跨国公司根据自身的生产率水平来选择最终的生产组织模式，生产率水平较高的企业从发展中国家获得中间投入品并倾向于垂直一体化组织模式，而生产率水平较低的企业则会从发达国家获得中间投入品并倾向于外包，且相对来说实施国际外包的企业比实施国内外包的企业生产率水平更高一些。

加工贸易是跨国公司在全球组织生产，完成产品价值链各工序各环节在不同国家制造并最终整合成成品所必须依赖的贸易方式，因此相应地，与 FDI 相联系的贸易方式则更多地表现为加工贸易，而不是一般贸易。在中国，更特别的是，跨国公司在中国选择的外包企业有些并不是中国本土企业，这些外包企业为实现外包任务又通过 FDI 进入中国，在中国建立承包方的子公司，进一步加强了外商投资企业对加工贸易的依赖和控制程度。

三、全球要素组合与跨国企业的全球战略

跨国公司作为要素流动的组织形式将世界各国的生产、流通和消费领域更加紧密地联系在一起，使世界经济越来越成为一个不可分割的有机整体。联合国贸易发展会议发布的《2004 年世界投资报告》显示，全球 6.1 万家跨国公司占据了全球生产总量的 40%，全球跨国直接投资的 90%，全球贸易总量的 65%，全球技术交易总量的 80%。

跨国公司与生产要素国际流动存在着紧密的联系。跨国公司的目标是在全世界范围内调配资源，实现利益最大化，而以 FDI 为载体的生产要素国际流动正是其实现这一目标的主要手段。自 20 世纪 60 年代起，关于跨国公司为何推动、如何推动 FDI 这一问题引起了大批世界经济学家的关注和研究。海默和金德尔伯格率先提出了垄断优势理论，认为 FDI 的原因是跨国公司由于市场不完全性所具有的垄断优势。此类垄断优势下，跨国公司进行 FDI 可以获取相比对外贸易而言更

多的收益。巴克莱卡森则从市场内部化的角度解读了跨国公司 FDI 的原因，他认为，跨国公司之所以进行 FDI 是出于内部化贸易的需要，是变市场上的买卖关系为企业内部的供求关系的一种手段。跨国公司的内部化交易可大大提高中间产品在公司内部自由流动的效率，从而避免由非市场因素所造成的高交易成本。邓宁在 20 世纪 70 年代末基于前者的研究提出了关于 FDI 更一般的理论——国际生产折中理论，邓宁将跨国公司是否参与国际投资归结为是否具有三个优势（所有权优势、位置优势、市场内部化优势）和两大条件（跨国公司国外生产成本比国内生产成本低和跨国公司生产成本比当地公司低）。邓宁认为，如果跨国公司具有这三个优势并且符合两大条件，就会进行国际直接投资。国际直接投资作为一个世界经济的研究主题，对于人们理解跨国公司全球生产行为起到了很大的作用。但是我们发现，跨国公司作为当今全球化经济的主体，其作用并不仅仅是推动国际投资，更多的是带动生产要素的国际流动。

跨国公司全球战略，是指跨国公司在全球范围内进行资源的优化配置，以期达到长期总体效益的优化，即在正确战略思想指导下，在科学分析国际经营环境和自身经营条件的基础上，为求得长期生存和发展而做出的总体、长远的谋略。这既是公司战略思想的集中体现和经营范围的科学界定，又是制定规划（计划）的基础。具体地说，跨国公司的全球战略，就是在经营活动中，以全球的竞争视野和思维方式，在考虑来自世界任何国家和地区的激烈竞争和各种可能变化的环境制约因素时，要从全球、长远的角度出发，最合理地配置和使用各种有限资源，对各种市场做出合理的选择、组合及有效的进入。

跨国公司战略的核心是提高全球竞争力。跨国公司以自身所拥有的技术、管理、品牌、营销网络等高级要素为依托，在全世界的范围内对生产要素进行重新组合，建立起最有效率的国际生产网络。不同于以往跨国公司将国内和国外、发达国家和发展中国家看作单个相互分割的市场，在经济全球化不断展开的情形下，跨国公司开始将全球市场看作一个有机的整体进行战略布局。20 世纪 90 年代以来，随着经济全球化的强劲发展，全球竞争日益加剧，许多跨国公司开始摒弃传统的市场战略和资源战略，相继宣布推行全球战略。全球战略正在以强有力的方式改变着跨国公司，它迫使企业重新思考自己的传统战略，重新设计其组织结构，寻找新伙伴，跨越国界，进行国际竞争。

在生产要素国际流动的背景下，高级生产要素从发达国家流出，流入发展中国家，与发展中国家低级生产要素合作生产。通信技术的提高和相应国际经济组织的建设使得跨国公司国际经营的交易成本不断下降，生产要素合作型国际专业化的不断深入，促使经济全球化进程向纵深发展，加快了全球化经济的步伐。在这一进程中，跨国公司既是生产要素国际流动的组织载体，又是经济全球化的最主要组织者和推动者。经济全球化意味着跨国公司面临着竞争全球化、生产全球化、产品全球化和管理全球化的严峻挑战。这就要求跨国公司及时调整战略规划。而跨国公司的全球战略，就是经济全球化中跨国公司生产经营的核心。跨国公司全球战略的本质是全球要素的最优组合。跨国公司通过以 FDI 为载体的全球生产要素流动，实现全要素的最优配置。从国际投资理论的视角看跨国公司全球战略，我们发现成本降低和产品差异化是全球要素最优组合的核心目标。

1. 全球低成本战略

跨国公司全球低成本战略包括价格求廉与数量求多战略。在这种战略下，价格与数量紧密相关。它的核心是使跨国公司的产品成本比竞争对手低，也就是在追求产量规模经济效益的基础上降低成本。采用低成本战略，尽管公司会面对强大的竞争对手，但公司仍能在本行业中获得高于年均水平的收益。实行低成本战略可以使跨国公司获取更大的市场份额，实现更大的生产规模，产生规模经济效应，进而进一步降低成本。

Buckley 和 Casson 从跨国公司内部化的视角分析了跨国公司对外直接投资和降低生产成本之间的关系。他们认为，市场的不完全性很大程度上增加了跨国公司海外经营的成本。为了解决市场不完全的状态，巴克莱和卡森主张跨国公司可在东道国建立起分支机构，将扭曲的市场交易安排在公司内部进行。内部化的过程，一方面，可有效地降低由市场信息不对称而增加的相应成本，另一方面，可绕开关税降低贸易成本。内部化作为一种手段，在实现了跨国公司全球低成本战略的同时完成了跨国公司全球价值链布局和协调。Dunning 在 1977 年国际生产折中理论中指出，不同国家拥有的“区位优势”对公司是否进行对外直接投资起着重要的作用。区位优势是指一国区别于别国所具有的优势，具体表现为廉价的生产要素价格、完备的基础设施、高效的金融市场、公正的法律社会环境等一切能为公司跨国经营创造竞争力的因素。这些要素决定了一国是否具有区位优势，而一国的区位优势直接影响着跨国公司全球要素的流向。在跨国公司全球低成本战略的驱动下，大量生产要素涌入中国与当地要素合作生产。

2. 全球产品差异化战略

差异化战略是跨国公司通过专利技术，以及凭借其他技术与管理措施，生产出在性能上、质量上优于现有标准产品的有所差别的产品；或者在销售方面，通过市场广告宣传和加强推销活动，使用户对本公司的产品产生与众不同的印象。它包括品种求新与质量求优战略，还包括在产品的功能与外观、产品售前售后的服务和产品的市场促销三个方面，寻求与竞争对手的差异化，以吸引顾客。公司为了制造出差异化产品，就要求在产品设计、工艺技术、产品性能上充分发挥创造性。

Hymer[265]指出，公司的对外直接投资应建立在其自身所拥有的差异化产品的基础之上。差异化产品的产生归结为不同公司间知识技术水平的不同，技术水平的高低决定了差异化产品是否能为公司带来垄断优势。高技术水平必然需要跨国公司前期投入大量的研发费用，这些研发费用构成了跨国公司的高昂沉没成本。全球差异化后产品战略成功的条件在于跨国公司需要适应东道国的法律、社会、文化等环境因素，避免这些因素为公司跨国经营带来额外的成本，进而影响跨国公司差异化产品的垄断优势发挥。

跨国公司全球战略内涵的实质是通过跨国公司对外投资实现全球范围内的生产要素重新调配和组合，以实现优化跨国公司全球要素配置的目的。跨国公司全球战略的实施以跨国公司对外直接投资为内容，不同的跨国公司对外直接投资方式为跨国公司全球战略的展开提供了不同要素排列组合的可能。从要素组合的视角看，跨国公司的全球战略类型反映了跨国公司主导下的全球要素组合。任何跨国公司的全球战略都需要通过要素的国际组合来得以实现[266]。

要素流动性的这些差异决定了全球化条件下要素国际组合的特征，即流动性强的要素向流动性弱的要素所在国家流动而不是相反。这就决定了在其他条件相同的情况下，发达国家的资本技术向以土地、自然资源和低端劳动力为主要要素的发展中国家流动，这是经济全球化给发展中国家的一种特殊机遇。在生产要素国际流动中，跨国公司是主体，外资是载体，引进跨国公司以集聚高级要素成为发展中国家战略的核心，约一半跨国公司分支机构进入了发展中国家[267]。如果政府能够创造适合于高级易流动生产要素向本国流动的经济社会环境，就会推动高级要素的集聚。从这个意义上可以说，对一个发展中国家来讲，是否真正抓住经济全球化的历史机遇，就在于能否使自己低级的低流动性要素成为吸引高级的高流动性要素流入的有利条件。形成这些条件的关键是政府创造有效有利的经营环境以吸引外国高级要素。

第六章　世界金融发展与演进

第一节　金融发展研究的理论进展

一、金融发展的内涵

1. 金融发展的概念及其形成

通常而言，金融系统是金融企业、金融工具、金融市场等各类金融要素集成的有机系统，是一个经济体系内资金流通的基础框架。同时，金融活动显著的正负外部性需要政府对金融系统进行严格监控，使得监管和政策也成为金融系统重要的组成部分。随着人类经济活动的广泛开展，人们逐步认识到金融制度的安排、金融市场的产生会降低获取交易信息和完成交易前成本。因此，研究金融发展史的学者们认为，金融系统产生的基本动力来源于降低交易成本和减少市场摩擦。

值得一提的是，在不同的监管、法律、税收制度及科学技术条件下，不同国家在经济发展过程中产生了不同特征的金融机构、金融协议、金融市场及金融制度。金融体系的持续发展不仅有助于对金融资源进行区域性的优化配置，也能有效降低金融交易成本和减少金融市场摩擦[268]。例如，银行业的发展推动了企业运营信息的公开，帮助投资者鉴定其价值投资项目，进而提高信贷配置效率。又如，从法律法规体系方面完善金融监督将确保投资者的利益不受损害，这样将鼓励投资者进行各类投资，从而提高了投资者的资产配置意愿。然而，尽管金融系统对经济增长起的重要作用已得到普遍认可，但“金融发展”的概念难以形成一个统一的定义。

金融发展的概念最早是由 Goldsmith[269]在其著作中提出来的，他认为金融发展即金融结构的变化，而他将金融结构定义为各种金融工具与金融机构的相对规模。由于 Goldsmith 对金融发展的定义所表现出的事实可被真正感知，因此，以这样的角度来定义金融发展较容易让人真切理解，这一定义被大家广泛引用并被视作经典定义。

2. 金融发展日益丰富的内涵

Goldsmith 的研究主要聚焦于金融结构对一国金融发展的影响，主要使用了结构主义的思想，从此以后，金融发展的结构主义一直主导了人们对金融发展的认识。金融发展观在此基础上形成的认识，其实也就是以提升微观效率、实现金融机构的扩张及开发更多的金融工具为指导思想。这种直观的金融发展观点使得对金融发展进行量化研究变得较为容易，也促进了金融发展与经济增长研究的出现。但它也可能会导致金融企业在实践过程中盲目追求金融规模的扩大，而忽略了对金融发展质量的重视[270]。

因此，Merton 和 Bodie[268]通过他们的研究提出了“金融功能观”理论，从一个新的视角对金融发展与经济增长进行了深入研究。他们指出，分析和观察金融系统不应该以“结构视角”来分析，而应该从“功能视角”来研究，并认为完善的金融系统有助于资本的快速积累、资源的优化配置及经济的可持续增长。Levine[271]与白钦先等学者也认为，完善的金融系统功能能更好地反映金融发展的内涵与外延，其原因在于：第一，从定义上来说，金融功能比金融机构更加稳定，而且随着时间和空间的变化，金融功能也显现出比金融结构更为稳定的变化。第二，金融功能的实现比组织结构自身更为重要，而且只有金融机构的不断竞争与创新才可以促使金融系统拥有更高效率和更多功能。对于这样一个正处在经济转型期的中国来说，从金融功能的视角，而不是单从金融机构的大力扩张与市场规模扩大来讨论金融业的发展，显得更具有理论价值与实践意义。

McKinnon 和 Shaw[272]针对当时一些发展中国家推行金融抑制政策提出了金融深化战略，从而期望推行金融市场自由化，以此解除或放松政府对金融市场的管制，充分给予金融市场主体自由，让金融工具多元化，进而运用市场化的利率真实体现市场上资金的供求关系，市场机制会最终决定生产资金的流向。McKinnon 和 Shaw 真正的观点也是金融深化，因此他们认为金融发展就是金融资产规模、金融工具、金融机构的扩张。McKinnon 和 Shaw 认为金融发展体现出四个特征：第一，金融资本主要依靠国内的储蓄。第二，金融资产存量增加、种类增多及经济总量增加。第三，金融系统规模增大，包括机构增多和专业性增强。第四，利率能够准确反映投资代替消费的机会。

研究金融发展问题的著名学者 Levine 认为，金融发展是指整个金融体系及金融行业的发展，包含金融量的增加和金融制度的完善。由于他的研究集中在金融业对经济增长的作用上，所以他的研究强调了金融行业整体功能的发展。金融发展就是金融功能不断扩展、完善从而推动金融效率的提升与经济增长的一个动态演进过程。随着金融功能的不断增强，金融系统也变得更加复杂，金融资源的配置效率得到提升，金融发展程度越来越高，从而促进经济增长。然而，由于经济发展的现实情况，不同时期和不同经济体内部的科技发展水平、监管政策及法律制度存在显著差异，因此相对一个具有某种特征的经济体而言，金融发展是指金融系统在一个或者几个金融功能上的逐步完善过程。

我国学者大多也通过研究金融发展与经济增长之间存在的关系来描述金融发展，指出金融发展的内涵除包含金融规模的扩张外，还包括了金融结构和制度的完善。随后也有学者提出从金融功能的角度解释金融发展。例如，戴相龙和黄达[273]认为，金融发展应该是指金融业规模的扩大和金融效率的不断提高，体现出金融抑制的消除、金融结构的完善，并通过金融产品不断创新，从而使金融体系适应和推动经济的发展。他们指出，金融创新（包括金融产品创新、金融工具创新和金融制度创新）是金融发展的驱动力。因此，他们认为金融发展通常的规律为金融相关比率不断提高。彭兴韵[274]的研究认为，金融发展就是金融功能不断地完善、扩展从而促进金融效率的提升和经济增长的动态演进过程，并指出评判金融业发展水平的标准不应只看金融总量的增加，还应看金融结构的完善与否和金融效率的高低。

因此，金融发展并不等于金融业规模上的发展，金融发展的概念既是动态的也是相对的。在不同经济体制、经济结构和经济发展阶段下，不同国家的金融发展的表现形式也不尽相同，某些国家的金融发展表现在金融服务能力的增强上，某些可能体现在金融服务效率和质量的提高上，还有某些表现在金融结构的完善和金融系统在其所组成要素的数量与质量方面的提升上。

二、金融发展的主要理论体系

1. 金融结构论

Goldsmith 认为，金融发展是金融结构的改变，并指出金融理论的主要工作为找到那些决定金融交易、金融结构及金融工具存量的主要影响因素，并解释这些因素促进金融发展过程。他还指出，金融结构的构成包含了一个国家的金融机构和金融工具之和，认为金融发展的研究必须以金融结构在长短期内的变动信息为研究基础。他还通过检验 35 个国家在 1860～1963 年的统计资料，研究揭示了金融结构模式在不同经济发展阶段的变化情形，指出各个国家的金融发展历程虽有差异，但在金融相关比率、金融机构等一些具体变量指标方面存在一定的规律。然而金融结构论存在着缺陷，那就是忽视了研究利率对经济增长与金融发展的影响关系，同时，也没有对金融发展与经济增长间相互作用机理进行研究。

2. 金融抑制论

McKinnon 和 Shaw[272]提出了“金融深化”和“金融抑制”概念。其主要内容是提倡金融市场自由化，市场机制的作用可使实际利率自动趋于合理均衡水平，进而保证经济发展保持最优速度。两位学者通过研究认为，发展中国家的经济绝大部分是一种被分割的经济，广泛存在着金融抑制的现象。金融抑制的定义是指国家中央银行或者货币管理局对各类金融机构的市场准入、市场退出和市场经营过程依照货币政策和法律法规实施严格监管，运用行政措施严格监管和控制各个金融机构的设置和其资金结构、运营方向、运营方式及空间布置。“金融抑制”理论认为，金融业发展被抑制的根本原因在于政府当局对金融政策进行过分管制与干预，主要表现在：第一，管制利率。发展中国家普遍存在金融管理当局强制规定存贷款利率的上限，使得利率不能体现资金的供求状况和资本的真正机会成本，使金融资产的价格扭曲。加上发展中国家会在国内存在通货膨胀的情形下调低储蓄利率，导致实际的储蓄利率为负值，这将损害存款者的利益，也削弱了金融系统聚拢金融资源的能力，同时会促使借款者过度投资，结果是金融体系面临严重的资金短缺或者资源枯竭的困境，导致金融系统不能正常运行。第二，信贷分配。发展中国家的金融体系在政府控制下分配金融资源，而能获准银行信贷的大多是享有特权的国有企业及与政府有特殊关系的民营企业。如此一来，“信贷分配”政策将排除掉一些收益高的投资项目，结果是大多资本流向那些拥有特权的国有企业及与政府有亲密关系的民营企业，导致金融系统资本配置效率始终处于较低水平。第三，外汇控制。国家对外汇市场的严格控制导致汇率不能准确反映外汇实际的供求情况。总的来说，“金融抑制”这一现象在发展中国家广泛存在，对一国的资本积累产生不利影响，也会影响该国经济可持续增长。

3. 金融功能论

Merton 和 Bodie[268]及 Levine[275]提出了金融功能论，从功能的角度衡量金融对经济增长的作用。金融功能论的核心观点是经济体内的金融体系是否能有效发挥作用是最重要的，而金融体系的构成则是次要的。

Merton 和 Bodie 在 20 世纪 90 年代初就比较系统地提出了金融功能理论。该理论的建立依赖于两个基本假设：一是比较于金融结构，金融功能更为稳定，即面对时间的推移和空间的变换，金融功能的变化较金融结构更少；二是金融功能比金融组织更优，即金融机构的组织结构不如金融机构的功能重要，金融机构只有持续性的创新和积极参与到竞争中才能有效地提高金融体系的效率和拥有更强的功能。而 Levine 则指出，金融体系拥有五大功能：第一，信息处理，可对收集到的有关投资和资本配置的金融信息进行处理；第二，投资管理，监督获取融资后的企业的投资行为及对企业进行管控；第三，风险管理，可管理投资风险并进行交易、分散；第四，动员储蓄，动员和积累储蓄；第五，便利交易，使商品和服务的交易更便利。

4. 金融约束理论

20 世纪 90 年代，社会各个领域开始逐渐应用信息经济学的相关成果，在这种背景下，以斯蒂格利茨（Stiglitz）、默尔多克（Murdock）、赫尔曼（Hellman）为代表的经济学家以麦金农和肖的金融深化理论为基础做了更深入的研究，并提出了金融约束理论，而该理论的提出介于金融抑制与金融自由化之间。本质上金融约束并非强制性约束，而是一种选择性干预政策，由于市场信息不对称等因素的约束，金融危机可能会由于金融自由化而出现。在经济转型过程中发展中国家市场存在着严重的市场失灵信息、外部性、不对称等问题，金融约束就是针对这些问题，在必要时候，发挥政府的控制力，保证经济的正常运行和金融政策的安全实施。从这一点看，金融约束的实质就是在民间部门创造出租金机会，而这些机会的出现则是政府通过一系列的干预性金融政策实施的，不是在民间采取直接补贴的方式。这里的租金指的是金融机构获得的超出在竞争性市场中所能产生的收益，这些收益的产生都是政府通过一系列干预性政策实现的。

第二节　金融发展与国际资本流动

一、金融发展对国际资本流动的影响

如果按照国际宏观经济的衡量标准预测：资本流动从资本丰富的国家（即资本的边际产量 MPK 较低）流向资本匮乏的国家（即 MPK 较高）。此外，由于资本是单向流动的，所以资本流动的总量与资本净流入量并没有区别。这种国际资本流动的模式在过去运行了 20 年。然而，以下事实却和这些预测形成鲜明对比[276, 277]。首先，自 1998 年以来，国际收支经常项目顺差的国家的人均收入低于经常项目赤字的国家。即资本流动事实上成反方向流动，从发展中国家流向发达国家[278]。其次，许多发展中国家，包括中国、马来西亚和非洲等是 FDI 的净进口国（地区）和金融资本的净出口国（地区）。同时，发达国家，如法国、英国和美国等有着相反的模式[279]。

一些学者在储蓄投资框架下探讨金融发展对储蓄投资及贸易收支的影响，基本观点认为，金融发展水平越高，越容易出现贸易逆差：Willen[280]认为，一国金融市场不完全程度越高，该国的储蓄越高，从而引致贸易收支盈余；Caballero 和 Krishnamurthy[281]认为，一国金融发展水平越高，向世界提供资产的能力越强，越易引致贸易逆差；Mendoza 等[282]从金融发展差异角度解释资本流向问题，其结论是，一国金融发展程度越高，则该国越容易积累债务，从而引起经常项目出现逆差。徐建炜和姚洋[283]基于比较优势框架分析金融发展对贸易收支的影响，在制造

业和金融业分工框架下，金融业具有比较优势的国家专业化生产金融产品、进口制造业产品，从而使金融发展水平提升，导致本国制造业产生贸易逆差。包群和阳佳余[284]认为，金融发展水平越高，越容易在外部融资依赖性较高的制造业部门出现贸易顺差。这类研究基于比较优势框架，将行业划分为外部融资依赖性高的部门和外部融资依赖性低的部门，金融发展水平高的国家在外部融资依赖性高的行业上具有比较优势，从而出现该行业的贸易顺差。制造业相对于初级产品外部融资依赖性更高，而且制造业贸易占世界贸易的比例较大，这意味着金融发展水平越高，一个国家越容易出现贸易收支盈余。

Fernández-Arias 和 Hausmann[285]认为，投资风险越高、金融市场越不发达且制度质量水平越低的国家，FDI 的流入就越小。Albuquerque[286]基于金融契约的不完全性和FDI的不可分离性视角得出，金融抑制越严重的国家往往会以FDI形式借债。Portes 和 Rey[287]指出，金融发展并不是促使组合股权投资流动的一个重要因素，信息因素在商品的跨境交易和组合股权投资流动方面扮演了重要的角色。Lane 和 Milesi-Ferretti[288]认为，双边商品和服务贸易规模、交易双方对信息的掌握程度均对双边组合股权投资至关重要。Ju 和 Wei[279]考察了国内制度（产权制度、金融发展）对一国资本流动的影响。结果表明，金融发展水平较高的国家将出口外商直接投资、进口金融资本，而金融发展水平较低的国家将出口金融资本、进口外商直接投资。李坤望和刘健[289]的研究表明，金融发展对各经济体的股权投资决策和投资规模均具有显著的促进作用，但对双边股权资本流动的影响主要体现在“扩展边际”，而非“集约边际”。赵新泉和刘文革[290]的研究表明，金融发展是影响国际资本流动的一个重要因素。总体而言，金融发展能显著促进一国外商直接投资和金融资本的流入。进一步的分析表明，金融发展对发达经济体和新兴市场资本流动的影响存在差异。尽管金融发展均能促进新兴市场和发达经济体 FDI 的净流入，但对发达经济体的影响大于新兴市场。金融发展水平提高有利于组合股权投资和私人资本流向发达经济体，但新兴市场不完善的金融体系对股权投资和私人资本缺乏吸引力。

现有文献也开始关注我国金融发展对企业直接投资的影响，王勋[291]认为，正是我国金融发展不足产生的经常项目失衡引发了我国的高经济发展水平；余官胜和袁东阳[292]则从量和质的维度论述了不同经济发展程度下金融发展对我国企业对外直接投资所产生的不同影响方式。不管影响方式如何，金融发展落后导致的资金供给不足确实制约了我国企业对外直接投资，尤其是对民营企业的制约。当国内难以获得资金时，企业可以在东道国当地寻求投资所需的资金，进而使东道国金融发展程度也构成了我国企业对外直接投资的国别选择因素之一。余官胜[293]针对中国对外直接投资的不同横向和纵向动机异质性，将东道国金融发展分为规模和结构两个层面，实证分析东道国不同层面的金融发展如何影响不同投资动机的中国企业的对外直接投资行为。

二、金融发展对国际资本结构的影响

肖立晟和王博在 2011 年基于金融发展视角分析了全球失衡与中国对外净资产之间的关系。结果表明，在融入金融一体化过程中，发展中国家倾向于吸收长期资本，但自身的金融发展水平较低使得资本由发展中国家重新回流至发达国家，所以中国金融发展水平相对滞后是中国对外资产异常增加的主要原因。余永定和覃东海[294]建立了分析中国双顺差问题的理论框架，认为由于国内资本市场不完善，不仅未能利用国外储蓄为国内投资提供支持，反而是通过经常项目盈余向国外输出资本，结果导致国内储蓄只能通过外来的资本市场转化为国内的投资。祝丹涛[295]认为，中国金融发展水平低，国内投资不能轻易获得国内金融机构的支持，因此只能引进外资以共同消化国内剩余储蓄。中国主要以官方储备投资美国国债，然后经过美国高效的金融体系转变为美国对中国的股权。美国进口短期资本，出口长期资本，迂回地实现了中国国内储蓄向投资的转化。谭之博和赵岳[296]研究了金融发展水平对各国对外资产负债结构的影响。结果表明，金融发展水平越高的国家 FDI 资产和组合股权投资占 GDP 的比例越大，债务负债占 GDP 的比例也越高。一国金融市场越发达，那么资产项下风险较高的股权性资产较多，而负债项下风险较低的债务性负债也越高。刘健和王有鑫[297]的实证研究进一步表明，金融发展对资本流动规模及其构成起着决定性作用，金融发展水平越高的国家，其资本流动规模越大，同时，权益投资在总投资中所占的比例较大，而债权投资在总投资中的比例较低。范小云和陈雷[298]研究发现，对于投资国而言，市场主导型金融体系的经济体更倾向于持有权益类金融资产，而银行主导型金融体系的经济体更倾向于持有债务类金融资产。

三、金融发展对国际分工的影响

1. 金融发展对生产效率的影响

理论上，资本是企业从事生产和经营活动的基本要素，跨境资本流入和流出能为企业在资本配置上增添选择空间，即既可以选择国内资本也可以选择国外资本，并最终影响企业生产的技术效率和经营效率。特别是，随着国际资本流动越发频繁，跨境资本对东道国企业生产经营活动和技术效应的影响越来越明显。

国外研究表明，国际金融市场整合对生产效率的影响远大于其对经济增长的贡献[299, 300]，而且资本账户开放能够通过促进金融发展、改善公司治理结构及释放更强政府质量信号等机制直接提高全要素生产率[238, 301]。同时，也有研究表明，外商投资者保护制度有助于改善公司治理结构，因此资本账户开放能够有效提升股票市场效率和制度效率。资本账户开放后，由于投资者可以在国内外两个市场选择投资配置和分散风险，国际资本流入对东道国生产效率最为直接的影响渠道是通过国内资本配置[302]。由此，国内金融市场自由化和资本账户开放均能有效地改善投资配置效率，并提高生产水平[300]。

国内相关研究也表明，国外资本流入对我国生产效率、资本产出率及全要素生产率均有显著的正效应，代表性研究有包群和赖明勇[303]、潘文卿[304]及陈涛涛[305]等的研究。而且我国外商直接投资对内资企业生产效率均存在外溢的比邻效应[306]。就技术溢出效应渠道而言，蒋殿春和夏良科[307]的研究表明，虽然外商直接投资的竞争效应对东道国企业的创新能力成长不利，但示范效应和技术人员流动等依然能够提高本国企业的研发能力。特别是国际资本流入是新型经济体技术溢出的重要渠道，而金融深化起到进一步促进和充当媒介的作用。此外，尹忠明和李东坤[308]研究认为，我国对外直接投资存在逆向溢出效应，即我国对外直接投资增长还会反向促进省际全要素生产率增长。柏玲等[309]、胡杰和刘思婧[310]的研究更是表明金融发展有助于提高省际和制造业等的技术创新水平和技术效率。陈创练等[311]进一步深入分析了随着资本账户逐步开放，国际资本流入与流出过程中对国内生产技术效率的影响，研究表明，不同形式的资本流动对技术效率的影响不同。

Manova[312]、Berthou[313]将金融发展引入 Helpman 等于 2008 年提出的模型，认为企业出口要支付进入国际市场的固定成本，这一支付成本一部分来自企业内部，另一部分来自金融机构的融资支持，那么金融发展水平越高，企业出口支付的沉淀成本越低，从而越容易出口，即贸易的广度（extensive margin）越大；同时，企业支付沉淀成本的外部融资比例越高，即企业所在行业的外部融资依赖性越大，金融发展对贸易广度影响越大；提高金融发展水平对企业出口的数量也有积极影响。Manova、Berthou 借鉴 Rajan 和 Zinglas 的分析框架，在控制了行业特征、国家特征及考虑内生性因素后，发现金融发展对贸易广度与贸易量具有显著稳健的积极影响。Manova、Berthou 的突出贡献在于提供了金融发展降低企业国际化固定成本的视角，从而为将金融发展引入异质企业模型奠定了基础。施炳展和齐俊妍[314]研究认为，金融发展水平较低时，金融发展将降低企业出口的固定成本，促进出口企业的数量增加，从而改善贸易收支；金融发展水平较高时，金融发展将降低企业对外投资的固定成本，促进企业从出口转向对外投资，从而恶化贸易收支。随着金融发展水平的提升，贸易收支呈现先增加后减少的倒“U”形曲线；外部融资依赖度较高的行业其倒“U”形曲线拐点所对应的金融发展水平也较高。

2. 金融发展对比较优势的影响

Ju 和 Wei[315]从金融市场不完全性角度出发，将金融契约理论引入标准 HOS 框架中，建立了一个两国、两要素、两部门的一般均衡模型，分析了要素禀赋与金融发展对一国比较优势的影响。他们认为，对金融发达国家而言，比较优势仅由该国的要素禀赋水平决定；而对金融不发达国家而言，比较优势则完全由金融发展水平而非要素禀赋决定。值得注意的是，Ju 和 Wei 的理论模型中存在着一个严格假定，即不同国家的厂商在生产时所使用的劳动资本比率均相同。在该假定下，尽管他们的理论模型论证了金融发展在提升制造业比较优势上的决定性作用，但无法解释当前制造业由传统发达国家向发展中国家转移的现象。在国内研究方面，目前学者们对这一前沿问题的探讨还十分有限，尚停留在经验研究层面。包群和阳佳余[284]通过 1990～2004 年中国各省区市的工业制成品进出口数据，研究了金融发展与比较优势的关系。他们发现，金融发展水平高的省（区、市）在工业制成品贸易上具备比较优势。然而，他们的研究只限于工业部门整体，并未考虑不同行业的特点。雷达和赵勇[316]以美国和中国在全球分工中的地位为基础，从中国和美国金融发展差异角度对中国和美国经济失衡进行了分析。他们的结论是：中国和美国经济失衡的实质是在金融全球化和国际产业转移背景下全球金融中心与制造业中心的分离；这种失衡既反映了实体经济领域国际分工的格局，也反映了中国和美国在虚拟经济领域利益分配和风险分散职能的差异。徐建炜和姚洋[283]通过构造金融市场与制造业比较优势指标，利用 1990～2015 年 45 个国家的数据进行了研究，验证了金融发展与制造业比较优势对经常账户的重要性，该研究的重要意义在于从金融发展视角出发对当前国际分工新格局乃至国际失衡问题做出了解释，而遗憾之处则在于仅区分了金融发展与制造业发展两种专业化形式，未涉及二者相互联系的深层机制，且未对导致这种国际分工现状的根源做出解释。

盛雯雯[317]从理论层面填补了金融发展与制造业发展二者联系机制的空白，阐明了金融发展对国际分工新形态的作用机制，并首次在理论层面证明了金融发展与资本密集型行业比较优势之间的倒“U”形关系，具体而言：当一国金融发展水平较低时，金融系统效率的提升有助于提高该国在资本密集型行业的比较优势；然而随着金融体系进一步发展，资本密集型行业的比较优势将趋于下降。进一步推论得出，无论一国经济发展处于何种阶段，都存在与一定金融发展水平相对应的资本实际利用量，当该水平低于社会总资本禀赋水平时，社会中存在着一部分资本无法进入实体经济，此时即使通过引入外资增加储蓄的方法也无法进一步提高社会生产活动中的实际资本利用量。另外，随着一国金融系统效率的提高，金融中介费用逐渐下降，而总利率水平先降低而后升高，由此可知，实际利率水平随着金融发展水平的提高也将经历先下降再上升的过程。而实际利率水平反映了金融资本的投资收益，决定了国际资本的流动方向。因此，当发展中国家处于金融发展初期、实际利率下降阶段，发达国家已进入金融发展后期、实际利率上升阶段时，国际资本将以金融资本的形式从发展中国家反向流入发达国家。

第三节　金融发展和国际贸易

大量研究表明，一国的金融发展与其制度环境和制度质量之间存在密切关系，因此，从包含制度因素的金融发展角度来研究与解读国际贸易的比较优势来源、贸易形式和贸易结构的差异，已成为制度和国际贸易关系研究领域的重要分支之一。

一、比较优势来源的补充

1. 理论模型

Baldwin[318]建立了一个两国家、两部门和一种要素的国际贸易模型，研究金融市场和国际贸易比较优势之间的关系。模型分析显示，金融市场发展较好的国家具有更能有效分散来自国际贸易外部需求冲击风险的内在功能，那些生产外部需求冲击风险产品的企业就会具有较低的风险溢价和较低边际成本，因此，金融市场发展较好的国家能够专业化生产这些具有国际贸易比较优势的多样化风险产品。

与Baldwin强调金融市场的风险分散和多样化功能不同，Kletzer和Bardhan[319]从金融机构和金融市场在一国产业发展所需的外部融资渠道入手，来研究金融和国际贸易之间的关系。在将一个金融部门引入到H-O模型后，模型的分析结果出现了变化，结果表明，如果一国具有较低的金融信贷市场的限制，那么该国将专业化于需要大量外部融资和流动资金的产业部门，如果一国具有较高的金融信贷市场限制，由于面临较高的信贷配给和外部融资成本，那么该国将专业化于那些较少需要流动资金和外部融资的产业部门。其证明一国金融部门的发展可以促使该国那些依赖于外部融资的产业更容易获取国际贸易比较优势。Matsuyama[320]专门研究了信贷市场的不完全性对不同国际贸易比较优势的影响作用，得出了类似的研究结论。

Ju和Wei[321]通过将企业对外部融资需求引入HOS模型，研究了金融制度和要素禀赋两个因素对一国国际贸易比较优势的综合影响效应。研究发现，当一国的金融市场处于初级发展阶段时，该国表现出一种“制度约束”（institution-binding）状态。此时外部融资约束超过资本禀赋约束，成为限制该国企业和经济发展的关键“短板”，此时 Rybczynski 法则不再有效。这个阶段，金融体系的发展会促进该国那些依赖外部融资产业部门的产量扩张，而促使其他产业部门的产量下降。当一国的金融市场处于充分发展阶段时，该国表现出一种“禀赋约束”（endowment-binding）状态。此时资本禀赋约束超过外部融资约束，成为限制该国企业和经济发展的关键“短板”，传统的 Rybczynski 法则有效。作者进一步分析了处于不同金融发展阶段国家的劳动和不同类型的资本要素所有者之间的国际贸易利益分配矛盾，研究发现，当该国处于外部金融约束状态时，会有部分资本要素不能被生产部门利用。在不断放松外部金融约束时，福利的变化通过两个途径来实现。首先，金融发展增加了资本密集型产业的产量，降低了资本密集型产品的价格，降低了资本的回报率，提高了实际工资水平；其次，金融发展放松了企业和产业的外部融资限制，提高了资本的利用率（降低了未被利用资本比率）。结果是，劳动力和未被利用资本的所有者会从金融发展过程中得到福利改善，已被利用资本的所有者的福利将会受损。

有学者认为，国际贸易比较优势反过来也会影响一国金融体系的发展，Do 和 Levchenko[322]的研究表明，一国如果专业化于具有特定比较优势的某一产业或产品的生产，会影响到该产业的对外融资需求，如果该产业在国内所占比例和影响力较大，就会造成对该国金融体系发展的影响。

2. 实证检验

经济学界从理论层面研究了金融发展对国际贸易的影响，认为一国的金融发展水平和金融制度改进空间也是一国国际贸易比较优势的来源。很多学者对这些理论给予了广泛关注，并进行了富有成效的实证研究。

Beck 和 Levine[323]使用 65 个国家 1966～1995 年的制造业数据，实证研究发现，一国具有较高规模经济的部门要比其他部门从金融发展过程中获取更大的收益和发展空间，因此，金融体系发展较好的国家会在具有规模经济的部门获取相对的国际贸易比较优势、较高的制造业出口比例和较为平衡的国际贸易收支水平。更进一步地，Beck[324]利用 56 个国家 36 个产业的数据，从产业层面上验证了一国的金融发展对依赖外部融资产业出口能力的促进作用。

Hul、Rar 和 Riyanto 在 2006 年使用 42 个国家 27 个产业的数据，通过实证方法探析了一国金融发展和企业的资产结构（有形资产和无形资产）与国际贸易之间的内在联系。他们通过模型分析认为，只有在那些法律体系较为完善、金融较为发达的国家，企业才会得到有效激励进行无形资产投资而且可获得外部融资，而在那些金融发展较差的国家中，企业必须依靠自身所拥有的有形资产作为抵押担保获取外部融资，因此，一国金融发展和企业资产结构之间的相互作用决定了该国不同产业的出口比较优势和贸易平衡能力，其实证结果证实了这一观点。

Svaleryd 和 Vlachos[325]利用 OECD 国家数据，实证研究不同国家的金融体系发展和产业部门的专业化及国际贸易比较优势之间的内在联系。他们认为，那些金融体系具有良好运行功能的国家倾向于专业化于那些较高依赖外部融资的产业部门，而且金融体系的差异要比人力资本差异更能影响 OECD 国家产业专业化的决定。具体表现为：OECD 国家银行体系的集中度越高，越会对较为依赖外部融资产业的专业化程度造成负向影响；对债权人的保护越是完善及财务报表标准越为严格，对较为依赖外部融资产业的专业化程度越会造成正向影响。

Becker 和 Greenberg[326]通过构建测度企业出口阻碍成本（up-front cost）指标，来测算双边国家金融发展的差异程度。研究发现，当双边国家之间的阻碍成本越高时，双边国家的金融发展越不对称，由此来证明双边国家之间的金融发展差异程度会显著地影响双边国家的出口数量和出口产品的结构。

Carlin 和 Mayer[327]从芬兰和丹麦发展实践的对比中发现了金融市场发展对不同产业出口份额和出口竞争力的差异性影响效应。按照传统的 HOV 国际贸易理论，芬兰由于在森林资源方面的自然要素禀赋，应该比丹麦更倾向于生产和出口资源密集型的木材、家具产品。但是 20 世纪 80～90 年代，丹麦的木材和家具产业呈现出比芬兰更为迅速的增长态势，而较为依赖外部金融市场发展的工具、电子机械设备、塑料和非电子机械设备四大产业，在芬兰呈现出生产和出口的增长趋势，而在丹麦呈现出下降趋势。他们认为，这种现象与这两个国家金融市场的发展程度紧密相关，正是因为芬兰的金融市场相对于丹麦发展得更为完善，因此芬兰的金融依赖性产业而非资源密集型产业拥有了生产和出口比较优势。

Braun 和 Raddatz[328]运用 108 个国家 1970～2003 年的样本数据，实证研究了一国金融发展对经济增长的拉动作用在国际一体化水平不同的部门间呈现出的异质性特征。对没有参与到全球一体化的国家来说，国内金融体系的发展对国际贸易比较优势可以起到拉动作用。更进一步地，当一国没有对外实施贸易和资本账户的开放时，贸易部门和非贸易部门在该国金融发展过程中所受到的拉动作用存在差异，贸易部门得到更大的增长；当该国已经融入全球经济一体化时，该国国内的金融发展则不会对贸易部门产生任何影响。

Patibandla[329]从印度的金融发展和企业出口贸易扩张之间的联系入手，研究发展中国家的金融抑制和金融歧视政策对国际贸易的影响。研究发现，印度在 20 世纪 50～70 年代存在资本市场滞后与金融机构政策性扭曲的金融抑制和金融歧视现象，这种金融抑制与金融歧视的负面作用，特别表现为小规模企业融资难问题。

加工贸易所提供的较为稳定的出口信贷和依赖信用证方式的货款回收，缓解了小规模企业的融资难问题，激励小规模企业的出口动机。

二、考虑金融市场摩擦对企业异质性影响

21世纪兴起的异质企业贸易理论研究表明，追求利润最大化的国内企业面临着是否出口及出口多少的自我选择（self-selection），只有生产率较高的企业才能克服贸易成本壁垒，进入国外市场获取高利润。金融发展影响贸易流量的微观机制正是建立于金融约束与企业出口行为关系之上。贸易成本，尤其是信息获取、目标市场识别、营销渠道建立、产品适应性调整等出口沉没性成本，会妨碍贸易开展。而在金融市场不完善的条件下，金融约束影响着企业生产、研发、市场进入等投资行为。鉴于出口固定成本往往是企业特定支出，难以观测且投入期长、风险和不确定性较大，金融发展便利了企业获取外部融资以支付这一初始投资，增加其出口的可能性。宏观层面上就体现为金融发展导致国际贸易规模扩展。行业金融依赖摩擦度，伙伴国之间出口成本越高，对贸易流量的影响就越显著，因此金融发展还将改善贸易流量的产品分布和空间分布。

1. 理论模型

考虑到金融市场摩擦的存在，企业异质性就会拓展为二维，即存在生产率差异和融资约束程度差异。Chaney[330]较早引入流动性约束概念修正了Melitz模型，证明了流动性约束的存在提高了出口生产率的临界值，导致“迷失的贸易”产生。进一步地，企业外生流动性禀赋越小，对通过国内销售获利获取流动性以支付出口成本的依赖性就越强，出口所需的临界生产率水平就越高，反之亦然。金融发展包括金融市场深度和宽度的改善，能够提高金融约束企业的融资额和改善流动性分布，从而对出口贸易产生积极作用。

Manavo于2007年在一个多行业的Melitz模型中将信贷约束的异质企业、金融摩擦程度异质行业及金融发展水平异质国家综合在一起，系统全面地证明了金融发展对出口贸易的影响。其假设企业仅仅在出口时面临融资约束；贸易成本细分为固定成本和冰山可变成本（运输成本、关税成本等）；行业金融摩擦差异体现在出口固定成本中需要外部融资解决的比例不同和与拥有可抵押的厂房、设备等有形资产比例相关的获取外部融资能力不同。在信贷约束条件下，追求利润最大化的出口者面临三重约束：一是消费者效用函数决定的某类产品上的总支出；二是当金融契约得到执行时，企业家预期净收入不小于承诺给投资者的回报；三是投资者预期的净收益不小于零。当信贷市场是竞争性的，所有投资者预期利润为零，均衡情况下企业的生产、出口及定价与Melitz模型中一样。存在信贷约束时，

一个行业内部假定融资需求和抵押能力相同，生产率高的企业由于能够给投资者更高的收益回报而较易获取融资，因此信贷约束提高了出口所需的临界生产率；行业金融摩擦越强或者国家金融契约完备程度越低，出口临界生产率就越高。信贷约束导致出口在行业间和行业内的重新配置：一是偏向于有形资产比例高及外部融资依赖程度低的行业；二是偏向于行业内生产率高的企业。比较静态分析表明：当只有出口固定成本融资存在约束时，国家金融发展水平越高，出口临界生产率越低，出口企业的数目越多；企业层面的出口数量和价格不变，因此能够从广延边际上增加贸易流量，结论与 Chaney 的一致。Manavo 进一步放松假设，认为企业在固定和可变贸易成本上均面临融资约束，证明了金融约束也会影响企业层面出口额。在放松后的假设条件下，可以得到两个出口生产率临界值 A_L 和 A_H：A_L 代表成为出口商所需的生产率，A_H 代表按照不存在信贷约束情况下的价格和数量出口的企业所需的生产率。生产率位于 A_L 和 A_H 之间的企业虽然仍然出口，但是保持在次优的水平上，出口规模（收入、利润）减少，否则将无法偿还投资者的债务。国家金融发展水平越高，出口企业数目越多，且单个企业出口额增加，从而从广延边际（extensive margins）和集约边际（intensive margins）增加贸易流量；行业金融摩擦越强，这种效应就越显著。

2. 实证检验

Beeker 和 Greenberg 利用 1970～1998 年 100 多个国家、SITC 四分位双边贸易数据识别和检验了金融发展通过出口固定成本渠道对贸易的特定影响。将金融发展变量（以国家的会计标准、私人信贷与 GDP 的比率、股票市场资本化与 GDP 的比率来衡量）纳入国家和产业两个层面的双边贸易引力方程，检验结果表明，除了国家规模、地理位置及国民收入等贸易规模传统决定因素外，金融发展程度的差异能够解释诸如澳大利亚、埃及、希腊与芬兰、挪威、马来西亚之间不同的出口绩效。产品研发密度越高、广告支出越大或者出口目的地越远，出口初始成本就越高，因此出口对金融的敏感度就越强，金融发展的改善效应就越显著。

Manavo 的理论模型中探讨了金融发展通过影响贸易成本融资，从广延边际和集约边际作用于总出口流量。她补充指出，在一般均衡框架下，金融约束影响出口还存在第三种途径，即金融约束提高了国内市场进入的临界生产率（与出口类似），改善金融发展水平可以增加行业中活跃企业的数目。她借助产业层面的双边贸易引力方程，使用 1985～1995 年 107 个国家、27 个产业的贸易数据进行了检验，结果表明，信贷约束对出口贸易流影响显著，而且金融发展对出口额的总体影响中有 75%～80%发生在贸易成本环节。Manavo 还进一步研究了金融发展程度对一国出口产品种类数、产品调整更新频率、出口目的地分布的影响。

Manavo 在 2008 年进一步证实了信贷约束是决定国际贸易流动的一个重要因素。她将股票市场自由化视为国内外部融资可获性的外部冲击，利用 1980～1997 年 91 个国家的面板数据和事件研究（event study），检验的结果显示：股票市场自由化能够显著促进金融摩擦强的行业出口；股票市场初始发展水平越低，这种效应就越明显，从而说明外国股权资本流入能够替代国内欠发达的金融体系。

第七章　空间因素与世界经济发展

第一节　贸易与新经济地理的出现

一、引入空间因素：贸易与经济地理的融合

几个世纪以来，国际贸易与经济区位的选择一直是经济学研究的前沿课题。然而，在贸易与经济区位的研究过程中，由于规模报酬不变、完全竞争市场、无运输成本、产业同质性及企业同质性等假设，贸易和经济地理的研究受到局限，经济地理变成贸易的外生变量。理查德·坎蒂隆（R. Cantillon）、詹姆斯·斯图亚特（J. Steuart）、亚当·斯密（A. Smith）、大卫·李嘉图等，就曾大量论述过关于贸易与经济地理这个两位一体现象，其中斯密的绝对优势理论和李嘉图的相对优势理论是这一时期的代表。然而令人不解的是，这一关乎贸易与经济地理的经济研究主题在 1800 年以后的主流经济学文献当中几乎不见踪影；尽管古典区位论（约翰·杜能的农业区位论）基于外部性研究贸易与经济地理之间的关系，把经济地理的区位选择设置为外生变量，但一直被主流经济学排斥在外而无法进入主流经济学的殿堂。“在哪里生产”是社会如何管理自己的稀缺资源所不得不面临的基本问题。20 世纪 50 年代，Arrow-Debeu 利用 Kakutani 不动点定理证明了竞争性一般均衡存在性之后，在一般均衡框架中如何纳入地理空间因素，迅速成为学术界争论的焦点并逐渐形成了针锋相对的新古典派和艾萨德（Isard）派。新古典派认为，空间因素可以视为商品属性的一个变量纳入到一般均衡分析；而艾萨德派认为，为了抓住空间对经济系统的本质影响，需要根本不同于建立在完全竞争基础上的传统一般均衡理论的新模型。1978 年 Starrett 提出了空间不可能定理，即在存在运输成本且空间均匀的情况下，则不存在包含运输成本的竞争性均衡。由此给出了上述争论的科学结论，即根据空间不可能定理，将空间因素融入一般均衡框架的途径至少包括空间异质、外部性及不完全竞争三个层面。

其中，比较优势理论、要素禀赋理论、杜能区位论、阿隆索单中心城市模型，经由空间异质性途径，在完全竞争框架中尝试让空间因素融入到一般均衡框架之中。Henderson 的城市体系模型直接假定了生产的外部性，Lucas 和 Hansberg 的城市模型证明了在一个企业和住户任意分布的圆形城市中存在对称均衡的可能性，这些模型均在完全竞争框架内通过外部性的途径考虑了空间因素。然而，在空

间异质性模型中，比较优势论、要素禀赋论忽视规模报酬递增、运输成本；杜能区位论和单中心城市模型将城市作为外生变量，本质上是局部均衡的；外部性模型也忽视了厂商层面的规模经济。为了处理厂商层面的规模经济，就不得不在不完全竞争框架中进行。Beckmann 在企业报酬递增和与邻近企业进行寡头竞争的条件下，最先完整严密地揭示了均衡时企业数量如何取决于内部规模报酬递增和运输费用之间的权衡问题。同时，Salap 的圆周模型也揭示出了相同的结论。贸易与经济地理的研究中，空间是研究的支撑点，主流的经济学研究已经逐渐意识到了空间因素的重要性；空间因素的考量，促使了贸易与经济地理的深层次研究。

二、贸易与经济地理的新发现

传统贸易理论基于同质性产品、完全竞争和无贸易成本假设，得出国际贸易的决定因素是技术或要素禀赋差异，这可以解释 20 世纪前半期的产业间贸易模式。然而，在 20 世纪 70 年代许多经济学者观察到传统理论难以解释技术和要素禀赋相似国之间发生的产业内贸易，于是重新审视传统贸易理论假设条件，发现与现实不完全相符：第一，同质性产品假定与现实中消费者的产品需求多样化不符，产品并非完全没有差异和完全相互替代。第二，完全竞争和规模报酬不变假定与现实不符，因为生产中存在着大量内部规模经济和规模报酬递增的生产企业，所以市场是不完全竞争的。传统理论无法在完全竞争框架中处理规模报酬递增，所以往往回避开，尽管马歇尔也分析外部规模经济和报酬递增，但实际上那是一种正外部性，在完全竞争条件下仍然成立，没有脱离完全竞争分析框架，并且外部规模经济的本质非常模糊，很难在模型检验与实证中衡量其外部性。第三，运输成本假设为零，显然与现实不符，以致忽略了运输成本阻碍贸易的作用。尤其是在国际贸易的发展过程中，H-O 定理的发现及对其内生层次的补充完善，使经济学者看到了要素相似国家之间也产生了贸易利得。这一现象的出现，形成了一个矛盾双方的问题。基于消费者角度，商品的种类越多，自身的选择方式就越多；在同样的预算约束内，消费者的效用就越高。基于生产者角度，厂商生产的产品种类越多，其边际产品的生产成本就越高，厂商趋向于生产商品的种类越少，利润越高。这在完全竞争市场和规模报酬不变的假设下，这一矛盾问题得不到根本的解决。其实，这个问题的本质就是贸易的流通和经济地理的关系，在两国要素禀赋相似的情况下，由于消费者的需求多样化，消费者对产品的需求必然具有个性化，这就产生了贸易利得的前提条件；但是如何解释厂商的供给及空间产业的集聚，需要一种新的贸易与经济地理的研究框架。

1977 年，Dixit 和 Stiglitz 在《垄断竞争与产品多样化》一文中把规模报酬递增和垄断竞争纳入到统一的框架中，建立新经济地理学以空间为切入点，研究经济的集聚内生原因；建立了规模经济和多样化消费者之间的两难选择如何实现的一般均衡模型。这一工作引起贸易增长和经济地理理论的革命。传统经济学由于研究不完全竞争的市场结构和规模报酬递增的技术工具尚未产生，所以空间问题的研究几乎很难融入经济学的研究主流。但是D-S模型的出现，通过规模报酬递增和不完全竞争使得生产者和消费者的矛盾得到解决。其实，在之前已经有许多经济学家认识到了报酬递增规律是贸易发生的重要原因，连俄林也认识到了这一点："大批量地生产一种单一产品而不是生产每种产品的一点点，将导致区际贸易……在那些市场不是足够大，不能允许规模经济的地区，劳动和贸易分工是有好处的。"然而，当时还没有有力的分析工具，经济学家分析的更多的是边际报酬递减规律，而不是规模报酬递增规律。边际报酬和效用递减规律在数学上易于分析：边际一阶导数大于零，边际二阶导数小于零。规模报酬递增问题却麻烦得多，因为如果收益递增，就无法保证最优解的存在；而且这意味着规模越大的企业越有竞争力，最终和最优的结果便是世界上只有一个企业存在，这看起来不符合现实。因此，D-S 模型的分析框架，是垄断竞争和规模经济研究的革命，从而激发了贸易增长与经济地理研究的浪潮。

第二节　新经济地理学

一、新经济地理学：贸易与经济地理的发展

新贸易理论为新经济地理学（new economic geography，NEG）的产生提供了技术上的支持：新经济地理学实际上是脱胎于新贸易理论的，而与这两个领域联系最为紧密的经济学家则是美国经济学家P. Krugman。1979年，Krugman在《收益递增、垄断竞争和国际贸易》一文中，使用D-S模型构建了全新的综合了传统观点的新贸易理论框架。这篇文章不仅包含了"即使不存在比较优势和生产要素禀赋差异，规模经济也是导致国家或地区间贸易产生的重要原因之一"的新贸易理论核心思想，而且具有了新经济地理学的雏形思想，即可以在主流经济学的一般均衡框架内分析经济活动和生产要素的区位。1980年，Krugman在《规模经济、产品差异与贸易模式》一文中，用"冰山成本"（iceberg cost）假设替代传统的运输成本假设，在进一步完善新贸易理论的同时，Krugman将Dixit和Stiglitz建立的单个空间里的可解垄断竞争模型拓展到了两个区域，有效运用到了贸易理论模型中。相比传统的比较优势理论，以规模经济和报酬递增为基础的新贸易理论蕴涵了新经济地理学的思想，其提出的"本地市场效应"（也称市场接近效应，home market effect）同样是新经济地理学的重要内容。但没有实现立足于消费者与企业

空间区位选择的一般均衡分析。因此，直到1991年Krugman发表的《收益递增与经济地理》才被认为是新经济地理学的开篇之作，他在此文章中把D-S垄断竞争模型纳入空间因素，构建了“中心-外围”模型，这标志着新经济地理学的诞生。在《规模经济和经济地理》中，在新贸易理论模型的基础之上，当同时考虑贸易和生产要素的跨区域移动时，内生得出经济活动集聚便成为可能，该文章创造性地提出了C-P模型。在C-P模型之后，Krugman相继提出和发展了自由资本模型、自由企业家模型、资本创造模型、垂直核心-边缘模型、垂直自由资本模型、垂直自由企业家模型、全域溢出模型、局域溢出模型、线性自由资本模型、线性自由企业家模型和新经济地理学城市模型。经过二十多年的发展，新经济地理学无论在理论研究还是实证研究方面都取得了较大的进展。1999年Fujita等出版了《空间经济学：城市、区域与国际贸易》、2001年Brakman等出版了《经济地理导论：贸易、区位与增长》、2003年Baldwin等出版了《经济地理与公共政策》，这三部著作的出现标志着NEG理论体系逐步完善并趋于成熟。

新经济地理学研究框架中，不完全竞争和规模报酬递增、要素流动、运输成本等纳入到了一个一般均衡的框架之中，其建模框架主要有DCI框架（迪克西特-斯蒂格利茨的垄断竞争模型、不变替代弹性效用函数和冰山贸易成本的简称）、OTT框架和BEJK框架。DCI框架包含了D-S垄断竞争的市场结构、CES（constant elasticity subsititution）效用函数、消费者多样化偏好、规模报酬递增、产品间的替代弹性、成本加成定价、冰山交易成本等。OTT框架是Ottaviano等建立的一个基于拟线性二次函数的分析框架。BEKJ模型由Bernard、Eaton、Kortum和Jensen等建立，是分析同质产品的价格竞争的贸易与经济地理的模型。然而，上述途径无不以代表性的微观主体行为分析为特征，自觉或不自觉地假定了企业之间、个人之间是同质的。在这种假定下，产业内任何企业或个人的区位选择，在一定的地理和市场环境下都是同一的，经济活动空间分布仅仅被解释为环境的产物。因而上述途径不仅停留在中观的产业层面，而且都是“环境决定论”。但是，在现实的经济地理世界中，同一产业内的不同企业之间、劳动者之间及消费者之间存在显著差异。在同样的地理和市场环境下，它们的区位选择是不尽相同的。从这种意义上来讲，经济活动的空间分布是微观主体和环境互动的结果。因此，为了理解和把握经济地理的规律，必须深入微观的企业层面，重视和考虑微观主体异质性的作用。

二、区域间贸易、市场规模与垄断竞争

1. D-S模型

不论是在国际贸易理论还是在经济增长理论方面，人们日益发现“规模经

济”是问题的核心。尽管人们可以在完全竞争的框架下对外部规模经济问题进行研究，但内部规模经济却无法和竞争性的市场结构兼容。在 D-S 模型提出以前，由于内部规模经济模型的求解极为复杂，且一般不能求出均衡解（从而更无法进行福利分析和比较），人们不得不借助于外部性、溢出效应和边干边学等似是而非的概念，将研究局限于外部规模经济的分析。不论是经济理论本身还是对经济现实的解释，都要求一种能够对内部规模经济和垄断竞争的市场结构进行严格分析的理论框架，D-S 模型则为该问题的解决提供了简洁的基本方法。

垄断竞争的概念需要追溯到 Chamberlin 于 1933 年通过以下四个假设来描述垄断竞争。

1）厂商销售同质但不完全替代的产品，称为差异化产品的多样性。

2）每个厂商在规模收益递增下生产单一产品并制定其价格。

3）整个行业中厂商数量很多，因此单个厂商可以被忽略。

4）厂商自由进出，因此利润为零。

这些假设与完全竞争假设十分相似，主要的不同点在于每一个厂商销售某一特定产品并制定其价格。这意味着每个厂商都有自己特定的市场，且在该市场上具有垄断权力。但是其他产品的存在表明该市场的规模仍依赖于其他厂商的行为，这就表明每个生产者制定价格会受到限制。张伯伦的思想，通过迪克西特-斯蒂格利茨所建立的 D-S 模型，可以在一般均衡经济领域应用。

D-S 模型的核心内容体现在消费和生产两个方面：

1）通过构造一个包含产品种类的 D-S 效用函数，推导出了特定形式的需求函数和张伯伦 dd 曲线与 DD 曲线。

2）假定每种产品的生产都具有不变的固定成本和边际成本（这意味着成本函数具有平均成本递减和边际成本不变的性质，从而呈现出内部规模经济的特征），然后结合需求函数和新厂商自由进入的条件，求得每个厂商的均衡产量、均衡价格和产品种类数量。

为了讨论产品数量和产品种类的关系，迪克西特和斯蒂格利茨首先将整个经济分为两部分：某个行业（集团或部门）和行业之外的其他部分。假定行业内部的各种产品之间具有很好的替代性，但与其他行业产品之间的替代性很差。如果将行业之外的所有产品用 x_0 表示，行业内的各种产品用 $x_i(i=1,2,\cdots,n)$ 表示，则代表性消费者的效用函数可以表示为 $u=U\left\{x_0,\left(\sum_i x_i^{\rho}\right)^{1/(1-\rho)}\right\}$，其中，$1/(1-\rho)$是行业内部各种产品之间的替代弹性（这里假定效用函数对行业内的每种产品是对称的）。此外，为了保证效用函数的凸性，假定 $0<\rho<1$。

为了在预算约束下求出实现上述效用函数最大化的每种产品的最优消费数

量，构造了关于产品数量和价格水平的两个指数：$y=\left\{\sum_{i=1}^{n}x_i^{\rho}\right\}^{1/\rho}$ 和 $q=\sum_{i=1}^{n}P_i^{-1/\beta}$，其中 $\beta=(1-\rho)/\rho$，β 大于零（因为 $0<\rho<1$）。在上述预算约束下最大化效用函数，可以求出消费者对行业内每种产品的最优消费数量：$x_i=y(q/P_i)^{1/(1-\rho)}$，这也是产品 x_i 的需求函数。

在 n 很大的情况下，可以忽略每种产品的价格 p_i 对价格指数 q 的影响，这时的需求函数就表现为张伯伦 dd 曲线，其需求价格弹性为 $\frac{\partial \ln x_i}{\partial \ln p_i}=\frac{-1}{1-\rho}=\frac{-(1+\beta)}{\beta}$。然而，如果行业中每种产品的价格都发生变化，那么这些个别的微小效应就会变为不容忽视的较大影响，将 p_i 对 q 的影响考虑进来后的需求曲线就是张伯伦的 dd 曲线。一般而言，dd 曲线和 DD 曲线都是向下倾斜的，但 dd 曲线具有更大的需求弹性。

为了求解市场均衡时的均衡价格、均衡产量和产品种类，必须考察厂商的生产条件。假定每个厂商的成本函数都采取如下形式：$C(x_i)=a+cx_i$，其中 a 为固定成本，c 为不变的边际成本。为了求出市场均衡解，采用了利润最大化的两个条件：第一，每个厂商的边际成本等于边际收入；第二，新厂商自由进入，直至净利润恰好为零[即对第 n 个厂商有$(P_n-c)x_n=a$]。由于效用函数和成本函数都是对称的，因此在市场均衡时，每个厂商具有相同的均衡产量，面对同样的均衡价格。因此，根据需求函数和上述两个生产条件，可以求得均衡价格 $P_e=c(1+\beta)=c/\rho$、均衡产量 $x_e=a/\beta c$ 和产品种类 n。

以上为 D-S 模型的核心内容，把规模经济和垄断竞争的市场结构纳入了一般均衡的分析，贸易利得可以通过内部市场的规模经济获得，这解决了产业内贸易的发生原因。同时，也是垄断竞争的第二次革命式的发展，把经济学的完全竞争的一般均衡分析框架推向垄断竞争的一般均衡分析框架，把外部经济的外部性推向内部规模经济的发展。

经济的传统分析没有加入空间因素或是认为空间是外生变量，以下介绍开放经济条件下 D-S 模型在经济地理学中的应用。通过 D-S 模型和贸易成本结合，可以了解贸易成本在经济生活中所发挥的重要作用，即货物可以从一个地区运往另一个地区，但生产要素是不流动的，贸易成本的下降对不同地区的消费者都是有利的，促使两个地区的福利水平趋同。

2. C-P 模型

（1）C-P 模型的基本假设

作为 NEG 的开山之作，C-P 模型有丰富的研究结论，如市场放大效应、突发性集聚、循环累积因果关系、内生的非对称及驼峰状聚集租金等。然而，一些研究如 Martin 和 Rogers 的研究则发现这些结论并不具有普遍性，这与模型的基本假设有直接的关联。除了经济学中常用的“理性人”假设之外，C-P 模型中还有以下基本的假设。

1）模型结构：为一个 2×2×2 模型，考察了两个地区、两个部门及两种生产要素。C-P 模型中两个地区分别为南部地区和北部地区，两个部门分别为农业和制造业部门，农业部门生产中仅使用农民作为唯一投入要素，而制造业部门的生产仅使用工人。

2）规模报酬：农业部门为规模报酬不变部门，制造业部门为规模报酬递增部门。在生产中，农业部门使用农民作为唯一的可变投入，没有其他固定投入或可变投入；而制造业部门使用工人作为固定投入和可变投入。

3）贸易成本：所有产品在区域内贸易不存在运输成本；农产品在区域间贸易不存在运输成本，制造品在区域间贸易存在“冰山运输成本”。农产品和制造品可以在区域间或者区域内贸易，但是两者在运输成本方面存在差异。

4）生产技术与要素禀赋：地区的初始要素禀赋相同，不存在绝对优势和 H-O 要素禀赋；地区企业的生产技术相同，不存在比较优势。模型中两地区初始要素禀赋（农民和工人）各占整个经济系统要素的一半，因此绝对优势及要素禀赋理论不再适用。此外，模型中假定两地区企业始终具有相同的生产技术，因此比较优势理论也不适用。

5）特定要素与要素流动：企业生产的要素为特定要素，不存在部门之间要素竞争使用的情形；农民不可以跨区域流动，但工人可以在不同地区的制造业部门间流动。农业部门仅使用农民，制造业部门仅使用工人，因此农业部门和工业部门在生产过程中不存在要素竞争使用的情形，农民和工人都属于特定要素。此外，模型假设农民不可以在区域之间流动，而工人可以在区域之间流动。

6）无中间投入品投入：在厂商的生产过程中不存在中间品的投入。农民或者工人是企业生产过程中的唯一要素，因此生产中不存在中间品的投入问题。正是由于产品生产过程中没有中间品投入，不同企业之间仅存在替代产品的竞争。

7）两层消费者效用函数：消费者效用函数为两层效用函数，上层效用函数为柯布-道格拉斯（Cobb-Douglas）效用函数，下层效用函数为 CES 效用函数。在 C-P 模型中，制造品对消费者而言具有不变替代弹性，农产品和制造品组合对消费者而言则具有柯布-道格拉斯效用。

8）收入与支出：劳动收入是消费者的唯一收入来源，消费者将所有的收入用于消费，没有储蓄或者借贷行为。模型中假设消费者将所有的收入用于消费，这就表明消费者不存在储蓄或者借贷行为，整个经济系统没有储蓄漏出。消费者也没有任何初始收入，即不存在代际的财产转让或负债继承等问题。劳动收入是消费者唯一的收入来源，消费者不存在任何财产性收入。

9）同质性微观主体：所有消费者有着相同的效用函数、所有企业生产技术相同、所有企业和居民的迁移选择完全相同。即所有消费的偏好是完全相同的，不存在消费的异质性；厂商生产投入完全相同，不存在生产的异质性；居民和厂商不存在迁移的异质性。也就是说，同类微观主体的决策行为是完全一致的。

10）对称的贸易自由度：地区之间不存在非对等贸易条件，即两地区的贸易自由度对称。模型中假设地区的贸易自由度相同，即不同地区对外开放是对等的、相互的，两地区具有相同的对外开放度。

11）劳动力充分就业：工人和农民不存在失业问题，劳动力市场不存在摩擦，也不存在外部性。模型中假定要素的总量不变，无论是工人或者农民都能充分就业，整个经济系统中不存在失业。

12）不存在迁移与市场进入成本：工人迁移和企业迁移都没有成本，同时企业进入市场也不存在市场进入成本。在模型中，要素的流动及产业的迁移不存在任何成本，厂商产品进入新的市场销售也不存在任何额外的市场进入成本。

13）不存在区域政策：无政府社会，无须考察税收、转移支付及基础设施建设等。模型限定在自由市场经济中，处于无政府状态。无论是地方政府或者中央政府都不存在。因此，模型没有考察诸如贸易壁垒、税收、转移支付及劳动力就业等一系列的政策行为。

14）价格歧视：不存在价格歧视行为。厂商不对消费者进行细分，产品的销售不存在价格歧视行为。

（2）C-P 模型的内容

消费者行为：上述假设中已经提及，一个经济体只有农业和制造业两个部门，同时假定对于所有的消费者来说，这两个部门的产品偏好是相同的，或者是无差异的，并且通过柯布-道格拉斯效用函数来表达其效用形式：

$$U = M^{\alpha} A^{1-\alpha} \tag{7-1}$$

式中，M 为制成品消费量的综合指数，它不仅仅代表一个制成品，而是经济体内的所有制成品的总和；A 为农产品的消费量，至于具体的农产品类型，在此不做细分，因为它不是 C-P 研究的重点；α 为在总效用函数中制成品所占的份额由其外生给定。定义数量指数 M 为制成品种类的连续空间上的效用函数；$m(i)$为每种可得制成品的消费量。该集合中的消费品数量 M 可以用不变替代弹性效用函数表示：

$$M = \left(\sum_{i=1}^{n} q_i^{\rho} \right)^{1/\rho}, \quad 0 < \rho < 1 \tag{7-2}$$

式中，q_i 为产品 i 的消费量；n 为产品种类数量；ρ 为参数，且与产品间的产业化程度呈现反向变化，因为产品的替代弹性 $\sigma = 1/1-\rho$。任意产品之间的替代弹性的取值范围为 1～+∞，这样 M 的表达方式就可以表示为

$$M=\left(\sum_{i=1}^{n}q_i^{\sigma-1/\sigma}\right)^{\sigma-1/\rho}$$

消费者的运算约束为 Y，消费者的消费分为两个部分：农业部门的消费和工业制成品的消费；在产品市场中，农业部门是完全竞争，价格由外生给定，而工业制成品由于产品的差异化，价格由各自的厂商内部规模经济和外部的产品替代决定。所以，$Y=P^{A}A+\int_{1}^{n}P(i)m(i)\mathrm{d}i$。需要分两步解决问题：第一步，无论制成品集合为多少，都需要选定每一个制成品从而使获得制成品组合的成本最小。也就意味着要解决下面方程的最小化问题。

$$\min\int_{0}^{n}p(i)m(i)\mathrm{d}i\ \ \text{st.}\left[\int_{0}^{n}m(i)^{\rho}\,\mathrm{d}i\right]^{1/\rho}=M \tag{7-3}$$

要解决这个最小化问题，需要其边际替代率等于价格比率，即

$$\frac{m(i)^{\rho-1}}{m(j)^{\rho-1}}=\frac{p(i)}{p(j)}$$

对于任意一组 i 和 j，都有 $m(i)=m(j)\dfrac{p(j)^{\frac{1}{1-\rho}}}{p(i)}$。将其代入最小化问题的约束条件 $M=\left[\int_{0}^{n}m(i)^{\rho}\,\mathrm{d}i\right]^{1/\rho}$，并将公共项 $m(j)p(j)^{\frac{1}{1-\rho}}$ 放到定积分符号的外面，可以得到如下的表达式：

$$m(j)=\frac{p(j)^{1/(\rho-1)}}{\left[\int_{0}^{n}p(i)^{\rho/(\rho-1)}\right]^{1/\rho}}M \tag{7-4}$$

上述方程仅表示第 j 种制成品的补偿需求函数。据此还可以推导出获得制成品集合 M 的最低成本表达式。第 j 种产品的支出为 $m(i)p(i)$。利用式（7-4）对 j 求定积分，即

$$\int_{0}^{n}p(j)m(j)\mathrm{d}j=\left[\int_{0}^{n}p(i)^{\rho/(\rho-1)}\right]^{(\rho-1)/\rho}M \tag{7-5}$$

把式（7-5）右边与 M 相乘的那一项定义为价格指数，因此价格指数与数量组合相乘等于制成品的支出。将价格指数记为 G，可以得到

$$G\equiv\left[\int_{0}^{n}p(i)^{\rho/(\rho-1)}\mathrm{d}i\right]^{(\rho-1)/\rho}=\left[\int_{0}^{n}p(i)^{1-\sigma}\,\mathrm{d}i\right]^{1/(1-\rho)} \tag{7-6}$$

式中，$\rho \equiv (\sigma-1)/\sigma$；价格指数 G 的含义是购买 1 单位制成品组合的最小成本，正如前面把 M 看作效用函数一样，这里也可以把 G 看作支出函数。将式（7-6）代入式（7-4），可以把 $m(j)$的表达式更改为

$$m(j)=\left(\frac{p(j)}{G}\right)^{1/(\rho-1)}M=\left(\frac{p(j)}{G}\right)^{-\sigma}M \tag{7-7}$$

第二步，就是如何把总收入在农产品与工业制成品之间合理分配，使其效用最大化。也就是选择适当的 A 和 M，使得

$$\max U = M^u A^{1-u} \text{st. } GM + p^A A = Y \tag{7-8}$$

计算出的结果似曾相识：$M = uY/G$ 且 $A=(1-u)Y/p^A$。将上面两部分结合起来可得到下面的非补偿需求函数，其中

$$m(j)=uY\frac{p(j)^{-\sigma}}{G^{1-\sigma}}, j\in[0,n] \tag{7-9}$$

这里注意到，如果保持 G 为常数，则每种可得种类制成品的需求价格弹性也是常数且等于 σ。现在可以把最大化效用看作收入、农产品价格及制成品价格指数的函数，由此可得间接效用函数表达式：

$$U = u^u(1-u)YG^{-u}(p^A)^{u-1} \tag{7-10}$$

式中，$G^{-u}(p^A)^{u-1}$ 为该经济体的生活费用指数（cost-of-living index）。到目前，我们的工作都是对需求理论的直接运用。

对于多个地区和运输成本，区域内无运输成本，区域间存在运输成本。在考虑运输成本对产品价格影响的时候，我们将延续上面的假定，依旧只有两种产业类型即农业部门 A 和制造业部门 M。而每种制造业产品只在一个地区生产，所有特定地区生产的产品都是对称的，有相同的技术和相同的价格，用 n_r 表示地区 r 生产的产品种类数。为了使分析更具针对性，这里假定农产品和制成品在不同的地区间运输，就必然会产生运输成本，为了避免为一个单独的运输业建模，假定运输成本采用引进的“冰山成本”形式，即把 1 单位农产品（或制成品）从地区 r 运输到地区 s，那么只有部分到达目的地$(1-\tau)$，其余的都在途中损耗掉了。因此要使 1 单位制成品运送到目的地，其中就有到岸的价格。这里的“冰山成本”，其本质就是贸易成本。

生产者行为：假设农产品是完全竞争的，并且采用收益不变的技术进行生产。而工业制成品的生产则如同前面假定的一样，是不完全竞争且存在规模经济。假设两个国家的所有工业制成品的生产技术相同，固定投入为 F，边际投入为C^M，暂且假定生产中只有劳动这一种要素投入，在给定地区生产数量 q^M 的任何产品，相对应的劳动投入为 l^M，则企业的生产成本如下表示：

$$l^M = F + C^M q^M \tag{7-11}$$

式中，F 为沉没成本，单一生产要素地区情况下，模型假设的生产成本用劳动力

要素表示；C^M 为生产的边际成本和数量的乘积，就是生产过程中的成本。由于规模经济、消费者对差异产品的偏好及存在无限种潜在的差异产品，没有一家企业会选择生产与别的企业相同的产品，这就意味着每种产品只在一个地区由一家企业生产，所以厂商的数目与差异产品的数目相同。

利润最大化：厂商采用成本定价法则，对每个产品进行定价。基于以上的生产者行为的分析，这里对利润形式的分析更加简单化，假设第 i 种产品的生产成本采取特定要素形式，即

$$c[q(i)] = fw + mwq(i) \tag{7-12}$$

式中，f 和 m 分别为对技能劳动力的固定需求和变价需求；w 为技能劳动力的工资率。因此，位于区域 A 且生产第 i 种产品，并以 τ 的贸易成本从区域 r 出口到区域 s 的厂商利润函数为

$$\pi_r(i) = p_{rr}(i)q_{ss}(i) + p_{rs}(i)q_{rs}(i) - mw_r[q_{rr}(i) + \tau q_{rs}(i)] - fw_r \tag{7-13}$$

厂商与劳动者的位置固定时的市场均衡称为短期均衡，这样既方便也很合适。短期与长期之间的区别是基于这种事实，即代理人的区位调整比市场上的价格调整慢。换言之，对于给定的人口分布，我们将决定两个区域现行的均衡价格与工资，然后研究厂商与技能劳动力在区域间是如何分布的问题。在同一区域生产的不同种类产品的均衡价格相等且与制造业部门的分布系数无关：

$$p_{rr}^* = \frac{\sigma}{\sigma-1}w_r, \quad p_{rs}^* = \frac{\sigma}{\sigma-1}\tau w_r \tag{7-14}$$

不过，工资随着 λ 变化，这一点很明显，所以均衡价格间接取决于劳动力的分布。把 p_{ss}^* 和 p_{rs}^* 代入利润函数，则可以得到

$$\pi_r = \frac{w_r}{\sigma-1}q_r - w_r f = \frac{w_r}{\sigma-1}[q_r - (\sigma-1)f] \tag{7-15}$$

式中，$q_r = q_{rr} + \tau q_{rs}$，在自由进入条件下，利润为零，因此单个厂商的均衡产出为

$$q^* \equiv q_r^* = q_s^* = (\sigma-1)f$$

且工业制成品的商品种类为

$$n_r = \frac{\lambda L}{\sigma f}, \quad n_s = \frac{(1-\lambda)L}{\sigma f}$$

第三节　“新”新经济地理学

一、“新”新经济地理学：贸易与经济地理的完善

2003 年，Melitz 率先建立了一个基于异质企业的贸易模型，尝试解释了国际

贸易中企业的差异和出口决策行为，成为“新”新贸易理论（new-new trade theory，NNTT）开篇之作；为“新”新经济地理学的产生提供了理论与技术的基础，开创性地把经济地理学推向微观化的异质性研究。2006 年，Baldwin 和 Okubo 借鉴 Melitz 的研究思路，在垄断竞争一般均衡框架内建立了第一个基于微观主体异质性的地理模型，开启了基于微观主体异质性的经济地理研究潮流。2011 年，Ottaviano 对这一方向的研究进行初步总结概括，正式提出了“新”新经济地理学。“新”新经济地理学基于微观主体异质性，融入了规模报酬递增、运输成本以及空间异质性因素，同时，随着贸易自由度变迁，异质企业的空间集聚和分散，不仅显示潜力巨大的综合能力，而且也许为我们打开了纳入时间因素、建立包含“时间”的经济地理模型的机会窗口。因而，“新”新经济地理学是一个具有深远意义的地理学和经济学结合的前沿方向和途径。“新”新经济地理学的基本思路是，在集聚效应和选择效应的综合作用下，异质性微观主体（企业、消费者、劳动力）会通过空间自组织方式逐步达到均衡稳定的空间结构，而一旦外部环境发生变化时（如交通条件、生产技术、人口规模、工业化程度等），原有均衡稳定的空间结构会被打破，系统重新在集聚效应和选择效应的综合作用下达到新的均衡稳定的空间结构。

对于空间选择效应，按照新经济地理学的理论，地区之间生产率和发展水平的差距源于经济活动空间集聚带来的成本降低和效率提高。其中，空间集聚机理包括基于需求关联的市场接近效应、成本关联的生活成本效应和市场拥挤效应。市场接近效应、生活成本效应组成集聚力促使企业空间集聚，市场拥挤效应形成分散力促使企业分散。“新”新经济地理学则认为，新经济地理学夸大了集聚经济的作用，地区之间生产率和发展水平的差距还来源于异质性微观主体的空间选择效应。微观主体的空间选择效应是市场竞争优胜劣汰的结果，这种空间主动选择行为在不同的模型框架、不同的市场规模和不同的贸易条件下会表现出不同的特征，但主要包括正向空间选择效应和逆向空间选择效应两类，即具有“双向选择效应”。就正向空间选择效应而言，从异质企业来看，研究发现，高生产率企业倾向于选择在核心地区以占领更多的市场份额，而低生产率企业选择在边缘地区，这主要是因为市场规模较大的区域存在激烈的竞争，高生产率企业具有更低的边际生产成本而能够在激烈的竞争中生存下来并且出售更多的产品；而低生产率企业为了避免竞争，选择布局在边缘区，力求通过运输成本等壁垒来维持市场份额。从异质性消费者来看，研究发现，偏好较强的消费者倾向于选择在核心地区。从异质性劳动力来看，微观异质性劳动力会根据个人技能禀赋进行自主区位选择。一般地，高技能劳动力倾向于核心区域，而低技能劳动力倾向于边缘地区，人才向大城市集中会吸引高效率企业选择大城市，后者则会吸引高技能人才选择大城市。这与 Glaeser 的消费者城市理论的结论是一致的。就逆向空间选择效应而言，目前的研究主要体现在企业层面，研究发现，在特定市场环境中，高生产率企业会选择在边缘地区，而低生产率企业选择在核心地区，认为高效率企业迁移会导致更严重的竞争进而对集聚望而却步，因此最先迁移的是低效率企业，低效率企业在区位选择上更自由。这就说明集聚会产生集聚效应，导致地区间生产率的差距，进而引起进一步的集聚，但反过来，地区间生产率的差别、空间集聚并不一定、至少并不全是集聚效应的结果，因此，从这个角度来说，新经济地理学夸大了集聚效应的作用。

“新”新经济地理学，是从微观视角对新经济地理学的完善：通过异质企业集聚、异质性消费者集聚及异质性劳动力集聚等视角，以空间的集聚效应和选择效应分析了“中心-外围”的形成和发散。因此，贸易的研究范围更加微观化，贸易利得和经济的区位选择更加科学化，使得贸易研究方式从产业内贸易跨越到产品内贸易的发展；同时，在经济区位的选择解释层面上，已经从理论的探讨走向实践。

二、贸易与经济地理研究领域的新拓展

1. 微观主体异质性的整合研究

微观主体具有多重异质性。企业异质性、劳动异质性和消费者异质性同时影响空间集聚，它们的作用既可能一致也可能相互冲突。然而，现有“新”新经济地理学研究大多强调的是微观主体单方面的异质性，并分别处理企业异质性、劳动异质性和消费者异质性。因此，将微观主体多重异质性和不同微观主体异质性纳入到一个框架、建立微观主体异质性的整合研究，是贸易与经济地理的一个值得重视的重要研究方向。事实上，已有文献开始这方面的研究。例如，Helpman 等在企业边际成本异质性基础上引入区域要素价格异质性研究了贸易行为；Comite 等通过整合消费者偏好异质性和劳动者技能异质性研究了技术和非技术工人之间的偏好异质性对集聚的影响，发现了一个新的偏好效应。但是将多种不同的微观主体异质性整合在一个模型中的研究还非常不足，到目前还没有一个模型能够很好地整合起来。

2. 微观主体异质性的内生化研究

“新”新经济地理学假定企业生产率为外生、随机因素给定，市场竞争只会影响异质企业和个人的区位选择，而不会影响企业和个人自身的生产率。然而，经验表明，面对激烈的市场竞争，异质企业和个人可以通过不同方式提高自身的生产率，例如，异质企业可通过调整技术、内部组织、产品范围、产权结构等多种途径提高自身的竞争力。因此，将微观主体异质性内生化，无疑可以更好地刻画微观主体与环境的互动关系，更加有效地解释经济活动的空间分布。

3. 内生一体化集聚研究

一体化与集聚和经济增长关系密切，传统上新经济地理学只考察产品贸易成本下降的影响，这只是一体化的一个方面。消除控制商品和要素跨区域流动的制度性壁垒，促进商品和要素市场一体化，降低区域间知识交流成本，加速知识溢出等，应该都包含于一体化。同时，还要探求影响一体化的各种成本的内生源泉。因此，未来研究要在新新经济地理学（new new economic geography，NNEG）框架下，从内生性出发将一体化研究从只关注产品贸易成本扩充到同时关注产品贸易成本、制度贸易成本及思想贸易成本，拓展“一体化”的内涵，客观反映“一体化”影响空间集聚的微观内在机理。

4.“新”新经济地理学对增长的研究

新经济地理学模型和增长理论之间已有整合研究，目前，Berliant 和 Fujita 对知识关联进行了界定，并引入社会知识、创意、信息创造与转移联系（K 联系），建立了一个动态的知识创新和扩散模型——two person model（TP 模型），进行了有益的探索。未来研究在 NNEG 框架下，从内生性出发将一体化研究从只关注产品贸易成本扩充到同时关注产品贸易成本、制度贸易成本及思想贸易成本，拓展客观反映“一体化”影响空间集聚的微观内在机理。但是模型中并未考虑微观主体的异质性及其对增长机制的影响作用。因此，有必要将现有的新经济地理学模型向动态、异质方向拓展，即综合考虑时间和空间两个维度，综合分析微观主体之间、区域之间的知识创新和资本积累动态过程，进而揭示空间集聚和经济增长的关系及其微观形成机制。这在全球化及区域一体化背景下将极大提高“新”新经济地理学的现实意义。

参考文献

[1] Dixit A K，Stiglitz J E. Monopolistic competition and optimum product diversity[J]. The American Economic Review，1977，67（3）：297-308.

[2] Krugman P. A model of balance-of-payments crises[J]. Journal of Money Credit and Banking，1979，11（3）：311-325.

[3] Jones C I. R&D-based models of economic growth[J]. Journal of Political Economy，1995，103（4）：759-784.

[4] Jones C I. Time series tests of endogenous growth models[J] . Quarterly Journal of Economics，2001，110（2）：495-525.

[5] Zhang Q，Felmingham B. The relationship between inward direct foreign investment and China'S provincial export trade[J].China Economic Review，2001，12（1）：82-99.

[6] Ricardo D. The first Six Chapters of the Principles of Political Economy and Taxation of David Ricardo，1817[M]. London：Publishers Limited Macmillan，1921.

[7] Heckscher E F，Ohlin B G. Heckscher-Ohlin Trade Theory[M]. Cambridge：MIT Press，1991.

[8] Stolper W F，Samuelson P A. Protection and real wages[J]. Review of Economic Studies，1941，9（1）：58-73.

[9] Rybczynski T M. Factor endowment and relative commodity prices[J]. Economica，1955，22（88）：336-341.

[10] Arrow K J，Chenery H B，Minhas B S，et al. Capital-labor substitution and economic efficiency[J]. Review of Economics and Statistics，1961，43（3）：225-250.

[11] Bhagwati J. Trade and wages：choosing among alternative explanations[J]. Social Science Electronic Publishing，2007（1）：42-47.

[12] Cheng W，Sachs J，Yang X. An inframarginal analysis of the Ricardian model[J]. Review of International Economics，2000，8（2）：208-220.

[13] Dixit A，Norman V. Theory of International Trade：A Dual，General Equilibrium Approach[M]. Cambridge：Cambridge University Press，1980.

[14] Cheng W L，Sachs J D，Yang X. An Inframarginal Analysis of the Heckscher-Olin Model with Transaction Costs and Technological Comparative Advantage[J]. Cambridge：Center for International Development，Harvard University，1999，119（11）：B360-B361.

[15] Leontief W. Domestic production and foreign trade；the American capital position re-examined[J]. Proceedings of the American Philosophical Society，1953，97（4）：332-349.

[16] Minhas B S. The homohypallagic production function，factor-intensity reversals，and the Heckscher-Ohlin theorem[J]. Journal of Political Economy，1962，70（2）：138-156.

[17] Maskus K E. A test of the Heckscher-Ohlin-Vanek theorem：the Leontief commonplace[J].

Journal of International Economics，2006，19（3）：201-212.
[18] Brecher R A，Choudhri E U. New products and the factor content of international trade[J]. Journal of Political Economy，1984，92（5）：965-971.
[19] Staiger R W. A specification test of the Heckscher-Ohlin theory[J]. Journal of International Economics，2006，25（1）：129-141.
[20] Trefler D. The case of the missing trade and other mysteries[J]. American Economic Review，1995，85（5）：1029-1046.
[21] Trefler D. International factor price differences：leontief was right！[J]. Journal of Political Economy，2000，101（6）：961-987.
[22] 张定胜，杨小凯. 从交易成本的角度看贸易模式，经济发展和二元经济现象[J]. 武汉大学学报：人文社会科学版，2000，53（3）：314-318.
[23] Sachs J，Yang X. Development Economics：Inframarginal versus Marginal Analysis[M]. London：Blackwell，2003.
[24] 张定胜，杨小凯. 具有内生比较优势的李嘉图模型和贸易政策分析[J]. 世界经济文汇，2003（1）：1-13.
[25] 杨小凯，张永生. 新兴古典发展经济学导论[J]. 经济研究，1999，7：67-77.
[26] Krugman P R. Increasing returns，monopolistic competition，and international trade[J]. Journal of International Economics，1979，9（4）：469-479.
[27] Krugman P. Scale economies，product differentiation，and the pattern of trade[J]. The American Economic Review，1980，70（5）：950-959.
[28] Lancaster K. Intra-industry trade under perfect monopolistic competition[J]. Journal of international Economics，1980，10（2）：151-175.
[29] Krugman P R. Intraindustry specialization and the gains from trade[J]. Journal of Political Economy，1981，89（5）：959-973.
[30] Helpman E. A simple theory of international trade with multinational corporations[J]. Journal of Political Economy，1984，92（3）：451-471.
[31] Markusen J R. Multinationals，multi-plant economies，and the gains from trade[J]. Journal of International Economics，2006，16（3）：205-226.
[32] Helpman E，Krugman P R. Market Structure and Foreign Trade：Increasing Returns，Imperfect Competition，and the International Economy[M]. Cambridge：MIT Press，1985.
[33] Bernard A B，Jensen J B，Lawrence R Z. Exporters，jobs，and wages in US manufacturing：1976-1987[A]//Brainard W C，Perry G L.Brookings Papers on Economics Activity：Microeconomics[C]. Washington：Brooking Institution Press，1995：67-119.
[34] Richardson D J，Rindal K. Why exports really Matter [R]. Washington D.C.：Institute for International Economics and the Manufacturing Matter. Institute（National Association of Manufacturers），1995.
[35] Bernard A B，Eaton J，Jensen J B，et al. Plants and productivity in international trade[J]. American Economic Review，2003，93（4）：1268-1290.
[36] Helpman E，Melitz M J，Yeaple S R. Export versus FDI with heterogeneous firms[J]. American Economic Review，2004，94（1）：300-316.

[37] Bernard A B，Wagner J. Exports and success in German manufacturing[J]. Weltwirtschaftliches Archir，1997，133（1）：134-157.

[38] Clerides S K，Lach S，Tybout J R. Is learning by exporting important? Micro-dynamic evidence from Colombia，Mexico，and Morocco[J]. Finance and Economic Discussion，1998，113（3）：903-947.

[39] Aw B Y，Chung S，Roberts M J. Productivity and turnover in the export market：micro-level evidence from the Republic of Korea and Taiwan（China）[J]. World Bank Economic Review，2000，14（1）：65-90.

[40] Pavcnik N. Trade liberalization，exit，and productivity improvements：evidence from Chilean plants[J]. The Review of Economic Studies，2002，69（1）：245-276.

[41] Eaton J，Kortum S，Kramarz F. Dissecting trade：firms，industries，and export destinations[R]. American Economic Review，2004，94（2）：150-154.

[42] Wagner J. Exports and productivity：a survey of the evidence from firm-level data[J]. World Economy，2007，30（1）：60-82.

[43] Baldwin R E，Okubo T. Heterogeneous firms，agglomeration and economic geography：spatial selection and sorting[J]. Ceproiscussion Papers，2004，6（3）：323-346.

[44] Qiu L D. Cross-border strategic alliances and foreign market entry[R]. Mimeo，Hong Kong University of Science and Technology，2006.

[45] Melitz M J. The impact of trade on intra - industry reallocations and aggregate industry productivity[J]. Econometrica，2003，71（6）：1695-1725.

[46] Hopenhayn H A. Entry，exit，and firm dynamics in long run equilibrium[J]. Econometrica：Journal of the Econometric Society，1992，60（5）：1127-1150.

[47] Melitz M J，Ottaviano G I P. Market size，trade，and productivity[J]. The Review of Economic Studies，2008，75（1）：295-316.

[48] Helpman M，Melitz M，Rubinstein Y. Estimating trade flows：trading partners and trading volumes[J]. Social Science Electromic Publishing，2008，123（3）：441-487.

[49] Keller W，Yeaple S R. Multinational enterprises，international trade，and productivity growth：firm-level evidence from the United States[R]. National Bureau of Economic Research，2003.

[50] Baldwin R E，Ito T. Quality competition versus price competition goods：an empiricalf classification[R]. National Bureau of Economic Research，2008.

[51] Bernard A B，Jensen J B. Why some firms export[J]. Review of Economics and Statistics，2004，86（2）：561-569.

[52] Bernard A B，Redding S J，Schott P K. Comparative advantage and heterogeneous firms[J]. The Review of Economic Studies，2007，74（1）：31-66.

[53] Chaney T. Distorted gravity：the intensive and extensive margins of international trade[J]. The American Economic Review，2008，98（4）：1707-1721.

[54] Ottaviano G，Tabuchi T，Thisse J F. Agglomeration and trade revisited[J]. International Economic Review，2002，43（2）：409-435.

[55] Brainard S L. An empirical assessment of the proximity-concentration tradeoff between multinational sales and trade[R].National Bureau of Economic Research，1993.

[56] Head K，Ries J. Heterogeneity and the FDI versus export decision of Japanese manufacturers[J]. Journal of the Japanese and International Economies，2003，17（4）：448-467.
[57] Nocke V，Yeaple S. Globalization and endogenous firm scope[R]. National Bureau of Economic Research，2006.
[58] Bernard A B，Redding S J，Schott P K. Products and productivity[J]. The Scandinavian Journal of Economics，2009，111（4）：681-709.
[59] Bernard A B，Redding S J，Schott P K. Multiproduct firms and trade liberalization[J]. The Quarterly Journal of Economics，2011，126（3）：1271-1318.
[60] Baldwin R E，Robert-Nicoud F. The impact of trade on intraindustry reallocation and aggregate industry productivity：a comment[R]. National Bureau of Economic Research，2004.
[61] Abraham K G，Taylor S K. Firms' use of outside contractors：theory and evidence[J]. Journal of Labor Economics，1996，14（3）：394-424.
[62] Feenstra R C. Integration of trade and disintegration of production in the global economy[J]. The Journal of Economic Perspectives，1998，12（4）：31-50.
[63] Hummels D，Ishii J，Yi K M. The nature and growth of vertical specialization in world trade[J]. Journal of International Economics，2001，54（1）：75-96.
[64] Ng F，Yeats A. Production sharing in East Asia：who does what for whom，and why？//Cheng L K，Kierzkowski H.Global Production and Trade in East Asia[M]. New York：Springer US，2001：63-109.
[65] Borga M，Zeile W J. International fragmentation of production and the intrafirm trade of US multinational companies. Bureau of Economic Analysis Working Paper WP2004-02，2004.
[66] Antràs P. Firms，contracts，and trade structure[J]. The Quarterly Journal of Economics，2003，118（4）：1375-1418.
[67] Antràs P，Helpman E. Global sourcing[J]. Journal of Political Economy，2004，112（3）：552-580.
[68] Antràs P. Incomplete contracts and the product cycle[J]. The American Economic Review，2005，95（4）：1054-1073.
[69] Grossman G M，Helpman E. Outsourcing in a global economy[J]. The Review of Economic Studies，2005，72（1）：135-159.
[70] Grossman G M，Rossi-Hansberg E. The rise of offshoring：it's not wine for cloth anymore[J]. The New Economic Geography：Effects and Policy Implications，2006：59-102.
[71] Antràs P，Helpman E. Contractual frictions and global sourcing[R]. National Bureau of Economic Research，2006.
[72] Antràs P，Costinot A. Intermediated trade[J]. The Quarterly Journal of Economics，2011，126（3）：1319-1374.
[73] Marin D. A new international division of labor in Europe：outsourcing and offshoring to Eastern Europe[J]. Journal of the European Economic Association，2006，4（2-3）：612-622.
[74] Helpman E，Marin D，Verdier T. The Organization of Firms in a Global Economy[M]. Cambridge：Harvard University Press，2007：107-141.
[75] Marin D，Verdier T. Competing in organizations：firm heterogeneity and international

trade//Helpman E，Marin D，Verdier T.The Organization of Firms in a Global Economy[M].Cambridge：Harvard University Press，2008：1-36.

[76] Marin D，Verdier T. Power inside the firm and the market：a general equilibrium approach[J]. Journal of the European Economic Association，2008，6（4）：752-788.

[77] Bernard A B，Jensen J B，Redding S J，et al. Firms in international trade[J]. The Journal of Economic Perspectives，2008，21（3）：105-130.

[78] Roberts M J，Tybout J R. The decision to export in Colombia：an empirical model of entry with sunk costs[J]. The American Economic Review，1997，87（4）：545-564.

[79] Bernard A B，Jensen J B. Exceptional exporter performance：cause，effect，or both？[J]. Working Papers，1997，47（1）：1-25.

[80] Van Biesebroeck J. Exporting raises productivity in sub-Saharan African manufacturing firms[J]. Journal of International Economics，2005，67（2）：373-391.

[81] Tybout J. Plant-and Firm-level Evidence on the ‘New’ Trade Theories//Choi E K，Harrigan J. Handbook of International Trade[M]. London：Blackwell Publishing Ltd，2003.

[82] Trefler D. International trade：20 years of failed economics and successful economies[J]. Policy Study-Cd Howe Institute，2005，41：111.

[83] Bernard A B，Jensen J B，Schott P K. Trade costs，firms and productivity[J]. Journal of monetary Economics，2006，53（5）：917-937.

[84] 赵伟，李淑贞. 出口与产业生产率：基于中国高技术产业的检验[J]. 技术经济，2008，27（5）：34-40.

[85] 柴忠东，施慧家. 新新贸易理论 “新” 在何处——异质性企业贸易理论剖析[J]. 国际经贸探索，2008，24（12）：14-18.

[86] 张杰，李勇，刘志彪. 出口与中国本土企业生产率——基于江苏制造业企业的实证分析[J]. 管理世界，2008，（11）：50-64.

[87] 孙晓琴，付国华. 产业异质性对中美出口贸易影响的实证分析[J]. 广东财经职业学院学报，2009（2）：72-76.

[88] Grossman G M，Helpman E. Endogenous innovation in the theory of growth[J]. Journal of Economic Perspectives，1994，8（1）：23-44.

[89] Goldberg P K，Maggi G. Protection for sale：an empirical investigation[J]. American Economic Review，1999，89（5）：1135-1155.

[90] Gawande K，Bandyopadhyay U. Is protection for sale？Evidence on the Grossman-Helpman theory of endogenous protection[J]. The Review of Economics and Statistics，2000，82（1）：139-152.

[91] Chang P L. Protection for sale under monopolistic competition[J]. Journal of International Economics，2006，66（2）：509-526.

[92] Mitra D. Endogenous lobby formation and endogenous protection：a long-run model of trade policy determination[J]. American Economic Review，1999，89（5）：1116-1134.

[93] Bagwell K，Staiger R W. Multilateral tariff cooperation during the formation of customs unions[J]. Journal of International Economics，1997，42（1）：91-123.

[94] Bagwell K，Staiger R W. The WTO as a mechanism for securing market access property rights：

implications for global labor and environmental issues[J]. Journal of Economic Perspectives，2001，15（3）：69-88.

[95] Bhagwati J. The case for free trade[J]. Scientific American，1993，269（5）：42-49.

[96] Krishna P. Regionalism and multilateralism：a political economy approach[J]. The Quarterly Journal of Economics，1998，113（1）：227-251.

[97] Mclarefn J. A theory of insidious regionalism[J]. Quarterly Journal of Economics，2002，117（2）：571-608.

[98] Baldwin R E，Venables A J. Regional economic integration[J]. Handbook of International Economics，1995，3（4）：1597-1644.

[99] Ethier W J. The new regionalism[J]. The Economic Journal，1998，108（449）：1149-1161.

[100] Levy P I. A political-economic analysis of free-trade agreements[J]. The American Economic Review，1997，87（4）：506-519.

[101] Arvan L. Flexibility versus commitment in strategic trade policy under uncertainty：a model of endogenous policy leadership[J]. Journal of International Economics，1991，31（3-4）：341-355.

[102] Shivakumar R. Strategic trade policy：choosing between export subsidies and export quotas under uncertainty[J]. Journal of International Economics，1993，35（1-2）：169-183.

[103] Qiu L D. Why can't countervailing duties deter export subsidization？[J]. Journal of International Economics，1995，39（3-4）：249-272.

[104] Anam M，Chiang S H. Export market correlation and strategic trade policy[J]. Canadian Journal of Economics/Revue canadienne D'économique，2000，33（1）：41-52.

[105] Klemperer P D，Meyer M A. Supply function equilibria in oligopoly under uncertainty[J]. Econometrica：Journal of the Econometric Society，1989，57（6）：1243-1277.

[106] Laussel D. Strategic commercial policy revisited：a supply-function equilibrium model[J]. The American Economic Review，1992，82（1）：84-99.

[107] Grant S，Quiggin J. Strategic trade policy under uncertainty：sufficient conditions for the optimality of ad valorem，specific and quadratic trade taxes[J]. International Economic Review，2001，38（1）：187-203.

[108] Bagwell K，Staiger R W.The sensitivity of strategic and corrective R&D policy in battles for monopoly[J]. International Economic Review，1992（33）：795-816.

[109] Bagwell K，Staiger R W. The sensitivity of strategic and corrective R&D policy in oligopolistic industries[J]. Journal of International Economics，1990，36（1-2）：133-150.

[110] Miyagiwa K，Ohno Y. Strategic R&D policy and appropriability[J]. Journal of International Economics，1997，42（1-2）：125-148.

[111] Carmichael C M. The control of export credit subsidies and its welfare consequences[J]. Journal of International Economics，1987，23（1）：1-19.

[112] Gruenspecht H K. Export subsidies for differentiated products[J]. Journal of International Economics，1988，24（3-4）：331-344.

[113] Goldberg P K. Product differentiation and oligopoly in international markets：the case of the US automobile industry[J]. Econometrica，1995，63（4）：891-951.

[114] Maggi G. Strategic trade policies with endogenous mode of competition[J]. The American

Economic Review，1996，86（1）：237-258.
[115] Leahy D，Neary J P. International R&D rivalry and industrial strategy without government commitment[J]. Review of International Economics，1996，4（3）：322-338.
[116] Collie D，Hviid M. Export subsidies as signals of competitiveness[J]. The Scandinavian Journal of Economics，2003，95（95）：327-339.
[117] Miller N H，Pazgal A I. The equivalence of price and quantity competition with delegation[J]. Rand Journal of Economics，2002，32（2）：284-301.
[118] Miller N H，Pazgal A. Strategic trade and delegated competition[J]. Journal of International Economics，2005，66（1）：215-231.
[119] Michaely M，Choksi A，Papageorgiou D. The design of trade liberalization[J]. Finance and Development，1989，26（1）：2-5.
[120] 佟家栋. 转向隐性贸易保护——WTO 成员的贸易自由化程度[J]. 国际贸易，2002（12）：32-34.
[121] Tansey M，Raju S，Stellern M. Price controls，trade protectionism and political business cycles in the US steel industry[J]. Journal of Policy Modeling，2005，27（9）：1097-1109.
[122] 贾建华. 国际贸易理论与实务[M].北京：北京经济学院出版社，1995.
[123] 林莉，严伟. 从文化视角看保护主义与贸易自由的历史选择[J]. 前沿，2010（3）：65-68.
[124] Kuznets S. Economic growth and income inequality[J]. American Economic Review，1955，45（1）：1-28.
[125] 贾惠婷. 规模、结构和技术效应影响碳排放的程度及交互关系——基于 1997～2009 年省际面板数据的实证分析[J]. 科技管理研究，2013，33（14）：34-39.
[126] Wagner M. The carbon Kuznets curve：a cloudy picture emitted by bad econometrics？[J]. Resource and Energy Economics，2006，30（3）：388-408.
[127] Errantino M J. International trade，environmental quality and public policy[J]. The World Economy，1997，20（1）：43-72.
[128] Ferrantino M J，Linkins L A. The effect of global trade liberalization on toxic emissions in industry[J]. Review of World Economics，1999，135（1）：128-155.
[129] Frankel J A，Rose A K. Is trade good or bad for the environment？Sorting out the causality[J]. The Review of Economics and Statistics，2005，87（1）：85-91.
[130] Beghin J，Roland-Holst D，Van der Mensbrugghe D. Trade liberalization and the environment in the Pacific basin：coordinated approaches to Mexican trade and environment policy[J]. American Journal of Agricultural Economics，1995，77（3）：778-785.
[131] Jenkins R. Industry and environment in Latin America[M]. London：Psychology Press，2000.
[132] Feridun M，Ayadi F S，Balouga J. Impact of trade liberalization on the environment in developing countries：the case of Nigeria[J]. Journal of Developing Societies，2006，22（731）：39-56.
[133] Cole M A，Rayner A J. The Uruguay round and air pollution：estimating the composition，scale and technique effects of trade liberalization[J]. The Journal of International Trade & Economic Development，2000，9（3）：339-354.
[134] Copeland B R，Taylor M S. North-South trade and the environment[J]. The Quarterly Journal of

Economics，1994，109（3）：755-787.
[135] Chichilnisky G. North-south trade and the global environment[J]. American Economic Review，1994，84（4）：851-874.
[136] Low P. International trade and the environment[J]. Jurnal Fakultas Hukum UII，1992（30）：95-99.
[137] Esty D C，Dua A. Sustaining the Asia Pacific Miracle：environmental protection and economic integration[J]. Peterson Institute Press：All Books，1997，3（1）：150-152.
[138] Esty D C，Geradin D. Market access，competitiveness，and harmonization：environmental protection in regional trade agreements[J]. Harvard Environmental Law Review，1997，21（2）：265-336.
[139] Eliste P，Fredriksson P G. Environmental regulations，transfers，and trade：theory and evidence[J]. Journal of Environmental Economics and Management，2002，43（2）：234-250.
[140] Cohen M，Fenn S，Konar S. Environmental and Financial performance：are they related[R]. Investor Responsibility Research Center，1997.
[141] 波特. 竞争论[M]. 高登第，李明轩，译.北京：中信出版社，2003.
[142] Jaffe A B，Palmer K. Environmental regulation and innovation：a panel data study[J]. The Review of Economics and Statistics，1997，79（4）：610-619.
[143] Grossman G M，Krueger A B. Environmental impacts of a North American free trade agreement[R]. National Bureau of Economic Research，1991，8（2）：223-250.
[144] Ahmed I，Doeleman J A. Beyond Rio：the Environmental Crisis and Sustainable Livelihoods in the Third World[M]. New York：St. Martin's Press，1995.
[145] Pigou A C. The Economics of the War Loan[J]. The Economic Journal，1917，27（105）：16-25.
[146] Coase R H. The problem of social cost[J]. Journal of Law and Economics，1960，3（4）：1-44.
[147] Panayotou T. Globalization and environment[R]. Center for International Development at Harvard University，2000.
[148] Siebert H. The harmonization issue in Europe：prior agreement or a competitive process？[M]. Tübingen：Mohr，1989.
[149] Khor M. Globalisation & The Crisis of Sustainable Development[M]. Penang：Third World Network，2002.
[150] Anderson K，Blackhurst R. The Greening of World Trade Issues[M].Harlow：Pearson Education Limited，1992：3-18.
[151] Cole M A. Limits to growth，sustainable development and environmental Kuznets curves：an examination of the environmental impact of economic development[J]. Sustainable Development，2015，7（2）：87-97.
[152] Torres H R. Trade and environment interaction in the WTO How can a "New round" contribute?[J]. Journal World Trade，1999，33：153.
[153] Grossman G M，Krueger A B. Economic growth and the environment[J]. The Quarterly Journal of Economics，1995，110（2）：353-377.
[154] Antweiler W.The pollution terms of trade[J].Economic Systems Research，1996，8（4）：361-365.
[155] Guajardo G，OkamotoY. Will trade liberalization harm the environment？The case of Indonesia

to 2020[J]. Environmental and Resource Economics，2000，17（3）：203-232..

[156] 李秀香，张婷. 出口增长对我国环境影响的实证分析——以 CO_2 排放量为例[J]. 国际贸易问题，2004（7）：9-12.

[157] 郭红燕，刘民权. 贸易与环境[M].北京：科学出版社，2010.

[158] Copeland B R，Taylor M S. Trade and transboundary pollution[J]. The American Economic Review，1995，85（4）：716-737.

[159] Robinson H D. Who pays for industrial pollution abatement？[J]. The Review of Economics and Statistics，1985，67（4）：702-706.

[160] Hettige H，Lucas R E B，Wheeler D. The toxic intensity of industrial production：global patterns，trends，and trade policy[J]. The American Economic Review，1992，82（2）：478-481.

[161] Mani M，Wheeler D.In search of pollution havens？Dirty industry in the world economy，1960 to 1995[J]. The Journal of Environment & Development，1998，7（3）：215-247.

[162] Grossman G M，Krueger A B. Environmental impacts of a North American free trade agreement[R]. National Bureau of Economic Research，1991，18（2）：223-250.

[163] Wheeler D. Racing to the bottom？Foreign investment and air pollution in developing countries[J]. Policy Research Working Paper，2001，10（3）：225-245.

[164] Ederington J，Levinson A，Minier J. Trade liberalization and pollution havens[J]. Advances in Economic Analysis & Policy，2004，3（2）：1330-1330.

[165] Antweiler W，Copeland B R，Taylor M S. Is free trade good for the environment?[J]. NBER Working Papers，2001，91（4）：877-908.

[166] Dean J M. Trade and the Environment[R]. Policy Research Working Papers，World Bank，WPS，1992：966.

[167] Robison H D. Industrial pollution abatement：the impact on balance of trade[J]. Canadian Journal of Economics，1988，21（1）：187-199.

[168] Tobey J A. The effects of environmental policy towards agriculture on trade some considerations[J]. Food Policy，1991，16（2）：90-94.

[169] Cassells S M，Meister A D. Cost and trade impacts of environmental regulations：effluent control and the New Zealand dairy sector[J]. Australian Journal of Agricultural and Resource Economics，2001，45（2）：257-274.

[170] Cole M A，Elliott R J R. Determining the trade-environment composition effect：the role of capital，labor and environmental regulations[J]. Journal of Environmental Economics and Management，2003，46（3）：363-383.

[171] Cole M A，Elliott R J R，Shimamoto K. Why the grass is not always greener：the competing effects of environmental regulations and factor intensities on US specialization[J]. Ecological Economics，2004，54（1）：95-109.

[172] Copeland B R，Taylor M S. Trade，growth，and the environment[J]. Journal of Economic literature，2004，42（1）：7-71.

[173] Brunnermeier S B，Levinson A. Examining the evidence on environmental regulations and industry location[J]. The Journal of Environment & Development A Review of International Policy，2004，13（1）：6-41.

[174] Cole M A，Elliott R J R，Fredriksson P G. Endogenous pollution havens：does FDI influence environmental regulations？[J]. The Scandinavian Journal of Economics，2006，108（1）：157-178.

[175] Levinson A，Taylor M S. Unmasking the pollution haven effect[J]. International Economic Review，2008，49（1）：223-254.

[176] Qiu L D，Yu Z. Can technology transfer induce the south to sign international environmental agreements？[D]. Ottawa ：Carleton University，2003.

[177] McAausland C. Environmental regulation as export promotion：product standards for dirty intermediate goods[J]. Contributions in Economic Analysis & Policy，2009，3（2）：1367.

[178] Walter I，Ugelow J L. Environmental policies in developing countries[J]. Ambio，1978，（8）：102-109.

[179] Baumol W J，Oates W E. The Theory of Environmental Policy[M]. Cambridge：Cambridge University Press，1988.

[180] Douglas S，Nishioka S. International differences in emissions intensity and emissions content of global trade[J]. Journal of Development Economics，2012，99（2）：415-427.

[181] Grether J M，Mathys N A，de Melo J. Unravelling the worldwide pollution haven effect[J]. The Journal of International Trade & Economic Development，2012，21（1）：131-162.

[182] Broner F，Bustos P，Carvalho V M. Sources of comparative advantage in polluting industries[R]. National Bureau of Economic Research，2012.

[183] Branstetter L，Pizer W. Facing the climate change challenge in a global economy[A]// Globalization in an Age of Crisis：Multilateral Economic Cooperation in the Twenty-First Century[C]. Chicago：University of Chicago Press，2013：215-250.

[184] Peters G P，Hertwich E G. Structural analysis of international trade：environmental impacts of Norway[J]. Economic Systems Research，2006，18（2）：155-181.

[185] Ackerman F，Ishikawa M，Suga M. The carbon content of Japan-US trade[J]. Energy Policy，2007，35（9）：4455-4462.

[186] Li Y，Hewitt C N. The effect of trade between China and the UK on national and global carbon dioxide emissions[J]. Energy Policy，2008，36（6）：1907-1914.

[187] Peters G P，Hertwich E G. CO_2 embodied in international trade with implications for global climate policy[J].Environmental Science & Technology，2012，42（5）：1401-1407.

[188] 王强. 规模经济下 “污染避难所” 假说的研究[D]. 昆明：云南财经大学硕士学位论文，2011.

[189] Eliste P，Fredriksson P G. Does Open Trade Result in a Race to the Bottom？Cross Country Evidence[M]. Washington，D.C.：the World Bank，1998.

[190] Subramanian A. Trade measures for environment：a nearly empty box？[J]. The World Economy，1992，15（1）：135-152.

[191] Sorsa P. Competitiveness and environmental standards：some exploratory Results[R]. World Bank Policy Research Working Paper 1249. Washington, D. C.，1994.

[192] Whalley J. The interface between environmental and trade policies[J]. The Economic Journal，1991，101（405）：180-189.

[193] Blackhurst R，Subramanian A. Promoting multilateral cooperation on the environment[J]. The Greening of World Trade Issues，1992：247-68.

[194] Barrett S. Towards a theory of international environmental cooperation[J]. New Directions in the Economic Theory of the Environment，1997，04（C6）：239-280.

[195] 马飒. 生产要素国际流动：规律，动因与影响[J]. 世界经济研究，2014（1）：3-9.

[196] 张幼文，梁军. 要素集聚与中国在世界经济中的地位[J]. 学术月刊，2007，（3）：74-82.

[197] 张幼文. 要素流动与全球经济失衡的历史影响[J]. 国际经济评论，2006，（2）：43-45.

[198] 梁琦，施晓苏.中国对外贸易和 FDI 的相互研究[J].经济学季刊，2004（4）：839-858.

[199] 史小龙，张峰.外商直接投资对我国进出口关系贸易影响的协整分析[J].世界经济研究，2004（4）：42-47.

[200] 张幼文. 经济全球化与国家经济实力——以“新开放观”看开放效益的评估方法[J]. 国际经济评论，2005（5）：5-9.

[201] Markusen J R. Factor movements and commodity trade as complements[J]. Journal of International Economics，1983，14（3-4）：341-356.

[202] Horstmann I J，Markusen J R. Endogenous market structures in international trade（naturafacitsaltum）[J]. Journal of International Economics，1992，32（1-2）：109-129.

[203] Balassa B .Trade Liberalization and revealed comparative advantage [J].Manchester School of Economice and Social Studies，1965，33（2）：99-123.

[204] Balassa B. 11 A “Stages Approach” to Comparative Advantage[C].Economic growth and resources：proceedings of the Fifth World Congress of the International Economic Association held in Tokyo，Japan，1977. National and international policies. Macmillan，1979，4：121.

[205] Katz L F. Changes in the wage structure and earnings inequality[J]. Handbook of Labor Economics，1999，3：1463-1555.

[206] Topel R H. Factor proportions and relative wages：the supply-side determinants of wage inequality[J]. The Journal of Economic Perspectives，2001，11（2）：55-74.

[207] Gosling A，Lemieux T. Labor market reforms and changes in wage inequality in the United Kingdom and the United States//Card D E，Blundell R，Freeman R B.Seeking a Premier Economy：The Economic Effects of British Economic Reforms，1980-2000[M]. Chicago：University of Chicago Press，2004：275-312.

[208] Robbins D J. Evidence on trade and wages in the developing world[R]. OECD，1996.

[209] Feenstra R C，Hanson G H. Foreign direct investment and relative wages：evidence from Mexico's maquiladoras[J]. Journal of International Economics，1995，42（3）：371-393.

[210] Goldberg P K，Pavcnik N. Distributional effects of globalization in developing countries[J]. Journal of Economic Literature，2007，45（1）：39-82.

[211] Attanasio O，Goldberg P K，Pavcnik N. Trade reforms and wage inequality in Colombia[J]. Journal of Development Economics，2004，74（2）：331-366.

[212] Lawrence R Z，Slaughter M J，Hall R E，et al. International trade and American wages in the 1980s：giant sucking sound or small hiccup? [A]. Brookings Papers on Economic Activity. Microeconomics，1993（2）：161-226.

[213] Leamer E E，Maul H，Rodriguez S，et al. Natural resources as a source of Latin American

income inequality[R] .World Development Report Memorandum，University of California，Los Angeles，1998.

[214] Levinsohn J. Employment responses to international liberalization in chile[J]. Journal of International Economics，1999，47（2）：321-344.

[215] Wood A. Openness and wage inequality in developing countries：the Latin American challenge to East Asian conventional wisdom[J]. The World Bank Economic Review，1997，11(1)：33-57.

[216] Botero J C，Djankov S，Porta R L，et al. The regulation of labor[J]. The Quarterly Journal of Economics，2004，119（4）：1339-1382.

[217] Cuñat A，Melitz M J. Volatility，labor market flexibility，and the pattern of comparative advantage[J]. Journal of the European Economic Association，2012，10（2）：225-254.

[218] Davis D R. Does European unemployment prop up American wages? National labor markets and global trade[J]. American Economic Review，2001，88（3）：478-494.

[219] Feenstra R C，Hanson G H. Globalization，outsourcing，and wage inequality[R]. National Bureau of Economic Research，1996.

[220] Dornbusch R. Stabilization policies in developing countries：what have we learned? [J]. World Development，1982，10（9）：701-708.

[221] Cheng W，Zhang D. Does trade in intermediate goods increase or decrease wage inequality? [J]. The Singapore Economic Review，2007，52（2）：201-213.

[222] Hanson G H. What has happened to wages in Mexico since NAFTA? [R]. National Bureau of Economic Research，2003.

[223] Feenstra R C，Hanson G H. Foreign direct investment and relative wages：evidence from Mexico's maquiladoras[J]. Journal of International Economics，1995，42（3）：371-393.

[224] Amiti M，Davis D R. Trade，firms，and wages：theory and evidence[J]. The Review of Economic Studies，2012，79（1）：1-36.

[225] Egger H，Kreickemeier U. International fragmentation：boon or bane for domestic employment? [J]. European Economic Review，2008，52（1）：116-132.

[226] Davis D R，Harrigan J. Good jobs，bad jobs，and trade liberalization[J]. Journal of International Economics，2011，84（1）：26-36.

[227] Felbermayr G，Prat J，Schmerer H J. Globalization and labor market outcomes：wage bargaining，search frictions，and firm heterogeneity[J]. Journal of Economic Theory，2008，146（1）：39-73.

[228] Helpman E，Itskhoki O，Redding S. Inequality and unemployment in a global economy[J]. Econometrica，2010，78（4）：1239-1283.

[229] Helpman E，Itskhoki O. Labour market rigidities，trade and unemployment[J]. The Review of Economic Studies，2010，77（3）：1100-1137.

[230] Helpman E，Itskhoki O，Redding S. Trade and labor market outcomes[R].National Bureau of Economic Research，2011.

[231] 陈昊. 外贸顺差会降低就业水平？——基于匹配模型的实证分析[J]. 数量经济技术经济研究，2011，28（6）：133-146.

[232] Baldwin R E，Robert-Nicoud F. Trade and growth with heterogeneous firms[J]. Journal of

International Economics，2008，74（1）：21-34.
[233] Rodrik D. Why do more open economies have bigger governments？[J]. Journal of Political Economy，1998，106（5）：997-1032.
[234] Giavazzi F，Tabellini G. Economic and political liberalizations[J]. Journal of Monetary Economics，2005，52（7）：1297-1330.
[235] Frankel J A，Romer D. Does trade cause growth？[J]. American Economic Review，1999，89（3）：379-399.
[236] Rajan R G，Zingales L. Power in a theory of the firm[J]. The Quarterly Journal of Economics，1998，113（2）：387-432.
[237] Antràs P，Caballero R J. Trade and capital flows：a financial frictions perspective[J]. Journal of Political Economy，2009，117（4）：701-744.
[238] Rajan R G，Zingales L. The great reversals：the politics of financial development in the twentieth century[J]. Journal of Financial Economics，2003，69（1）：5-50.
[239] Braun M，Raddatz C. The politics of financial development：evidence from trade liberalization[J]. The Journal of Finance，2008，63（3）：1469-1508.
[240] Helpman E，Melitz M J，Yeaple S R. Export versus FDI with heterogeneous firms[J]. American Economic Review，2004，94（1）：300-316.
[241] Helpman E. International organization of production and distribution[R]. NBER Working Paper，2006.
[242] Melitz M J，Ottaviano G I P. Market size，trade，and productivity[J]. The Review of Economic Studies，2008，75（1）：295-316.
[243] Impullitti G，Irarrazabal A A，Opromolla L D. A theory of entry into and exit from export markets[J]. Journal of International Economics，2013，90（1）：75-90.
[244] Egger H，Kreickemeier U. Fairness，trade，and inequality[J]. Journal of International Economics，2012，86（2）：184-196.
[245] Holmes T J，Stevens J J. Exports，borders，distance，and plant size[J]. Journal of International Economics，2012，88（1）：91-103.
[246] Caliendo L，Rossi-Hansberg E. The impact of trade on organization and productivity[J]. The Quarterly Journal of Economics，2012，127（3）：1393-1467.
[247] Spearot A C. Variable demand elasticities and tariff liberalization[J]. Journal of International Economics，2013，89（1）：26-41.
[248] Kasahara H，Lapham B. Productivity and the decision to import and export：theory and evidence[J]. Journal of International Economics，2013，89（2）：297-316.
[249] Oldenski L. Export versus FDI and the communication of complex information[J]. Journal of International Economics，2012，87（2）：312-322.
[250] Schmeiser K N. Learning to export：export growth and the destination decision of firms[J]. Journal of International Economics，2012，87（1）：89-97.
[251] Brambilla I，Lederman D，Porto G. Exports，export destinations，and skills[J]. The American Economic Review，2012，102（7）：3406-3438.
[252] 李春顶. 中国企业“出口-生产率悖论”研究综述[J]. 世界经济，2015（5）：148-175.

[253] 戴小勇，成力为. 中国出口企业特征及形成原因的实证研究[J]. 国际贸易问题，2014（2）：36-45.
[254] 黄锦明，陈卉娟. 对我国出口商品结构优化的评价[J]. 国际商务：对外经济贸易大学学报，2010（1）：21-26.
[255] Hausmann R，Hwang J，Rodrik D. What you export matters[J]. Journal of Economic Growth，2007，12（1）：1-25.
[256] 陈雯. 中国制成品出口复杂度分析——基于 2009 年国家，产业，产品层面的横向比较[J]. 厦门大学学报（哲学社会科学版），2012（5）：98-106.
[257] 杨小凯，张永生. 新贸易理论，比较利益理论及其经验研究的新成果：文献综述[J]. 经济学（季刊），2001，1（1）：19-44.
[258] Eaton J，Kortum S. Technology，geography，and trade[J]. Econometrica，2002，70（5）：1741-1779.
[259] Sturgeon T J. How do we define value chains and production networks？[J]. IDS Bulletin，2001，32（3）：9-18.
[260] Kaplinsky R. Globalisation and unequalisation：what can be learned from value chain analysis？[J]. Journal of Development Studies，2000，37（2）：117-146.
[261] Humphrey J，Schmitz H. How does insertion in global value chains affect upgrading in industrial clusters？[J]. Regional Studies，2002，36（9）：1017-1027.
[262] 刘林青，谭力文. 产业国际竞争力的二维评价——全球价值链背景下的思考[J]. 中国工业经济，2006（12）：37-44.
[263] 张杰，刘志彪. 需求因素与全球价值链形成——兼论发展中国家的“结构封锁型”障碍与突破[J]. 财贸研究，2007，18（6）：1-10.
[264] 樊茂清，黄薇. 基于全球价值链分解的中国贸易产业结构演进研究[J]. 世界经济，2014（2）：50-70.
[265] Hymer S. Direct Foreign Investment and the National Economic Interest[M]. New Haven：Yale University Press，1967.
[266] 张幼文，薛安伟. 要素流动对世界经济增长的影响机理[J]. 世界经济研究，2013（2）：3-8.
[267] 张幼文. 生产要素的国际流动与全球化经济的运行机制——世界经济学的分析起点与理论主线[J]. 世界经济研究，2015（12）：3-11.
[268] Merton R C，Bodie Z. A conceptual framework for analyzing the financial system//Crane D B，Froot K A，Mason S P，et al. The Global Financial System：A Functional Perspective [M].New York：Harvard Business School Press，1995：3-31.
[269] Goldsmith R W. Financial Structure and Development[M]. New Haven：Yale University Press，1969.
[270] 白钦先. 金融结构，金融功能演进与金融发展理论的研究历程[J]. 经济评论，2005（3）：39-45.
[271] Levine R. Bank-based or market-based financial systems：which is better？[J]. Journal of Financial Intermediation，2002，11（4）：398-428.
[272] McKinnon R，Shaw E. Financial Deepening in Economic Development[M]. Washington：Brookings Institution Press，1973.

[273] 戴相龙，黄达. 中华金融辞库[M]. 北京：中国金融出版社，1998.

[274] 彭兴韵. 金融发展的路径依赖与金融自由化[M]. 上海：上海三联书店，2002.

[275] Levine R. Financial development and economic growth：views and agenda[J]. Journal of Economic Literature，1997，35（2）：688-726.

[276] Lane P R，Milesi-Ferretti G M. The external wealth of nations：measures of foreign assets and liabilities for industrial and developing countries[J]. Journal of International Economics，2001，55（2）：263-294.

[277] Lane P R，Milesi-Ferretti G M. A global perspective on external positions//Clarida R H.G7 Current Account Imbalances：Sustainability and Adjustment[M]. Chicago：University of Chicago Press，2007：67-102.

[278] Prasad E，Rajan R G，Subramanian A. Patterns of international capital flows and their implications for economic development[C].Federal Reserve Bank of Kansas，Jackson Hole Conference Paper，2006.

[279] Ju J，Wei S J. Domestic institutions and the bypass effect of financial globalization[J]. American Economic Journal：Economic Policy，2010，2（4）：173-204.

[280] Willen P. Incomplete markets and trade[R].NBER Working Paper No. 11589，2004.

[281] Caballero R J，Krishnamurthy A. Bubbles and capital flow volatility：causes and risk management[J]. Journal of monetary Economics，2006，53（1）：35-53.

[282] Mendoza E G，Quadrini V，Rios-Rull J V. Financial integration，financial development，and global imbalances[J]. Journal of Political Economy，2009，117（3）：371-416.

[283] 徐建炜，姚洋. 国际分工新形态，金融市场发展与全球失衡[J]. 世界经济，2010，（3）：3-30.

[284] 包群，阳佳余. 金融发展影响了中国工业制成品出口的比较优势吗[J]. 世界经济，2008（3）：21-33.

[285] Fernández-Arias E，Hausmann R. Is foreign direct investment a safer form of financing？[J]. Emerging Markets Review，2001，2（1）：34-49.

[286] Albuquerque R. The composition of international capital flows：risk sharing through foreign direct investment[J]. Journal of International Economics，2003，61（2）：353-383.

[287] Portes R，Rey H. The determinants of cross-border equity flows[J]. Journal of International Economics，2005，65（2）：269-296.

[288] Lane P R，Milesi-Ferretti G M. The drivers of financial globalization[J]. The American Economic Review，2008，98（2）：327-332.

[289] 李坤望，刘健. 金融发展如何影响双边股权资本流动[J]. 世界经济，2012（8）：22-39.

[290] 赵新泉，刘文革. 金融发展与国际资本流动：新兴市场与发达经济体的比较[J]. 经济学家，2016，6（6）：76-84.

[291] 王勋. 金融抑制与经济结构转型[J]. 经济研究，2013（1）：54-67.

[292] 余官胜，袁东阳. 金融发展是我国企业对外直接投资的助推器还是绊脚石——基于量和质维度的实证研究[J]. 国际贸易问题，2014（8）：125-134.

[293] 余官胜. 东道国金融发展和我国企业对外直接投资——基于动机异质性视角的实证研究[J]. 国际贸易问题，2015（3）：138-145.

[294] 余永定，覃东海. 中国的双顺差：性质，根源和解决办法[J]. 世界经济，2006，3（3）：31-41.

[295] 祝丹涛. 金融体系效率的国别差异和全球经济失衡[J]. 金融研究，2008（8）：29-38.

[296] 谭之博，赵岳. 金融发展与对外资产负债结构：跨国证据[J]. 世界经济，2013（7）：93-111.

[297] 刘健，王有鑫. 金融发展与国际资本流动结构的实证分析[J]. 经济经纬，2013(5)：155-160.

[298] 范小云，陈雷. 国际流动性安排与人民币国际化[J]. 南开学报：哲学社会科学版，2015(5)：131-139.

[299] Gourinchas P O，Jeanne O. The elusive gains from international financial integration[J]. The Review of Economic Studies，2006，73（3）：715-741.

[300] Bekaert G，Engstrom E. Inflation and the stock market：understanding the "Fed Model" [J]. Journal of Monetary Economics，2010，57（3）：278-294.

[301] Borensztein E，de Gregorio J，Lee J W. How does foreign direct investment affect economic growth？[J]. Journal of International Economics，1998，45（1）：115-135.

[302] Obstfeld M. Evaluating risky consumption paths：the role of intertemporal substitutability[J]. European Economic Review，1994，38（7）：1471-1486.

[303] 包群，赖明勇. 中国外商直接投资与技术进步的实证研究[J]. 经济评论，2002，(6)：63-66.

[304] 潘文卿. 外商投资对中国工业部门的外溢效应：基于面板数据的分析[J]. 世界经济，2003，26（6）：3-7.

[305] 陈涛涛. 中国 FDI 行业内溢出效应的内在机制研究[J]. 世界经济，2003，26（9）：23-28.

[306] 罗雨泽，朱善利，陈玉宇，等. 外商直接投资的空间外溢效应：对中国区域企业生产率影响的经验检验[J]. 经济学（季刊），2008，7（2）：587-620.

[307] 蒋殿春，夏良科. 外商直接投资对中国高技术产业技术创新作用的经验分析[J]. 世界经济，2005，28（8）：3-10.

[308] 尹忠明，李东坤. 中国对外直接投资与国内全要素生产率提升——基于全面提高开放型经济发展水平的视角[J]. 财经科学，2014（7）：21-31.

[309] 柏玲，姜磊，赵本福. 金融发展体系、技术创新产出能力及转化：来自省域动态面板数据的实证[J].产经评论，2013，4（1）：15-25.

[310] 胡杰，刘思婧. 金融发展对制造业技术创新的影响研究——以制造业技术密集度高的 9 个子行业为样本[J]. 产经评论，2015，(2)：28-35.

[311] 陈创练，张年华，陈经纬. 国际资本流动，金融发展与技术溢出效应关系研究——对 1991～2013 年全球 73 个国家和地区的实证检验[J]. 产经评论，2016，7（6）：116-132.

[312] Manova K. Credit constraints，equity market liberalizations and international trade[J]. Journal of International Economics，2008，76（1）：33-47.

[313] Berthou A. The distorted effect of financial development on international trade flows[R]. General Information，2010.

[314] 施炳展，齐俊妍. 金融发展，企业国际化形式与贸易收支[J]. 世界经济，2011（5）：42-73.

[315] Ju J，Wei S J. When is quality of financial system a source of comparative advantage？[J]. Journal of International Economics，2011，84（2）：178-187.

[316] 雷达，赵勇. 中美经济失衡的性质及调整：基于金融发展的视角[J]. 世界经济，2009（1）：62-71.

[317] 盛雯雯. 金融发展与国际贸易比较优势[J]. 世界经济，2014（7）：142-166.
[318] Baldwin R. The growth effects of 1992[J]. Economic Policy，1989，4（9）：247-281.
[319] Kletzer K，Bardhan P. Credit markets and patterns of international trade[J]. Journal of Development Economics，1987，27（1-2）：57-70.
[320] Matsuyama K. Credit market imperfections and patterns of international trade and capital flows[J]. Journal of the European Economic Association，2005，3（2-3）：714-723.
[321] Ju J，Wei S J. Endowment versus finance; A wooden barrel theory of international trade[R]. International Monetary Fund，2005.
[322] Do Q T，Levchenko A A. Comparative advantage，demand for external finance，and financial development[M]. New York：World Bank Publications，2006.
[323] Beck T，Levine R. Industry growth and capital allocation：does having a market-or bank-based system matter？[J]. Journal of Financial Economics，2002，64（2）：147-180.
[324] Beck T. Financial dependence and international trade[J]. Review of International Economics，2003，11（2）：296-316.
[325] Svaleryd H，Vlachos J. Financial markets，the pattern of industrial specialization and comparative advantage：evidence from OECD countries[J]. European Economic Review，2005，49（1）：113-144.
[326] Becker B，Greenberg D. The Real Effects of Finances Evidence from Exports[M]. Mimeo：University of Chicago，2007.
[327] Carlin W，Mayer C. Finance，investment，and growth[J]. Journal of financial Economics，2003，69（1）：191-226.
[328] Braun M，Raddatz C E. Trade liberalization and the politics of financial development[M]. New York：World Bank Publications，2005.
[329] Patibandla M. Firm size and export behaviour：an Indian case study[J]. The Journal of Development Studies，2007，31（6）：868-882.
[330] Chaney T. Productivity overshooting：The dynamic impact of trade opening with heterogeneous firms[D]. Chicago：University of Chicago，2005.